中国知识精英的文化苦旅

ZHONGGUO ZHISHI
JINGYING DE
WENHUA KULV

张宝明 著

人民出版社

目　录

前言

在苦旅中憧憬未来

　　20世纪是一个充满着坎坷和沧桑、荆棘与迷雾，同时又满载着鲜花和掌声、光荣和梦想的世纪。上世纪的那些思想先驱，是动荡、战乱、忧患中的一代又一代，他们对"诗意的栖居"的境界一直心驰神往，但却无缘置身其中。他们的命运和自己的祖国、自己的同胞维系着，对他们而言，展望和憧憬构成了对未来的一种奢望。一幅幅世纪蓝图，若隐若现地浮现在他们的脑海里。有鉴于此，笔者一直承诺要对贡献20世纪的文化和思想先驱做一次深情回眸，每当我联想起那一颗颗世纪苦魂，我就按捺不住心潮的澎湃。万千思绪的奔涌构成了我和世纪先驱共度孤独和寂寞的时光。是忧患，更是风流，百年的忧患和一个世纪的风流演绎出了抑郁、低沉但却充满预言和前瞻的心灵摇滚。

　　在世纪先驱的花名册里，风流倜傥、潇洒性情、学贯中西的思想巨子不在少数，问题接踵而来，20世纪知识分子的文化苦旅如何落笔？

　　首先是本书的体例问题。如果按照编年史的人物排列方法，百年来思想文化人物的精神谱系一目了然，这不失为一种叙述方式，但是，我同时又不能不感到如此写法的单薄与轻飘——一个非常凝重的话题这样完成未免有些糟蹋的味道。经过反复思考，我决意采用"板块"式的思想凝铸方法来梳理世纪才俊的文化路径。于是，"改造国民性潮流"、"自由主义"、"激进主义"、"保守主义"、"新儒家"这五大思想模块就有了一个基本的雏形。其中各个板块分布的人物也有了一个大致的脉络。当然，这几个思想板块并不能囊括20世纪各尽风流的文化人物及其所流布的思潮，在很多情况下只能选择那些最能代表时代精神的历史星辰了。即使是已经选定的思潮板块，其中的思想文化人物也还只能是"七八个星天外，两三点雨山前"。

其次要说的是本书的内容涵盖。就我们选定的几个思想板块来看，每一思想板块都有其独到的风景线，而且其中的人物璀璨如星，割舍哪一颗都是要忍痛的。我在每一思想方阵里选择三位知识精英作为立论的核心，并以此展开对该思潮的剖析，这既是内容的需要也是形式的必需。"改造国民性"思潮里有梁启超、陈独秀、鲁迅，也有严复、傅斯年等没有入围或进入它围的人物；"自由主义"一节，三代人严复、胡适、殷海光只是笔者的一个历史自觉，高一涵、周作人、徐志摩等人都非常遗憾地排在了圈外；"激进主义"的阵营本来是分为上下两个营垒的，即是：以刘师培、孙中山、章太炎等为一个"板块"，以李大钊、毛泽东、瞿秋白等（陈独秀也可列在其中）为一个"板块"。但由于主客观的双重原因，笔者刚开了头又很快收住，最后只以现在诸位见到的谭嗣同、章太炎、李大钊为实。"保守主义"方阵的辜鸿铭、杜亚泉、王国维之间的松散性是不言而喻的，但这个松散也是有意安排的。因为在他们之外的吴宓、林纾、陈寅恪、梁漱溟等人物未能囊括。在"新儒家"一族里，我遴选的梁漱溟、钱穆、牟宗三三位分别代表了不同时期的儒家性情，他们在年龄上有差异，更重要的是他们在思想内涵上各有其景。如此一来，冯友兰、贺麟、熊十力、方东美、徐复观、张君劢，包括新崛起的海外学人杜维明就都成了割舍之爱。

显然，我这里的内容涵盖既有思想文化人物的"挂一漏万"问题，也有思想模块的难以定型问题。事实上，在很多20世纪文化人物的思想世界里，他们的精神交叉一直是后来者比较困惑的研究眼障。比如梁漱溟，他是学术界公认的"最后的儒家"，也是第一位新儒家。如果将其放在保守（守成）主义的营垒里予以考察也不失为一种恰当的安排。好在这样的模块没有不可逾越的鸿沟。相应地，这里的模块框定标准也是"自以为是"的——我认为点名道姓地守护儒家的人文精神者更接近"新儒家"的原旨。同样，对陈独秀来说，"改造国民性"固然是他思想园地里十分丰硕的收成，可是将他移位于激进主义的大纛下"表演"同样精彩纷呈。以此类推，严复是中国自由主义的鼻祖，但他的"改造国民性"的努力也是有目共睹的，而且是与自由思想密不可分的；胡适、殷海光的自由世界里，激进的情绪与态度也是不可勾销的。在这一意义上，我们的精神类型的划分也是相对的：它只是论述过程中的形式需要。中国有句俗话叫"天下没有不散的筵席"，很有意思。或许，在我的下一本书中，这样的一种思想体例之模块组合就会以新的面目出现。

　　基于以上两点的说明，诸位或许已经感悟到，这是借助思潮模块形式对世纪思想文化人物进行辨析。固然，借助思潮论述人物与借助人物论述思潮是相辅相成的，无论立足点在哪里都不可"孤立无助"。但是，本书的立意不是对思潮本身之幽微曲折的阐发，而只是对思潮意义下风云人物之精神奉献的解读。

　　最后要交代的是本书的思想路径与叙述方法。在学术研究意义上，本书无疑属于思想史的范畴。就思想史本身的学科归属来讲，它既有历史性，又有思辨性。因此本书在注重历史感的同时，重点关注的是人物文化内核中最为敏锐、活跃或说到现在仍具有强大生命力的思想火花。在历时性中体现共时性，在回眸过去中体现当代性，在价值的摄取里体现批判性，在司空见惯的思想资源里渗透着强烈的生命体验与感悟。可能，对笔者来说，这是一次可遇不可求的奢望。尽管如此，我还是以热烈的情怀投入地拥抱世纪先驱们。在具体的章节叙论中，分论与合论相结合，先分后合是各个章节的共性。分论，一般是从介绍人物的生平和思想经历开始，然后对其思想内核中最关键和最富"意义"的资源做必要的涵盖与分析，力求对人物思想的来龙去脉有一个较为清晰的梳理；合论，则将该思想模块人物间的趋同与个性特点作为推销的"卖点"。必须说明的是，或许是由于自己定位在先的缘故，有些地方历史原典的大段引用有可能淡化思想的辨证，个别激情飞跃的语言又可能将历史感淡化。

　　不过，我还是坚信这样的轻松阅读并不失为一种应该提倡的研究与写作方式。毕竟，我们已经受够了那种故作深沉、晦涩难懂的思想史书写。文如其人，矜持不是我的性格，城府不是我的专长，装腔作势与拿腔拿调都是我最腻歪的东西。如果说本书有什么可取之处，也就都在这里了。

陪伴先驱思想，重温心灵苦旅，卸载文化包袱，展望未来蓝图。这就是思想史言说的意义所在。在我们品茗聊天、漫步赏景的闲暇时刻，与先贤对话不失为一种连接过去和未来的最佳方式。在这里，起码我们能找到尊重自我的意义和尊严。当下，我们缺少的不正是这个吗？

第 一 章

"改造国民性"：世纪初的主潮

　　近代中国历史的屈辱给动荡时代的知识分子提供了特定的活动舞台。19世纪的那场变革留下了时代先驱在寻求真理过程中鲜明的足迹。但这一从"器物"到"整体"的突变使那些思想先驱们付出了沉重的代价。历史只能在遗憾中叹息，虽然非理性时代更多的是喧嚣与骚动，鲜有成熟思想，但是随着对国情和救亡道路认识的日渐深入，康有为、梁启超、谭嗣同等人倡导的维新运动则为20世纪先进文化做了铺垫。尤其是梁启超"新民说"的问世，可谓开启了世纪思想启蒙的先河。接踵而来的陈独秀、鲁迅以及由他们的同人共同酿造的"五四"新文化运动更是推波助澜，将以"改造国民性"为宗旨的文化启蒙标举到了时代的浪尖上。

第一节　"新民说"：世纪启蒙的发轫

　　选择梁启超作为我们的论著中的第一位风流人物，实在是因为他"两头不到岸"的时代过渡特征太具有代表性了。进入20世纪，他心灵深处来得更不平静。从传统到现代的冲突使近代知识精英承受着历代知识分子所不曾有的灵魂拷打。改良流血而无动于世的凄凉现实触及了先驱那根敏感的神经，于是"改造国民性"的思绪渐渐积淀成了为救亡而设的国格观念。从他的生平经历中我们不难发现"新民说"激活的不易与沉痛。

一、梁启超："两头不到岸"的思想之舟

梁启超（1873—1929），广东新会人，字卓如，号任公，又号饮冰室主人。在20世纪中国的思想家当中，他的举人身份显得有些特殊。这种"特殊"具体表现在他一个人仿佛有两个头脑，一个是中国传统的，一个是西方舶来的。梁启超师从康有为的经历以及1895年随师"公车上书"的举措催化着他渐渐离开"此岸"走向"彼岸"。但是，由于"知"与"行"的两难时刻困扰着他那颗不安定的灵魂，因此"两头不到岸"的"夫子自道"就成了极为准确的梁氏自画像。严格的家庭教育令其自幼便养成了志高气大的性情。12岁的他登上家乡的凌云塔曾情不自禁地吟出了这样的诗句："我欲问苍天，苍天长默默。我欲问孔子，孔子难解释。"如此的胸怀为他日后无论是政治改良还是思想启蒙都奠定了坚实的基础。

戊戌变法前，他以《时务报》起家，一直吟唱着君主立宪的"民权"小夜曲。他那《变法通议》、《古议院考》、《论中国积弱由于防弊》等文章的发表正应验了他自己当年"十年之后当思我，举国犹狂欲语谁"的率真性情，一时间成为"言论界的骄子"。政治改良的举措在他心中像一匹不羁的骏马，万变不离其宗："变者，天下之公理也。""上下千岁，无时不变，无事不变。"1898年，戊戌变法失败后，梁启超逃亡日本，并在横滨创办了《清议报》。流血的阵痛铸造了20世纪最初几年这一时段的思想巨子。自1903年开始，"新民"的思绪一直在他的脑海里盘旋。1905年，梁启超以《新民丛报》为阵地在改良与革命的问题上同他的对手展开了激烈的论战。这实际上是整个20世纪中国走向现代道路途中两条路径冲突的起点。论战的要点无非是国民素质的高低层次到底适合什么体制的命题。在民主共和与君主立宪之间斗得不可开交。1907年，他在东京成立政闻社，期望清政府走向君主立宪的道路。1911年，皇族内阁成立后，他一度表现出对革命派的同情。1913年，自海外归来的梁启超陡转风向，出任共和党领袖不说，而且又组织了什么拥护袁世凯的进步党。袁世凯称帝的阴谋暴露后，他从拥护袁世凯很快发展到策动蔡锷护国军反袁。时至五四，他成了一位积极提倡民主、科学，反对封建专制的新文化同路人。在马克思主义与其他思潮的论战中，他还曾是支持张东荪和马克思主义者论

战的主要人物。

"易质流变"构成了梁启超"自我交战"的性格特征。或许这一代先驱的风流就风流在特殊时代的"过渡"上，"情"与"理"的矛盾、"传统"与"现代"的冲突、"体"与"用"的摇摆……倡导过"开民权"，标榜过"保皇"，鼓吹过"开明专制"，提倡过"西方文明"，还曾是"科学破产"论者。梁启超晚年对自己"太无主见"的性情也有过深刻的解剖。他在《清代学术概论》中坦率地说："保守性与进步性常交战于胸中"，"不惜以今日之我，难昔日之我。"

二、"国民性"："公德"与"私德"的交战

我们看到，就是在梁启超作为思想家的层面来说，他最具闪光点的"新民说"也是充满了"个人"自由与"集体"自由的两难。一位政治改良家眼中的启蒙难免出现吊诡的情形："国民性"中的"私德"与"公德"哪一个更重要？

在论述"新民说"之前，我们有必要预知这位启蒙者的一个著名论断。那就是他在《过渡时代论》中重点突出的"过渡时代之人物与其必要之德性"："时势造英雄耶，英雄造时势耶？时势英雄，递相为因，递相为果耶？吾辈虽非英雄，而日日思英雄，梦英雄，祷祀求英雄。英雄之种类不一，而惟以适于时代之用为贵。故吾不欲论旧世界之英雄，亦未感语新世界之英雄，而唯望有崛起于新旧两界限之中心的过渡时代之英雄。"这是一个需要英雄的时代。中华民族的危亡情结隐隐作痛，于是呼唤"英雄"就成了先驱者呐喊的最强音。那么，梁启超心目中的"英雄"究竟是怎样的角色呢？同样是出于救亡心切的缘故，思想启蒙大师的文化选择也显示出了"武化"的特征："其一冒险性，是过渡时代之初期所不可缺者也。"其二、其三则是"忍耐性"与"别择性"。所谓"别择性"，用梁氏自己的话说就是："以军人之魂，佐以政治家之魂。"可问题的关键在于：一个英雄的振臂一呼能"立竿见影"吗？中国自古就有"人人皆可为尧舜"的传统，于是我们的先哲如此"过渡"道："一群中人，各备一德，组成团体，互相补助，抑其次也。嗟呼！英雄造时势耶？时势时势，宁非今耶？抑又闻之，凡一国之进步，其主动者在多数之国民，而驱役一二之

代表人以为助动者，则其事罔不成；其主动者在一二之代表人，而强求多数之国民以为助的动者，则其事鲜不败！故吾所思所梦所祈祀者，不在轰轰独系秀之英雄，而在芸芸平等之英雄。"不难发现，梁启超让他心目中的"英雄"有了"别择性"，而他本人却是别无选择。"过渡时代"的特定情形一开始就注定了他的"新民说"在"作始也简，将毕也巨"。①1902年2月8日起，梁启超正式开始了奠定他思想基础的"新民"生涯。到1904年，他的一系列"新民"文章已经占据了20世纪初年思想舆论界。毋庸讳言，在戊戌前后他就有了这种"说法"，但是应该看到，流亡后的他才有了更深刻的体认，特别是东瀛明治维新的影响与启迪，使得梁思考出了一套自成体系的新型人格理想和价值观。关于这一思想脉络的原始冲动，梁启超在"叙论"中表述得非常明白："然今之亚美利加，犹古阿美利加，而央格撒逊民族何以享其荣？古之罗马，犹今之罗马，而拉丁民族何以坠其誉？或曰：是在英雄。然非无亚力山大，而何以马基顿今已成灰尘？非无成吉思汗，而何以蒙古几不保残喘？呜呼噫嘻，吾知其由。国也者，积民而成。国之有民，犹身之有四肢、五脏、筋脉、血轮也。未有四肢已断，五脏已瘵，筋脉已伤，血轮已涸，而身犹能存者；则亦未有其民愚陋、怯弱、涣散、混浊，而国犹能立者。故欲其身之长生久视，则摄生之术不可不明；欲其国之安富尊荣，则新民之道不可不讲。"② 这就是他"新民说"的全部。在梁启超那里，由"立人"而"立国"的思路了了分明。如同盖楼建房需要砖瓦一样，目前"新民为中国第一急要"。

立于民族兴亡的关头，既然"新民"迫在眉睫，那么路又在何方呢？梁启超已经有了自己的"金刚钻"："故今日不欲强吾国则已，欲强吾国，则不可不博考各国民族所以自立之道，汇其长者而取之，以补我之所未及。今论者于政治、学术、技艺，皆莫不取人长以补吾短矣，而不知民德、民智、民力，实为政治、学术、技艺之大原。不取于此而取于彼，弃其本而骛其末，是何异见他树之蓊郁，而移其枝以接我槁干；见他井之汩涌，而欲汲其流以实我智源也。故采补所本无以新我民之道，不可不深长

---

① 梁启超：《梁启超选集》，上海人民出版社1984年版，第170页。
② 梁启超：《梁启超选集》，上海人民出版社1984年版，第207页。

思。"① 不难发现，梁启超的"新民之道"中充满了浪漫与天真，惟其天真与浪漫，才有了一份饱蘸血泪的真诚。

在梁启超的"新民"处方里，其中最为关键的三味主干要素是：民德、民智与民力。而在这一体三维的思想构架中，又以"民德"为首选。那么，究竟什么样的民德最合乎启蒙者的心愿呢？我们看到，梁氏的"新民说"万变不离其宗，一言以蔽之："群"。"不群"是他极力攻击的对象，"善群"与"合群"则是他立意推崇的价值趋向。"人也者，善群之动物也"的这句亚里士多德的名言成了他的理论依据。他说："人而不群，禽兽奚择。而非徒空言高论曰群之群之，而遂能有功者也；必有一物焉贯注而联络之，然后群之实乃举，若此者谓之公德。"② 及此，我们引出了一个十分重要的概念——"公德"。梁启超的逻辑设计出现了两个砝码。这两个砝码悬挂在"群"的两极，形成了一块巨大的精神跷跷板。

上面我们已经论及了精神跷跷板中的一块，那么另一块又是什么呢？——"私德"。而且，饶有趣味的是，梁氏认为"我国民所最缺者，公德其一端也。"③ 即是说，中国国民缺少"国家"意识。就此而言，梁氏的"新民说"中夹杂着浓厚的近代国家观念。这种国家观建立在民族危机的土壤上，因此显得非常自然。在《论公德》中，梁启超对中国的旧伦理与西方的新伦理观做了这样的比较："旧伦理所分类，曰君臣，曰兄弟，曰夫妇，曰朋友；新伦理之分类，曰家族伦理，曰社会伦理，曰国家伦理。旧伦理所重者，则一私人对于一私人之事也；新伦理所重者，则一私人对于一团体之事也。"④ 固然，这里我们不能说梁启超的判断错误，但是有一点可以肯定，他完全是站在民族、国家之救亡的立场去谈这些话的。事实上，中西伦理的差异还有更本质的不同。进一步说，"一私人对于一团体之事"就绝对不是西方伦理的全部。众所周知，中国是一个十分讲求"公德"的国家，"群"的伦理灌输在历代统治者那里都是极为当紧的，而我们看到的实际情形却是不容乐观的：中国人的私人情结极其严重，以

---

① 梁启超：《梁启超选集》，上海人民出版社1984年版，第212页。
② 梁启超：《梁启超选集》，上海人民出版社1984年版，第213页。
③ 梁启超：《梁启超选集》，上海人民出版社1984年版，第212页。
④ 梁启超：《梁启超选集》，上海人民出版社1984年版，第214页。

致到了无可救药的地步。与此同时，在中国这个私德横流的国度里，个人主义又是极为匮乏的价值取向。于是，在梁启超一味强调"公德"的同时，他的心里也不能不打鼓。"私德与公德，本并行不悖者也。"① 既然两者并行不悖，何以要将公德的大纛举在上面？原来，梁启超的集体主义道德观无时无刻不在制约着他的思想导向。所以，即使在他谈私德的重要性时，也离不开为公德"付出"的必要性。

梁氏的新人格之理想洋溢着民族"和合"的凝聚力情感。他将中国传统的协作精神赋予一种近代国家观。他不愿自私自利的原始修身结果再在当今出现。恰恰在这里，我们发现在梁氏"国家思想"与"权利思想"两种思想形式有机结合的同时，内部又发生着激烈的冲突。或许，他个人当时并没有认识到，但是现在看来，问题远非如此简单。

梁氏的"国家思想"意在批判只有家而无国的家族主义观念，这种观念的来源就在于几千年的小农宗法社会的"治绩"。在他看来，良好的"国家思想"就是"利群"。为了"利群"，就要有"进取精神"、"尚武精神"。在这种种"精神"背后，它们都是以付出自己的利益与权利作为代价的。在"有益于群者为善，无益于群者为恶"的大纛指导下，你"自我利益"的理由即使有千万条也没有一条可爱的：

> 天下无中立之事，不猛进斯倒退矣；人生与忧患俱来；苟畏难斯落险矣；吾见夫今日天下万国中，其退步之速，与险象之剧者，莫中国若也，吾为此惧。欧洲民族所以优强于中国者，原因非一，而其富于进取冒险之精神，殆其尤要者也……道天下所不敢道，为天下所不敢为，其精神有江河学海，不到不止之形，其气魄有破釜沉舟，一瞑不视之概。其徇其主义也，有天上地下，惟我独尊之观。其向其前途也，有鞠躬尽瘁，死而后已之志。其成也，涸脑精以买历史之光荣；其败也，迸鲜血以赎国民之沉莘。呜呼！曷克有此，曰惟进取故，曰惟冒险故！②

为了集体、民族、国家的利益，梁启超力陈牺牲自我之"冒险精神"

---

① 梁启超：《梁启超选集》，上海人民出版社1984年版，第214页。
② 《饮冰室文集》，台北中华书局1983年版，第37页。

的必要性与紧迫性。即使他在这里所强调的个人尊严也是为国而设的集体尊严。站在民族危亡的紧要关头，一代先驱责无旁贷，义无反顾地为祖国的命运与前途呐喊。

梁启超的这种"冒险"与"进取"可以用一首他喜爱的西方流行歌曲来概括：

> 不要回头，孩子，
> 　当你在途中；
> 时间足够了，孩子，
> 　在将来的某一天。
>
> 虽然道路漫长，孩子，
> 　满怀希望去面对；
> 不要停下往后看，
> 　当你向山上攀登。
>
> 首先要相信自己，孩子，
> 　然后勇气就会倍增；
> 背起你的行囊，
> 　继续步行、跋涉。
>
> 当你接近险峰，孩子，
> 　从崎岖的小道；
> 不要以为你的使命已完
> 　不断攀登、爬行。
>
> 胜利就在顶峰，孩子，
> 　等在那里；
> 直至勇敢而坚强的孩子，
> 　到达山顶。①

---

① 转引自张灏：《梁启超与中国思想的过渡》，江苏人民出版社 1993 年版，第 133—134 页。

一种积淀于胸的特殊情感：对民族的深情、对祖国的爱。梁启超找到了这种感觉，但是他却没有在两者之间发现一个平衡点。在"私德"与"公德"之间，究竟哪一个靠前？说白了，这是一个个人与社会的关系问题，也是每一位思想家必须面对的哲学命题。我们看到，在历史动荡的特定时期，任何中外思想大师的启迪都是无济于事的。梁启超没能也不可能置"国事"、"天下事"于不顾，他再次证明了中国传统文化的魅力。

回首梁氏的思想交战，最能集中表现的是他在"权利思想"与"自由思想"上的两相厮杀中。或许，这在自我的意识中并没有如此显著，譬如他在"新民"过程中很轻松地就说出了"权利"的来龙去脉："权利何自生？曰生于强……古代希腊有供养正义之神者，其造像也左手握衡，右手提剑，衡所以权权利之轻重，剑所以护权利之实行；……国民不能得权利于政府也，则争之，政府见国民之争权利也，则让之；欲使吾国之国权与他国之国权平等，必先使吾中国人人固有之权皆平等；必先使我国国民在我国所享之权利，与他国民在彼国所享之权利相平等，若是者国庶有廖。"① 梁氏在这里并不是没有看到个人权利的重要性，也不是否认个人权利在整个"权利"意义上的地位。如果说有什么原因令其无暇旁顾的话，那就是现实的"责令"。思想历来就很难在不安定的灵魂中铸就。权利生于强的判断不就意味着"强权就是公理"吗？

一边是思想启蒙，一边是救亡图存。在时代的中心面前，先驱的两轮舟车在时代的强烈攻势下不能不向一边偏斜。他讲"权利"，但他的权利主要已经不是"国民不能得权利于政府"的"权利"，而是"国权"之争。梁启超接受了进化论的西方学说，相信竞争的必要性，然而他选择的是"达尔文式的集体主义"，而非霍夫施塔特（Hofstadter）所称的"达尔文式的个人主义"。梁氏自己也十分清楚地表达了他的价值趋向：关注"外竞"，撇开"内竞"。于是，在梁氏的世界里，"自由主义"的思想命题肃然而至。问题的严重性在于：按理说，接受民主思想以后的梁氏既然一再论及权利与自由的问题，那么他就应该信仰个人自由主义。毕竟，个人的自由、权利与社会是既统一又对立的。不可分割是一方面，另一方

---

① 《饮冰室文集》，台北中华书局 1983 年版，第 50 页。

面，两者也是各自独立的。在梁启超那里，问题远非如此简单。1902 年 5 月撰写的《论自由》暴露了问题的焦点。早在"新民说"将自由主义价值观作为"公德"的一个有机组成部分后，梁氏的思想杠杆就发生了不可思议的倾斜。这种倾斜不能不使他最终陷入一个两难的泥淖：倾向于个人自由主义的信仰，而在实质上又离谱地走向了集体主义的价值观。

三、"自由"与"权利"的歧义

"自由"与"权利"的吊诡问题并非笔者的原创。这在众多论述梁启超"新民"思想的论著中都有不同程度的涉猎。在此，我以为问题的关键并不在于是否有这种现象，而是它在"源"与"流"上的本相。

众所周知，梁氏于戊戌后流亡的几年里一直没有放弃对西方民主、民权、自由理想的追求。但是，由于文化背景和时代背景的差异，使得他不可能在本质意义上充分认识与理解"自由"的含义。的确，我们无法否认他为自由而奔走呐喊的激情与勇气，更何况他还有"不自由毋宁死"的西人箴言。梁氏进一步解释说："斯语也，实十八九两世纪中，欧美诸国民所以立国之本原也。"① 既然是"立国之本原"，那么其中对自由的需要就是毫无异议的。为此，他不顾一切地去拥抱"自由"："自由之义，适用于今日之中国乎？曰：自由者，天下之公理，人生之要具，无往而不适用者也。虽然，有真自由，有伪自由，有全自由，有偏自由，有文明之自由，有野蛮之自由。今日'自由云自由云'之语，已渐成青年辈之口头禅矣。新民子曰：我国民如欲永享完全文明真自由之福也，不可不先知自由之为物果何如矣。"按照梁氏的思路，究竟"自由"为何物呢？

> 自由者，奴隶之对待也。综观欧、美自由发达史，其所争者不出四端：一曰政治上之自由，二曰宗教上之自由，三曰民族上之自由，四曰生计上之自由（即日本所谓经济上之自由）。政治上之自由者，人民对于政府而保其自由也。宗教上之自由者，教徒对于教会而保其自由也。民族上之自由者，本国对于外国而保其自由也。生计上之自由者，资本家与劳力者相互而保其自由

---

① 梁启超：《梁启超选集》，上海人民出版社 1984 年版，第 223 页。

也。而政治上之自由，复分为三：一曰平民对于贵族而保其自由，二曰国民全体对于政府而保其自由，三曰殖民地对于母国而保其自由也。自由之征诸实行者，不外是矣。

梁氏的思路不可谓不清晰。他对自由的解释也是头头是道。从学理上说，他对自由的理解完全合辙。由此演绎出的自由"精神"底蕴也可以说是切中要害。他列论的四民平等问题、参政权问题、属地自治问题、信仰问题、民族建国诸问题与西方文化背景下的自由政治哲学命题相比也不离其宗。凡此种种，都表现了一位思想家的智慧。

在 20 世纪开始的前一年，即是 1899 年，梁氏接触并接受了英国自由主义思想家约翰·穆勒的思想；无独有偶，就在他接受这位英国大师影响的时候，另一位著名的法国激进思想先驱卢梭也闯进了他的生活。两位西哲的风流与潇洒不约而同地出现在一个人身上。我们可以说生命不可承受太轻，但看看梁启超承受的如此之重又不能不感慨中国思想家在动荡岁月里承受的太多了。

《论政府与人民之权限》一文大量引用介绍了穆勒的《论自由》。在这里，"人各有权"的中心移到了"权各有限"的坐标上，他完全忽视了自由主义大师的思想内核，成为一位不自觉的"集权主义"辩护士。何以出此言？试问：面对一位饥肠辘辘的乞讨者，你与他大谈特谈"吃的太饱"的滋味，不是在拿他寻开心吗？在中国，根本不是什么"人民之权无限以害及国家"，而历来是"政府滥用权限侵越人民"。对此，梁氏也不是没有认识。比如，梁启超就曾站在思想背景的角度论述道："中国先哲言仁政，泰西近儒倡自由，此两者其形质同而精神迥异"。然而，不可思议的话也同样出现在他的文章中："权限云者，所以限人不使滥用其自由也。滥用其自由，必侵人自由，是谓野蛮之自由；无一人能滥用其自由，则人人皆得全其自由，是谓文明之自由。非得文明之自由，则国家未有能成立者。"[①] 先驱何曾想过，在"野蛮自由"尚未可得的时代，那又有什么"文明自由"可言？按照梁氏中西"精神异而正鹄仍同"的逻辑判断，如果再深层地思考一下：为何中国这种精神历经千年而发展不出理想的民主

---

① 梁启超：《梁启超选集》，上海人民出版社 1984 年版，第 319 页。

社会呢？就此而言，他一方面接受政府必须保护人民权限的理论，另一方面又将国家、民族、政府的利益高高举在人民头上，显然是对英国自由主义内核的误读。

这是一个需要激情的时代。19世纪政治改良的惨痛不会在瞬间消失。《自由书》中英国自由主义大师穆勒与法国激进民主主义大师卢梭等人的同时登场意味深长。"序言"中穆勒"思想自由，言论自由，出版自由"之铿锵有力的呐喊犹在耳际，而"故善治国者，必先进化其民，非有孟的斯鸠、卢梭，则法国革命不能成功"的"英雄与时势"之结论则频繁告急。① 在我们的思想家眼里，西方民主理想的最大功臣莫过于卢梭了。值得注意的是，梁氏追随卢梭的着眼点不是政治家视野中的为国家权力寻找依据，而是以一位思想家的眼光加以审视。在梁氏那里，卢梭思想的最大魅力来自它能矫正中国人愚昧麻木的品性。

1900年，自视为找到了疗救"国民性"药方的梁启超踌躇满志地写信告诉他的老师康有为说："弟子之言自由者，非对于压力而言之，对于奴隶性而言之。压力属于施者，奴隶性属于受者。中国数千年之腐败，其祸极于今日，推其大原，皆必自奴隶性来；不除此性，中国万不能立于世界万国之间。而自由云者，正使人自知其本性，而不受钳制于他人，今日非施此药，万不能愈此病。而先生屡引法国大革命为鉴。法国革命之惨，弟子深知之，日本人疾之恶之尤甚。虽然，此不足援以律中国也。中国与法国民情最相反，法国之民最好动，无一时而能静；中国之民最好静，经千年而不动。故路梭诸贤之论，施之于法国，诚为取乱之具；而施之于中国，适为兴治之机。如参桂之药，投之热病者，则增其剧；而投之体需者，则正起其衰也。而先生日虑及此弟子以为过矣。且法国之祸，由于革命诸人，借自由之名以生祸，而非自由之为祸。"不言而喻，梁启超尤其看重卢梭的感召力与思想激情对他所关心的国民性改造之催化作用，至于大师的亮度，则尚属其次。

梁氏曾这样概括"自由"的本质："真自由者，必服从。"② 他曾在反反复复中追问自由的"界说"："人人自由，而以不侵人之自由为界。"既

① 梁启超：《梁启超选集》，上海人民出版社1984年版，第95页。
② 梁启超：《梁启超选集》，上海人民出版社1984年版，第139页。

要讲群体、国家的自由，又要不放弃个人的权利，启蒙先驱在两者之间摆来摆去之后，结果还是摆脱不了时代中心打下的烙印。说得直接些，梁氏在当时并没有认识到英国与法国两种自由主义的源流，这不只是梁氏一个人的遗憾。

离别传统的此岸，走向理想的彼岸，梁启超没有看轻自己。

第二节　《新青年》：世纪的风流

如果说20世纪的第一个十年梁启超是"言论界的骄子"，那么当历史的车轮驰及第二个十年，伴随着《新青年》这轮20世纪最为壮丽之精神日出的升起，陈独秀这位36岁的年轻人就成为继"戊戌"之后一颗"思想界的明星"。① 可以这样说，在20世纪天空的星座中，如果没有这颗流星的划过，我们思想的云河就会黯然失色。与梁启超的生命历程相似，陈独秀的政治生涯与启蒙道路也拥有了双重角色。正是在这一点上，将两人放在一个事业的平台上衡定，又是一个颇有兴味的话题。如果说有什么不同的话，那么"后来居上"可以给予简明而准确的回答。无论是政治图新还是思想启蒙，陈氏的生命穿透力都要来得强劲些。让我们从他的经历落笔！

一、陈独秀：由民主而自由的历程

1879年，在安徽安庆怀宁"陈家破屋"出生了一个"不成龙便成蛇"的陈家后裔。两年后，他就成了"没有父亲的孩子"。陈家本是当地的一个"望族"，家道中衰的际遇给年幼的陈独秀上了一堂免费的中国世态课。中国国民性的渊薮在他幼小的心灵里播下了不灭的种子。

父亲去世后，望孙成龙的祖父"白胡子爹爹"就包揽了对陈独秀的幼教。严厉的家庭教育使他与长兄相继中了秀才。一度中兴的历史使陈氏看透了"怀宁人眼皮子浅"的嘴脸。其实，又何止是"怀宁人"，中国国民

---

① 毛泽东：《湘江评论》，1919年创刊号。

性里从来就不缺乏这种"圆滑"："人家倒了霉，亲友临舍们，照例总是编排得比实际倒霉要超过几十倍；人家有点兴旺，他们也要附会得比实际超过几十倍。"①

1897 年，不愿违背母愿的陈独秀前往南京参加乡试。在"去到考场放个屁，也替祖宗争口气"的安徽乡间，陈独秀虽然对科举思想反感，但他更多的是对母亲传统观念的理解："在这样的社会空气中，在人们尤其是妇女的头脑里面，科举当然是一件神圣的事业了。""这件事当然不应该苛责前一辈的人，尤其是不曾受过教育的妇人。"不怨天，不尤人。在考场上目睹的种种之怪现状使他完成了一次陡转。他曾如此述说了自己心理流程的变异：

> 考头场时，看见一位徐州的大胖子，一条大辫子盘在头顶上，全身一丝不挂，脚踏一双破鞋，手里捧着试卷，在如火的长巷中走来走去，上下大小脑袋左右摇晃着，拖长着怪声念他那得意的文章，念到最得意处，用力把大腿一拍，翘起大拇指叫道："好！今科必中！"

> 这位"今科必中"先生，使我看呆了一两个钟头。在这一两个钟头中，我并非尽看他，乃是由他联想到所有考生的怪现状；由那些怪现状联想到这班动物得了志，国家和人民要如何遭殃；因此又联想到所谓抡才大典，简直是隔几年把这班猴子、狗熊搬出来开一次动物展览会；因此又联想到国家的一切制度，恐怕都有如此这般的毛病；因此最后感觉到梁启超那班人在《时务报》上说的话有些道理呀！这便是我由选学妖孽转变到康、梁之最大动机。

就这样，一两个钟头的苦思冥想，使陈独秀接二连三做了使乡亲们吓破了胆的"康党、乱党、共产党，而不是他们所想的举人、进士、状元郎。"②

半部《实庵自传》为我们开启了历史的话题，也为我们找到了第一手

---

① 陈独秀：《陈独秀著作选》（三），上海人民出版社 1993 年版，第 421 页。
② 陈独秀：《陈独秀著作选》（三），上海人民出版社 1993 年版，第 421—426 页。

的历史注脚。陈氏与休谟作比较后"夫子自道"说："休谟的一生差不多是消耗在政治生涯中，我的一生差不多是消耗在政治生涯中，至于我大部分政治生涯之失败，也并不足为虚荣的对象。"① 我们在这里没有必要对陈氏政治生涯的成败与否作评价，更何况我一向并非是以成败论英雄的人文学者。在此，我关心的是其政治承诺与启蒙角色的关系。说得直接些，在对历史人物的评价中，我关心最多的是思想过程而非结果。

陈独秀的性情决定了他的人生选择与命运。四次日本留学的经历给了他思想无穷的诱惑。辛亥革命、二次革命、三次革命的积极呐喊和参与使他成为一名当之无愧的老革命党人。一次次革命的流产迫使他不得不重新思考中国的出路。1915 年 9 月，陈独秀一人承担起了《青年杂志》（后改名《新青年》）的组稿、编辑、发行等工作，独角戏就这样唱起来了。这一举动实出于"革命"的惨痛以及其后的沉思。1917 年，蔡元培颇费口舌地说服了陈独秀来京一边办《新青年》，一边做北京大学的文科学长。自此，在《新青年》这块文化阵地酿造下，北京大学很快成为新文化运动的大本营。文化启蒙主义的大纛一朝立起，思想的门面一改门可罗雀的局面，再加上胡适、鲁迅、李大钊、周作人等思想名宿的加盟，新文化的小屋立刻有了门庭若市的热闹场面。以"立人"为主流的思想改造与启蒙运动如春潮涌动。

西方各种思潮的引进，尤其是马克思主义的传播使陈独秀这位立于时代浪尖的弄潮儿顺理成章地当上了中共总书记，而且一任就是五届。他抱着在"研究室与监狱"之间进进出出的人生态度在社会的舞台上"串角"："世界文明发源地有二：一是科学研究室，一是监狱。我们青年要立志出了研究室就入监狱，出了监狱就入研究室，这才是人生最高尚优美的生活。从这两处发生的文明，才是真文明，才是有生命有价值的文明。"② 正是因为陈氏有如此猛勇之决心与毅力，他才在历史的关键时刻登高一呼，挥汗描绘了"山雨欲来风满楼"的恢弘画卷。

立意启蒙，他在文学革命、思想改造、文化革新诸领域奋笔疾书，而

---

① 陈独秀：《陈独秀著作选》（三），上海人民出版社 1993 年版，第 413 页。
② 陈独秀：《陈独秀文章选编》上册，生活·读书·新知三联书店 1984 年版，第 424 页。

且发誓"愿拖四十二生的大炮，为之前驱。"① 辛亥以来的隆隆炮声犹在昨天，既然从"今日庄严之欧洲"学来了中国的现代走向必须自国民思想的改造开始这一章法，陈氏便无法躲闪。

然而，历史的发展并不以个人的意志为转移，五四运动以后知识界的两个走向未能也不可能给陈氏"脚踩两只船"的机会，他"一边从事文化运动，一边从事社会运动"的设计昙花一现。从事政治革命、领导社会运动的他时时有着对国民素质不敢恭维的吊诡，出于一位书生革命家的真诚，在"兼做两类事"的摇摆真空中演出了一幕世纪的悲歌。

1927年，陈独秀下野。抗战爆发后，他从国民党模范监狱提前获释，飘零至四川江津。在他穷困潦倒、孤独多年的生命最后时刻，他仍未放弃对国民性的思索与反思。一方面，他不断为争民族自由的抗战而摇旗；另一方面，他又为中国跨世纪的前途忧心忡忡。1938年在民生公司的那场演讲结束时他告诉听众：

> 列宁说过："俄国工人吃了资本主义不发达的苦，而不是吃了资本主义发达的苦。"在中国更是如此！
>
> 因此，我们可以得出一个结论：中国目前的问题，不是什么"社会主义，或资本主义？"而是"本国的资本主义，或外国资本主义的殖民地？"。

1942年，这位在政治舞台与思想舞台都做过精彩表演的人物凄凉地走完了他的人生之路。

二、"新青年"：被唤醒的雄狮

《新青年》的"新"字可以有两种理解。一是作为动词，它就是"使青年全新"或说"革新青年"；二是作为形容词出现时，它就是"新的青年"的意思。事实上，主编先生是在两重意义上使用的。在那份被视为生命的文化载体上，创刊号上的《敬告青年》一文开宗明义，直指鹄的。一言以蔽之，"自觉"与"奋斗"。对此，作者进一步阐释道："自觉者何？自觉其新鲜活泼之价值与责任，而自视不可卑也。奋斗者何？奋其智能，

---

① 陈独秀：《陈独秀文章选编》上册，生活·读书·新知三联书店1984年版，第175页。

力排陈腐朽败者以去，视之若仇敌，若洪水猛兽，而不可与为邻，而不为其菌毒所传染也。"这就是陈独秀针对国家的栋梁中华青年之弊端而开出的药方。具体言之，陈氏共列出"六义"作为牵引青年的"金针"：

（一）自主的而非奴隶的；

（二）进步的而非保守的；

（三）进取的而非退隐的；

（四）世界的而非锁国的；

（五）实利的而非虚文的；

（六）科学的而非想象的。

以上"六义"正是"五四"那两面大纛"民主"与"科学"的浓缩，也是青年运动走向的"金针"。

1916 年，时隔整整一年之后，陈独秀以《新青年》为题刷新了他力陈的"六义"。不过，这次他不再是以"敬告"的口吻指点，而是以一种分析的态度论述了中西青年之根本区别。与此同时，他还十分明确地道出了自己理想中的"新青年"之人格设计："青年何为而云新青年乎？以别夫旧青年也。同一青年也，而新、旧之别安在？自年龄言之，新、旧青年固无以异；然生理、心理上，新青年与旧青年，固有绝对之鸿沟，是不可不指其大别，以促吾青年之警觉。慎勿以年龄在青年时代，遂妄自以为取得青年之资格也。"陈氏从生理与心理两个方面论述了中国青年的"堕落"，他希望作为国家中坚的青年自此一跃而起，一改"东亚病夫"的丑陋形象。

在陈氏的笔端，"退缩苟安"、"散沙"、"堕落"、"惰力甚大"等批判国民"卑劣无耻之根性"的言语不胜枚举。凡此种种，他把全部的期望值都压在了"新青年"的骰子上。如果说 1915 年的舆论让他有些失望的话，那么 1916 元月的《一九一六年》可以说不但是新年的寄语，而且是整个 20 世纪"而今迈步从头越"的思想大吕。先生的煽情颇为激动人心。请看：

任重道远之青年诸君乎！诸君所生之时代为何等时代乎？乃二十世纪之十六年之初也。世界之变动即进化，月异而岁不同。

人类文明之历史愈演愈疾。十八世纪之文明，十七世纪之人以为狂易也；十九世纪之文明，十八世纪之人以为梦想也；而现代二十世纪之文明，其进境若何，今方萌动，不可得而言焉。然生斯世者，必昂头自负为二十世纪之人，创造二十世纪之新文明，不可因袭十九世纪以上之文明为止境。人类文明之今后，新陈代谢，如水之逝，如矢之行，时时相续，时时变易。二十世纪之十六年之人，又当万事一新，不可因袭二十世纪之十五年以上之文明为满足。盖人类生活之特色，乃在创造文明耳。假令二十世纪之文明，不加于十九世纪，则吾人二十世纪之生存为无价值，二十世纪之历史为空白；假令千九百十六年之文明，一仍千九百十五年之旧，而无所更张，则吾人千九百十六年之生存为赘疣，千九百十六年之历史为重出。

陈氏抱着对 1916 年的特殊感情、绝伦的希望发誓："吾人自有史以迄一九一五年，于政治，于社会，于道德，于学术，所造之罪孽，所蒙之羞辱，虽倾江河不可浣也。当此除旧布新之际，理应从头忏悔，改过自新。一九一五年与一九一六年间，在历史上画一鸿沟之界：自开辟以迄一九一五年，皆以古代目之，从前种种事，至一九一六年死；以后种种事，自一九一六年生。吾人首当一新其心血；以新人格；以新国家；以新社会；以新家庭；以新民族。"① 这里，我们不禁要问，启蒙的效力会如此之快吗？在 1915 年与 1916 年之间可能划出一条鸿沟吗？

固然，我们可以理解先驱期望东方睡狮猛醒的急切心情：全新的人格。"利刃断铁，快刀理麻"的作风恨不能"立等可取"，呼之即出。毕竟，改造国民性的文化启蒙非一朝一夕所能奏效。从陈氏的言行里，我们也不难发现他作为思想启蒙家的难耐。质而言之，他并非一单纯的启蒙角色。他那颗不安定的灵魂下包孕着比任何一位世纪先驱都来得直接猛烈的政治冲动。在叙述这种政治冲动之前，不妨让我们先考察一下他执意"新人"的理论逻辑与现实动机。

众所周知，20 世纪初有两种最为显赫的思潮，这就是进化论与民约

---

① 陈独秀：《一九一六年》，《青年杂志》1 卷 5 号，1916 年 1 月 15 日。

论。陈独秀将二者一并抓到了手里。在他从事政治革命活动之日，民约论是他东奔西走的根本动力；革命受阻，进化论又是为他助威的理论资源："万物之生存进化与否，悉以抵抗力之有无强弱为标准。优胜劣败，理无可逃。通一切有生无生物，一息思存，即一息不得无抵抗力。此不独人类为然也，行星则而无抵抗力，已为太阳所吸收；植物而无抵抗力，则将先秋而零落；禽兽而无抵抗力，将何以堪此无宫室衣裳之生活？"① 此时的思想启蒙者已经将进化学说作为衡量世间事物能否生存的"根本大法"。既然"生存竞争，势所不免"，那么我们在人生态度上就应该积极进取、迎接挑战："世界一战场，人生一恶斗，一息尚存，绝无逃遁苟安之余地。"②

面对西方一日千里的现代时速，吾人"奋起直追，犹恐不及"的急切心理油然而生。而现实给予的国民素质又让他对启蒙的情感体验比任何同时期的思想家都不逊色。继揭破"卑劣无耻退葸苟安诡易圆滑之国民性"之后，他极富激情地以"我"之身份忏悔道："一国之民，精神上，物质上，如此退化，如此堕落，即人不我伐，亦有何颜面，有何权利，生存于世界？"③ 在这样一个世界环境下，中西"思想差迟，几及千载"，这怎能不是一个不祥之兆？陈独秀的清醒十分准确地反映在他颇具力度的判断上："此种散沙之国民，投诸国际生存竞争之旋涡，国家之衰亡，不待蓍卜。"④ 寥寥数语，忧心毕现。从理论与现实的双重视角出发，他警告国人速醒："尊重廿四朝之历史性，而不作改进之图；则驱吾民于二十世纪之世界以外，纳之奴隶牛马黑暗沟中而已，复说何哉！"陈氏的话距今已经有近一个世纪的时间，虽然我们今天没有像他所说的那样，被驱逐于20世纪之外，但是时至今日我们仍可以说，这并非耸人听闻，而是历史与现实的昭示。现代化毕竟不是意味着只有"富有"。如果"人"的问题不解决，再富有也是一个先天不足或说没有灵魂残缺的现代性。我们回眸20世纪思想文化之风流人物的意义正在于此。

《抵抗力》一文将国民——以"青年"为集中体现的国民之素质问题

---

① 陈独秀：《陈独秀文章选编》上册，生活·读书·新知三联书店1984年版，第91页。
② 陈独秀：《陈独秀文章选编》上册，生活·读书·新知三联书店1984年版，第94页。
③ 陈独秀：《陈独秀文章选编》上册，生活·读书·新知三联书店1984年版，第132页。
④ 陈独秀：《陈独秀文章选编》，生活·读书·新知三联书店1984年版，第87页。

划分为两大部分，即"精神"与"物质"。前者意思是指思想心灵的愚昧无知；后者说的是有形身体的萎缩孱弱。在新文化先驱者眼中，我们的"新青年"在这两个方面应该是完全不同于"旧青年"的"洗心换身"者。弃旧图新，刷新过去，猛勇向前，这就是陈独秀希望的"一切"与一切的"希望"。说到对"新青年"在"生理"上的期望，他与西方之青年作比较说："我之青年何如乎？甚者纵欲自戕以促其天年，否亦不过斯斯文文一白面书生耳！年龄虽在青年时代，而身体之强度已达头童齿豁之期。盈千累万之青年中，求得一面红体壮，若欧美青年之威武陵人者，竟若凤毛麟角。人字吾为东亚病夫国，而吾人之少年青年，几无一不在病夫之列，如此民族，将何以图存？吾可爱可敬之青年诸君乎！倘自认为二十世纪之新青年，首应于生理上完成真青年之资格，慎勿以年龄上之伪青年自满也！"与此同时，陈氏对"心理"上的要求也自成一格："更进而一论心理上之新青年何以别夫旧青年乎？……倘自认为二十世纪之新青年，头脑中必斩尽涤绝彼老者壮者及比诸老者壮者腐败堕落诸青年之做官发财思想，精神上别构真实新鲜之信仰，始得谓为真青年而非伪青年。"[①] 与梁启超新民思想中谈论国民素质相比较，陈氏将前者的"尚武"说作了进一步的发挥与阐述，而且将其放在很重要的位置。当然，这与陈氏同政治革命难分难舍的情怀有着极为密切的联系，但更有一个思想现象我们不能忽视，那就是后者在论述国民性生成的历史原因时与先哲有着很大程度的交叉。譬如说梁氏的"大一统而竞争绝"、"专制久而民性漓"、"学说隘而思想窒"等原因分析在陈氏那里几乎又重演了一次。对于造成青年"身心交瘁"的历史根由，思想者也做了必要的分析与交代：一是"学说"；二是"专制"；三是"统一"。陈氏这样结束了自己的文章："并此三因，造成今果。吾人而不以根性薄弱之亡国贱奴自处也，计唯以热血荡涤此三因，以造成将来之善果而已。"[②]

更为值得注意的是，两位先驱提出的不畏难精神也是我们寻求近代思想脉络的一个有机线索。梁氏在谈到"进取冒险"精神时极为欣赏拿破仑的"胆力"："拿破仑曰'难'之一字，惟愚人所用字典有之耳；又曰

---

① 陈独秀：《陈独秀文章选编》上册，生活·读书·新知三联书店 1984 年版，第 113 页。
② 陈独秀：《陈独秀文章选编》上册，生活·读书·新知三联书店 1984 年版，第 94 页。

'不能'二字，非佛兰西人所用也。"① 对法兰西民族精神的推崇同样出现在陈氏的笔端，只是传统中的精神资源也没有浪费："拿破仑有言曰：'难'字，'不能'字，惟愚人字典中有之，法兰西人所不知也。孟子曰：富贵不能淫，贫贱不能移，威武不能屈，此之谓大丈夫。"② 如果说不畏难只是一种磨砺意志的宏大气势，那么先驱缘此力倡的"教育方针"就更为值得审视了。在梁氏为西方观念极力呐喊之外，陈氏又多了一层"对症下药"的穿透。"今日之教育方针"针对精神、心理的堕落，提出了"惟民主义"的方法："民主国家，真国家也，国民之公产也，以人民为主人，以执政者为公仆者也。民奴国家，伪国家也，执政之私产也，以执政为主人，以国民为奴隶者也。真国家者，牺牲个人一部分之权利，以保全体国民之权利也。伪国家者，牺牲全体国民之权利，以奉一人也。民主而非国家，吾不欲青年耽此过高之理想；国家而非民主，则将与民为邦本之说，背道而驰。若惟民主义之国家，固吾人财产身家之所托。人民应有自觉自重之精神也，毋徒事责难于政府。"③ 与"心"相对，"体"的问题则要用"兽性主义"的教育方针去实施："兽性之特长谓何？曰，意志顽狠，善斗不屈也；曰，体魄强健，力抗自然也；曰信赖本能，不依他为活也；曰，顺性率真，不饰伪自文也。晢种之人，殖民事业遍于大地，唯此兽性故；日本称霸亚洲，唯此兽性故。"不言而喻，"唯此兽性故"正是陈氏立意此种教育方针的原始指针。

对新青年的热望，不只是一种流于观念的思想行为。在某种意义上说，陈氏的自由、民主、觉悟等等启蒙布局都是"醉翁之意"。也许我们从下面这段话里能悟出点文化以外的味道：

> 余每见吾国曾受教育之青年，手无缚鸡之力，心无一夫之雄；白面纤腰，妩媚若处子；畏寒怯热，柔弱若病夫；以如此心身薄弱之国民，将何以任重而致远乎？他日而为政治家，焉能百折不回，冀其主张之贯彻也？他日而为军人，焉能戮力疆场，百战不屈也？他日而为宗教家，焉能投迹穷荒，守死善道也？他日

---

① 《饮冰室文集》，台北中华书局1983年版，第37页。
② 陈独秀：《陈独秀文章选编》上册，生活·读书·新知三联书店1984年版，第87—88页。
③ 陈独秀：《陈独秀文章选编》上册，生活·读书·新知三联书店1984年版，第94页。

而为实业家，焉能思穷百艺，排万难，冒风险，乘风破浪，制胜万里外也？纨绔子弟，遍于国中；朴茂青年，等诸麟凤；欲以此角胜世界文明之猛兽，岂有济乎？①

陈独秀的弦外之音还是非常鲜明的。徒有思想的觉悟并不能从根本上很快解决中国的现实问题，所以"刷新"后的新人就要是"文武双全"，肩负历史使命身体力行。在"五四"新文化运动的大本营里，之所以出现两种思想路径的差异，根本原因还在于一种角色与多种角色扮演者的冲突。比起胡适、鲁迅、周作人等"单纯"思想启蒙的文化人物，陈独秀、李大钊、毛泽东等一批仁人志士在那一时期思想的吊诡要复杂得多。从陈氏自我身心的两难上，我们不难找到 20 世纪书生革命家的悲剧情怀。下面，我们就该看一看历史究竟是怎样投射的了。

三、"个人"与"社会"的砝码

应该说，个人与社会的关系问题是每一位思想家都必须回答的问题，而且思想家对这一问题给出的不同答案又是考察其思想坐标的重要价值尺度。梁启超做了回答，陈独秀也不例外，而且后者心灵的厮杀是极为痛苦的。

我们知道，陈独秀尽管是一个老革命党出身，但他却是以出售具有挑战意义的西方价值观念起家的。这个价值观念的核心也就是"个人本位主义"。综观 20 世纪的思想发展，陈氏无疑是将"个人"问题提得最响、立论也最为鲜明的人物。他不但认准了个人位置的价值，而且毫无唯唯诺诺之嫌。一篇名文《东西民族根本思想之差异》将中西文化进行了深入的比较：

　　一　西洋民族以战争为本位，东洋民族以安息为本位；

　　二　西洋民族以个人为本位，东洋民族以家族为本位；

　　三　西洋民族以法治为本位，以实利为本位；东洋民族以感情为本位，以虚文为本位。

---

① 张宝明、王中江主编：《回眸〈新青年〉·社会思想卷》，河南文艺出版社 1998 年版，第 328 页。

撇开第一义项的对比，单单后两个义项的思想穿透力就是十分肯定的：这些字句悟出了"责任伦理"与"关系伦理"之间质的规定性。尽管当时陈氏不一定能自觉理出这两个概念，但这个"感觉"给出的方程却令包括我们在内的今人都非常汗颜，因为"五四"的空谷足音仿佛就在昨天。

德国著名启蒙思想家康德在《关于启蒙是什么的问答》中这样判断道："启蒙是指人责诉于己的未成熟状态的脱离。所谓未成熟状态，是在没有他人指导的情况下缺乏使用自己的悟性能力。"这是一段著名的启蒙语录。如果说康德的界定倾向于强调人的理性存在价值，那么结合近代历史的实际，中国启蒙思想家的立足重心则在于个性自由与思想解放之独立价值观念的确立。近代以来的思想家们一直都在为此寻找突破口，可是动荡的现实总让他们有无能为"立"的困惑。陈独秀算是比较典型的一个了。

在沧桑与动荡的社会现实中，陈独秀以特立独行的姿态，力抗群言，进行着艰难的选择。相形于东洋"损坏个人独立尊严之人格"、"窒息个人意志之自由"、"剥夺个人法律平等之权利"、"养成依赖性，戕贼个人生产力"诸种情形，西洋民族"举一切伦理、道德、政治、法律，社会之向往，国家之所祈求，拥护个人之自由权利与幸福而已"。与梁启超新民的言论相比，陈氏的风格颇为淋漓：

> 思想言论之自由，谋个性之发展也。法律之前，个人平等也。个人之自由权利，载诸宪章，国法不得而剥夺之，所谓人权是也。人权者，成人以往，自非奴隶，悉享此权，无有差别。此纯粹个人主义大精神也。自唯心论言之，人间者，性灵之主体也；自由者，性灵之活动力也。自心理学言之，人间者，意思之主体；自由者，意思之实现力也。自法律言之，人间者，权利之主体；自由者，权利之实行力也。所谓性灵，所谓意思，所谓权利，皆非个人以外之物。国家利益，社会利益，各与个人主义相冲突，实以巩固个人利益为本因也。①

---

① 陈独秀：《陈独秀文章选编》上册，生活·读书·新知三联书店 1984 年版，第 98 页。

没有什么能比这段引述更能说明陈氏"以个人本位主义，易家族本位主义"的内在理路。

在"个人本位"，还是"家族本位"、"法治本位"，还是"感情本位"这两对看似无关的判断之间，陈独秀找到了一个本质的文化规定：前者属于理性化、秩序化的"法治"，后者属于情感化、关系化的"人治"。"重视个人自身之利益"就不会有"血统家族之观念"；相反，看重"家族"、"情感"、"关系"就会将"个人"、"责任"、"法制"视之若浮云。陈氏以下两段论述可以说是近代以来中西判别的"点睛"墨迹：

> 西洋民族之重视法治，不独国政为然，社会家庭，无不如是。商业往还，对法信用者多，对人信用者寡；些微授受，恒依法立据。浅见者每讥其俗薄而不惮烦也。父子昆季之间，称贷责偿，锱铢必较，违之者不惜诉诸法律；亲戚交游，更无以感情违法损利之事。

> 凡此种种恶风（系指东洋思想——笔者注），皆以伪饰虚文任用感情之故。浅见者自表面论之，每称以虚文感情为重者，为风俗淳厚之征；其实施者多外饰厚情，内恒愤忌。以君子始，以小人终，受之者习为贪惰，自促其生以弱其群耳。以此为俗，何厚之有？以法治实利为重者，未尝无刻薄寡恩之嫌；然其结果，社会各人，不相依赖，人自为战，以独立之生计，成独立之人格，各守分际，不相侵渔。以小人始，以君子终，社会经济亦因厘然有叙。以此为俗，吾则以为淳厚之征也。——即非淳厚也何伤？

陈氏的用语并非完全学术式的，我们不难从他的论述中感受到思想的深刻。"关系伦理"把一切都让位于周围的环境、情感、人缘，而将"责任"都诿于自己以外的东西。当罪恶的事情发生时，说有罪都有罪，说没罪都没罪。"有难同当，有福同享"正是关系伦理的产物。在中国大陆目前流行的"说你行你就行不行也行，说你不行就不行行也不行"的民谣可以说是对"感情"、"关系"、"虚文"的一个有力佐证。就此而言，"五四"先驱的前瞻性堪称独具慧眼。

在《新青年》一文中，他"内图个性之发展，外图贡献于其群"的"内外有别"也是对其"个人本位"文化启蒙主义的进一步发挥，更是对

"新青年"完整人格的期待。陈氏的这样的人格设计也就是李大钊所说的"个性的自由与共性的互助"①，应该说，他们这种"个人"与"社会"互动的人格设计是可取的。如果我们要充分洞察陈独秀对于启蒙对象的真实要求，那就不妨从他的《人生真义》里寻求些蛛丝马迹。下面是笔者从该文的九项中撷取的具有代表性的四项：

（一）人生在世，个人是生灭无常的，社会是真实存在的。

（二）社会的文明幸福，是个人造成的，也是个人应该享受的。

（三）社会是个人集成的，除去个人，便没有社会；所以个人的意志和快乐，是应该尊重的。

（四）社会是个人的总寿命，社会解散，个人死后便没有连续的记忆和知觉；所以社会的组织和秩序，是应该尊重的。

用一句话可以概括先哲的精神："自利利他"。假如说这不失为一种伦理思想的话，那么它就是兼取中西的互补伦理。然而，问题并非那么简单。毕竟陈氏不是那种能坐住冷板凳的主儿，他立意"互补"的耐性究竟有多久一直是悬挂在我们笔端的问号。

不幸言中，陈氏的启蒙角色很快被政治传唤过去。

我们知道，他是一个对"觉悟"理解得十分深透的思想先驱："自西洋文明输入吾国，最初促吾人之觉悟者为学术，相形见绌，举国所知矣；其次为政治，年来政象所证明已有不恪守缺抱残之势。继今以往，国人所怀疑莫决者，当为伦理问题。此而不能觉悟，则前之所谓觉悟者，非彻底之觉悟，盖犹在倘恍迷离之境。吾敢断言曰：伦理的觉悟，为吾人最后觉悟之最后觉悟。"② 或许正因为看得太透了，才使他不久之后的"陡转"显得那般尴尬与困窘。不言而喻，新文化的先驱角色的位移不能不作着这样的心理调节：启蒙路漫漫——革命不等闲。由此流露的心理吊诡与选择两难自然就是可以理解的了。

毋庸讳言，当以激进面貌出现的政治前卒需要"唤起百万工农齐踊

---

① 李大钊：《李大钊文集》上册，人民出版社1984年版，第623页。

② 陈独秀：《陈独秀文章选编》上册，生活·读书·新知三联书店1984年版，第109页。

跃"时，他头脑里原有的"化大众"意识很快就会被"大众化"的捷径所取代。现实中现成的、可供选择的"觉悟"成品毕竟太少了，你若急需就不可太挑剔。在这种情况下，即使是一些"半成品"、"次品"都可能成为"饥不择食"的美味佳肴。

在20世纪的风云变幻中，诸如陈独秀式的双重角色并不少，但像他这样从文化启蒙家到政治革命家过程中表现出的"个人"与"社会"的两难又是极其典型的，渗透着特定时代的悲剧色彩。

为自己思想的流产而阵痛，这是一个不必讳言的事实。当陈氏陡然转向社会运动后，他的文化运动之使命不但没有完成，更为关键的是，为了革命，他不但要收敛个性自由的理想，而且更要忍受陷于政治启蒙意义的"大众化"。与他"最后觉悟之最后觉悟"的本来目标相比，大众化不过是"普及"到了"政治觉悟"的边缘，与原初"觉悟"相差甚远。试想，前后"觉悟"落差如此之大，先驱又怎能不陷入矛盾与痛苦之中？即使是先前从事文化运动的同时谈政治，他当初也是一个这样的由立人而立国的思路："多数国民之运动，进而为多数优秀国民政治。"可是，"路漫漫其修远兮"，民瘼之沉疴痼疾如此沉重，"化"到何时才算一个尽头呢？1921年，他困惑的心情再也遮掩不住了："最不幸的是一班有速成癖的人们，拿文化运动当做改良政治及社会的直接工具，竟然说出'文化运动已经有两三年了，国家社会还是仍旧无望，文化运动又要失败了'的话，这班人不但不懂得文化运动和社会运动是两件事，并且不懂得文化是什么。"① 一方面是对自我"速成癖"的自责，另一方面是对文化不能作为"直接工具"的失望。既然文化事业"绝不是短时间可以得着效果的事"，那么素有速成心理的政治热衷者只有在新的体悟中赶紧上路。

一位国民性改造大师的梦想从这里滑落。

这里，陈氏内心冲突的关键并不在于从"文化"转向"社会"。毕竟，他在从事文化事业的同时，还对社会运动热切地关注与旁顾。"脚踩两只船"的心理一遇适当气候就会暴露无遗。他那内心的所有紧张完全集中在了精神层面——"全新人格"与残缺人格的冲突。约于1920至1921

---

① 陈独秀：《陈独秀文章选编》中册，生活·读书·新知三联书店1984年版，第120页。

年春，陈逐渐认识到启蒙国民"伦理的觉悟"之"最后觉悟之最后觉悟"的艰难与虚妄，开始怀疑"主张个人物质及精神的方面完全解放以后再改造"①的价值趋向。很快，新文化运动变成了一种"旧教育"，因为"新教育不是这样，新教育在改良社会，不专在造成个人的伟大"。②他一反当初"非有先觉哲人，力抗群言，社会莫由进化"的观点而从个人本位主义中跳出：

> 你们切勿想单靠你们决战的舆论和学生运动来打倒军阀，你们的舆论与运动倘不中途退却，固然也可以造成革命的空气，并且你们当中富于革命精神和革命理论的分子，自然在革命运动中恒站在指导地位，但是你们离开了工人、贫农的劳动群众便没有当真革命的可能；这是因为被压迫的劳动群众之现实生活的要求与阶级的战斗力，都有客观的革命条件，并非是些浪漫的革命分子可比。③

这即是"统率新兴的大群众"进行国民革命的思想轨迹。

笔者论述上面的内容仿佛有游离主题之嫌，其实这是有用心的，目的还在于理清一位书生革命家启蒙的思想情怀究竟有多深：他在从政后一直"再回首"，对"国民性"中所含的种种腐败、堕落的劣根耿耿于怀。几乎与组建中共的同时，他仍非常动情地说："我近几年来细细研究我中华民族种种腐败堕落到人类普通资格之水平线以下，我的惭愧、悲愤、哀伤，常常使我不肯附和一般新旧谬论。"④建党以后，他这种角色体验还魂绕梦牵："中国人民简直是一盘散沙，一堆废物"，如果这种"混乱、散漫、软弱"的根性不改变，"中国便没有救济的希望！"⑤精英思想与大众化思想激烈地对抗着，即使在强调"各阶级大群众联合"的重要性时，他也不断发出这样的议论："群众心理大都是盲目的，无论怎样大的科学家，一旦置身群众，便失去了理性，这是心理学说及我们眼见的许多事实可以

---

① 陈独秀：《陈独秀文章选编》中册，生活·读书·新知三联书店 1984 年版，第 65 页。
② 陈独秀：《陈独秀文章选编》中册，生活·读书·新知三联书店 1984 年版，第 75 页。
③ 陈独秀：《陈独秀文章选编》中册，生活·读书·新知三联书店 1984 年版，第 121 页。
④ 陈独秀：《陈独秀文章选编》中册，生活·读书·新知三联书店 1984 年版，第 132 页。
⑤ 陈独秀：《陈独秀文章选编》中册，生活·读书·新知三联书店 1984 年版，第 326 页。

证明的。"① 正是由于陈在"从知识分子方面"转向"工农劳苦大众方面"② 仍未能完全脱去原有的思考模式，这就使他在时代的重负下付出了惨痛的代价。

悲乎？喜乎？这是 20 世纪的沉重的话题。展望新的世纪，我们希望不再有这样的历史循环。

第三节　鲁迅：永远的"国民性"

一、"精神界之战士"

在鲁迅的生平中，家世构成了不可忽视的一个重要部分。对于中国，尤其是大陆的读者，这可以说是一个家喻户晓的基本事实。不难理解，离开一个人的成长经历谈思想无疑是纸上谈兵。鉴于这样一种认识，我们的谈话还是要从最基本的原始命题肇始。

1881 年，鲁迅出生于绍兴东昌坊口的新台门周氏家族。书香世家，先人为其取名树人，字豫才。祖父晚清翰林的身份为周家府上焕发了容光，然而，豫才早年丧父的家道中衰历史使其饱尝了人世间的酸甜苦辣。用中国通俗的话说，鲁迅睁开眼时正是周家背时的光景。小环境如此，大环境也是"内忧"与"外患"并存。

生活在这样的家庭环境中，旧式的科举思想教育、私塾老师的教鞭是少不了的。既然从"旧垒中来"，传统的所谓"正业"与"正路"自然就是"八股文"。好在周家两位兄弟（弟弟周作人）幼年的教育中除去"科举"一层之外还有"教人自由读书，尤其是奖励读小说"③ 难得的空间。特别是鲁迅 13 岁那年祖父因科场案下狱的跌宕使周氏兄弟因祸得福。严厉的祖父不再像其他家长那样固执地强求子孙光宗耀祖，走老式"正路"。开明的家教如一股清新的净化空气，周树人很快于 1898 年进入了新式的

---

① 陈独秀：《陈独秀文章选编》中册，生活·读书·新知三联书店 1984 年版，第 144 页。
② 陈独秀：《陈独秀文章选编》下册，生活·读书·新知三联书店 1984 年版，第 510 页。
③ 周作人：《自己的园地·绿洲》。

南京水师学堂。走异地,"求别样",是因为年轻的树人"从小康人家而坠入困顿"的"途路中",看见了"世人的真面目"。与弟弟周作人对邻里故里冷眼的熟视无睹不同,周树人在外婆家时时感到舅舅一家的冷遇与白眼;与周作人的"故乡对于我并没有什么特别的情分"也不同,长兄在乡下避难却"和许多农民相亲近,逐渐知道他们是毕生受着压迫,和许多痛苦"。① 恰恰是这一段经历给周氏后来文化启蒙思想中"哀其不幸,怒其不争"之情打下了深深的烙印。

带着进化论以及初步自然科学知识的影响,怀抱"我以我血荐轩辕"的报国之志,四年后的他东渡日本学习医学。一次,仙台医专的"幻灯片"让他原有的梦全部自焚:"我的梦很美满,预备卒业回来,救治像我父亲似的被误的病人的疾苦,战争时候便去当军医,一面又促进了国人对于维新的信仰。……有一回,我竟在画片上忽然见我久违的中国人了,一个绑在中间,许多站在左右,一样是强壮的体格,而显示出麻木的神情。据解说,则绑着的是替俄国做过了军事上的侦探,正要被日军砍下头颅来示众,而围着的便是来赏鉴这示众的盛举的人们。"② 有了这样一次阵痛,鲁迅猛然醒悟到:"改变精神"比起治疗疾病来更为迫切。于是,"弃医从文"就成了鲁迅一生最为关键的转折点,论述文化启蒙主义者言必称此。

在日本,他曾一度与"光复会"亲和,对革命党也抱有同情的倾向。1909 年回国后,鲁迅反封建的倾向日趋增强。他在"山雨欲来风满楼"之际摇旗呐喊,辛亥革命到来之时欢呼雀跃。《文化偏至论》与《摩罗诗力说》等富有战斗朝气的论文可以说是此种心迹的真实写照。1917 年,《新青年》北上后,在北京政府教育部任职的鲁迅从消沉、失望而看到了些许的希望。如果说前期的"立人"思想受到了严复、梁启超启蒙思想的影响的话,那么直接促成他持戈上阵的还是文化主将陈独秀。1918 年 5 月,第一次用"鲁迅"做笔名的鲁迅在《新青年》上发表了中国现代文学史上第一篇白话小说《狂人日记》,从此"一发而不可收",以作品特有的风格显示了"文学革命的实绩"。事隔多年鲁迅回忆起来还满怀深情地说:"我做小说,是开手于一九一八年,《新青年》上提倡'文学革命'

① 鲁迅:《集外集拾遗·英译本〈短篇小说选集〉自序》。
② 鲁迅:《呐喊·自序》。

的时候……我的作品在《新青年》上，步调是和大家大概一致的，所以我想，这些确可以算作那时的'革命文学'……在这中间，也不免夹杂些将旧社会的病根暴露出来，催人留心，设法加以疗治的希望。但为达到这希望计，是必须与前驱者取同一步调的……这些也可以说，是'遵命文学'。不过我所遵奉的命令，绝不是皇上的圣旨，也不是金元和真的指挥刀。"鲁迅将自己比作"战士"，将主编誉为"主将"，也并非只是谦虚之词，他的追述道出了一定的历史真实。对主将的牵引作用，鲁迅还曾这样回忆说："《新青年》的编辑者，却一回一回的来催，催一回，我就做一篇。这里我必得纪念陈独秀先生，他是催我做小说最有力的一个。"① 启蒙思想家的阵势就是这样摆成的。

在新文化的阵营里，鲁迅与陈独秀、胡适、李大钊、周作人等一批思想巨子"狠打了几次硬仗"，这是同人们共同怀念的理性与浪漫。时至1921 年，由于"思想文化"与"政治革命"两个路径的歧义，《新青年》团体解散。鲁迅当初被唤起的精神意气一下冷落了许多："后来《新青年》的团体散掉了，有的高升，有的退隐，有的前进，我又经验了一回同一战阵中的伙伴还是会这么变化。"② 从充满"战斗的意气"的"思想革命"到"随便谈谈"的散漫文字，启蒙思想家真正感受到了"高潮"过后的孤寂落寞。

然而，对鲁迅来说，"高潮"可以没有，"高升"可以不要，思想却一刻也不能停止。鲁迅的执著使他成为中国启蒙历史上永远的鲁迅：尽管他同情并参加过辛亥革命，而且是一位对社会主义抱有好感、倾向于布尔什维克的思想先驱，但是将启蒙的使命当做自己的天职却是他一生不变的情怀。他说过："一首诗吓不走孙传芳，一炮就把孙传芳轰走了。"③ 可是，文化启蒙主义的诱惑令他不可能放弃这一选择而去参与身体力行的革命；他对社会主义政党的组织者充满爱心，有深厚的情意，但他终身都是以一位"党外布尔什维克"的面目出现在中国近代的历史舞台上。

1927 年后，尽管鲁迅的思想比起前期发生了很大的变化，但是他那改

---

① 鲁迅：《鲁迅全集》第 4 卷，人民文学出版社 1981 年版，第 812 页。
② 鲁迅：《鲁迅全集》第 4 卷，人民文学出版社 1981 年版，第 106 页。
③ 鲁迅：《南腔北调集·我怎么做起小说来》。

造国民性的情怀却从未动摇过。谈文学，谈读书，谈革命，谈人生……其立足点不停地旋转，可他的着眼点一刻也没离开过国民性问题。1928 年，在倾向"民众"、支持革命的同时，他还深为"看客"忧虑："我临末还要揭出一点黑暗，是我们中国现在（现在，不是超时代的）民众，其实还不管什么党，只要看'头'和'女尸'。只要有，无论谁的都有人看。"①时至 20 世纪 30 年代，鲁迅思想的穿透力也非"强弩之末"，他在回答"我怎样做起小说来"的提问中恳切地说道："例如说到'为什么'做小说罢，我仍抱着十多年前的'启蒙主义'，以为必须是'为人生'，而且要改良这人生。我深恶先前的称小说为'闲书'，而且将'为艺术的艺术'，看做不过是'消闲'的新式的别号。"② 这"十多年前的启蒙主义"是鲁迅一贯的价值取向。

难能可贵的是，鲁迅对启蒙这一思想家的天职在灵魂拷问极其痛苦之际也没有"失职"，而是时刻坚守着自己的阵地。人到终年，躺在病榻上的他仍对中国"国民性"问题忧心忡忡："我卧病在床时有一发现，那就是中国四亿人民得了'马马虎虎'的病。不治好这种病，就不能救中国。"③ 1936 年 3 月，临终前给友人的信再次袒露了这种心迹："我们还要揭发自己的缺点，这是意在复兴，在改善……"④ 与前期同友人许寿裳讨论的"国民性问题"一脉相承，这正是一位思想家"寻求意义"的根柢之所在。

中国，直到现在，仍需要这样的"精神界之战士"。

二、阿 Q："沉默的国民的魂灵"

尽管鲁迅早在 20 世纪初年就开始了文化启蒙的骚动与呐喊，但是他在中国文学与思想上的地位是于五四新文化运动时期确立的。1903 年，鲁迅在日本弘文书院读书时经常和他的好友探讨的话题是："一、怎样才是最理想的人性？二、中国国民性最缺乏的是什么？三、它的病根何在？"⑤

① 鲁迅：《鲁迅全集》第 4 卷，人民文学出版社 1981 年版，第 106 页。
② 鲁迅：《南腔北调集·我怎么做起小说来》。
③ ［日］内山完造：《思念鲁迅先生》，《文艺报》，1950 年第 15 期。
④ 鲁迅：《鲁迅全集》第 13 卷，人民文学出版社 1981 年版，第 683 页。
⑤ 许寿裳：《亡友鲁迅印象记》。

理性的早熟具体体现在他这一时期发表的用文言文撰写的论文中。《摩罗诗力说》、《破恶声论》、《文化偏至论》等一系列文章已经充分显示出一位"精神界之战士"的思想魅力。"任个人而排众数"正乃他执意张扬个性、力求心灵自由的写照。立国必先立人，而立人的根本还在于启蒙。这是鲁迅改造国民性思想形成的内在逻辑根据。

由立人而立国，这也许并不是鲁迅个人的发明。令我们值得注意的是，他的启蒙逻辑比任何近代思想家都来得直截了当、明白干脆。新的人格不再是"安弱守雌，笃于旧习"的驯顺懦弱的麻痹状态，而应是"重独立而爱自由"的"义侠之性"。① 他满怀期望地写到："国人之自觉至，个性张，沙聚之邦，由是转为人国。人国既建，乃始雄厉无前，屹然独见于天下。"② 为了能使这样的国民早日出现，鲁迅对欧洲 19 世纪的浪漫主义文学怀有一种特殊的情感，他心目中的"精神界之战士"含有惊人的意志力量："举全力以抗社会，宣众生平等之音，不惧权威，不踣金帛，洒其热血，注诸韵言。"③

理想愈高，失望愈大。面对中国几千年来积淀而成、根深蒂固的国民性，尤其是辛亥革命中国民对共和政体"于我若浮云"的麻木、冷漠，鲁迅开始了深层的思考："我们的第一要著，是在改变他们的精神，而善于改变他们精神的是，我那时以为当然要推文艺，于是提倡文艺运动了。"④带着"揭出病苦，引起疗救的注意"的创作心理动机，鲁迅接受五四先驱陈独秀等人的劝说，1918 年 5 月在《新青年》上第一次用"鲁迅"做笔名发表了振聋发聩的启蒙主义小说《狂人日记》。这也是中国新文学史上第一篇白话文体的小说。自此，鲁迅疾车难止，《药》、《阿 Q 正传》等一系列小说的问世奠定了他作为启蒙思想家、文学家的重要地位。

同是立意于"国民性"问题，但上面我们提到的三篇小说的着眼点却是大相径庭的。

《狂人日记》在家喻户晓的"暴露家族制度和礼教的弊害"之外，我

---

① 鲁迅：《摩罗诗力说》第 1 卷，人民文学出版社 1981 年版。
② 鲁迅：《文化偏至论》第 1 卷，人民文学出版社 1981 年版。
③ 鲁迅：《摩罗诗力说》第 1 卷，人民文学出版社 1981 年版。
④ 鲁迅：《呐喊·自序》。

以为它在思想史上最伟大的意义还在于这样一个历史事实的揭示：复制历史，在劫难逃。在"吃人"的社会里，"吃人"者绝对不只是统治者，有他，有我，也有你。无论你承认不承认，意识到没意识到，我们都无法将吃人的罪名与责任推得一干二净。思想家的凝重之笔在这里：

> 吃人的是我哥哥！
>
> 我是吃人的人的兄弟！
>
> 我自己被人吃了，可仍然是吃人的人的兄弟！

如果说"狂人"目前已经隐约感觉到"吃"与"被吃"的关系的话，那么他在下面则是明白无误地说出了几千年来无人敢于道破的真相：

> 四千年来时时吃人的地方，今天才明白，我也在其中混了多年。大哥正管着家务，妹子恰恰死了，他未必不和在饭菜里，暗暗给我们吃。
>
> 我未必无意之中，不吃了我妹子的几片肉，现在也轮到我自己……
>
> 有了四千年吃人履历的我，当初虽然不知道，现在明白，真的难见人！

这是一种彻底的翻然悔悟，更是一次难得的"生命体验"：既是被吃者，又是吃人者。

《药》里的"人血馒头"把国民的愚昧无知、麻木不仁刻画得淋漓尽致。小说里写到人们对被杀的革命者在狱中还劝人造反的态度时可以说是入木三分：

> 康大叔瞥了小栓一眼，仍然回过脸，对众人说："……——这小东西也真不成东西！关在牢里，还要劝牢头造反。"
>
> "阿呀，那还了得！"坐在后排的一个二十多岁的人，很现出气愤的模样。
>
> "你要晓得红眼睛阿义是去盘盘底细的，他却和他攀谈了。他说：这大清的天下是我们大家的。你想，这是人话么？红眼睛原知道他家里只有一个老娘，可是没有料到他竟会那么穷，榨不出一点油水，已经气破肚皮了。他还要老虎头上搔痒，便给他两

个嘴巴！"

"义哥是一手好拳棒，这两下，一定够他受用了。"壁角的驼背忽然高兴起来。

"他这贱骨头打不怕，还要可怜可怜哩。"

花白胡子的人说："打了这种东西，有什么可怜呢？"——

康大叔显出看他不上的样子，冷笑着说："你没有听清我的话，看他神气，是说阿义可怜哩！"

听着的人的眼光，忽然有些板滞，话也停顿了。小栓已经吃完饭，吃得满身流汗，头上都冒出蒸气。

"阿义可怜——疯话，简直是发了疯了。"花白胡子恍然大悟似的说。

"发了疯了。"二十多岁的人也恍然大悟的说。

店里的坐客，便又现出活气，谈笑起来。小栓也趁着热闹，拼命咳嗽，康大叔走上前，拍他肩膀说：

"包好！小栓——你不要这么咳。包好！"

"疯了。"驼背五少爷点着头说。

不必讳言，小说家的形象说理之深刻绝对不比"专职"的思想家、政论家的直接逻辑分析来得逊色。在这一段文字里，人物群像活灵活现，呼之欲出。康大叔作为一个刽子手的形象真实可信，他除掉有一副结实健康的身体外，还有什么地方妨碍他成为名副其实的"行尸走肉"呢？诸如"驼背五少爷"、"花白胡子"、"二十多岁的人"等等人物，哪一个又不是浑浑噩噩、可怜可恨的生灵呢？这里，阿Q老兄的形象雏形已经在作家的心目中有了眉目，或者说，在这座小茶馆里就坐着我们的阿Q。

如果说《狂人日记》从思想文化的战略高度透视了中国传统特有的质地，启蒙是历史的必然要求的话，那么《药》则形象地说明了在民主革命过程中国民素质的可怕与启蒙的艰难。面对革命者的宣传，民众觉得可笑复可怜；面对革命者的流血，民众不但没有一丝同情，反而招来无辜的非议与责难。不难想象，这种情形与鲁迅崇尚的拜伦精神相比较，怎不令其忧心忡忡："苟奴隶立其前，必衷悲而疾视，衷悲所以哀其不幸，疾视所以怒其不争。"① 这即是鲁迅著名批点"哀其不幸,怒其不争"的由来。因为有了《阿Q正传》的出现,所以我们的本论放在了阿Q这一典型的设计上。

接着《药》的"阿Q"式的群众不会起来呼应革命,那么假如革命真的来了他们又会怎样呢? 小说告诉我们:同样十分令人担心,而且非常可怕。

《阿Q正传》是鲁迅先生的中篇,最初连载于1921年12月至1922年2月的《晨报副刊》。小说共九章,它以辛亥革命前后的中国农村为背景,描写未庄流浪汉雇农阿Q一生中物质与精神生活的双重悲剧。通过这一形象的塑造,作者表达了"哀其不幸,怒其不争"的思想感情,深刻揭示了国民性改造这一时代与历史主题的艰巨性和紧迫性。"哀其不幸"主要是说:虽然阿Q干起活来"真能做",但却一无所有,甚至连姓名都被人遗忘。可怜而又悲惨的地位使他备受凌辱,而他在万般无奈的情况下也自轻自贱、自欺自慰。他"求爱"无门——"不准恋爱",生计无着——被迫偷盗,向往革命——"不准革命",最后做了"革命"的牺牲品或说替罪羊。

阿Q的不幸不但是旧中国农民的缩影,关键在于,他的"精神胜利法"可以说是一代乃至几代人的典型,放大一点说,阿Q心理特征是中国几千年传统文化的心理积淀。过去学术界对阿Q这一形象的分析多用"阶级论"的视角,在今天看来,问题远非如此简单。站在"根性"(这一理论我们将在下一章阐述,这里我们不妨提前涉及)立场上,阿Q的意义已经超越了时空限制,鲁迅送给我们的这个"典型"不是"开心果",而是值得我们整个民族深刻反省的艺术瑰宝。如同《狂人日记》中概括的"吃人""众所难脱"一样,阿Q身上的劣根性也是"众所难逃"。精神麻木、愚昧无知、畏葸苟安,这样的神情说是我们的"国粹"也不过分。"正传"里有一段描写阿Q"上城"长过见识之后的"快意"神态:

> "你们可看见过杀头么?"阿Q说,"咳,好看。杀革命党。
> 唉,好看,好看,……"他摇摇头,将唾沫飞在正对面的赵司晨

---

① 鲁迅:《摩罗诗力说》第1卷,人民文学出版社1981年版。

的脸上。这一节，听的人都凛然了。但阿Q又四面一看，忽然扬起右手，照着伸长脖子听得出神的王胡的后项窝上直劈下去道："嚓！"

如果说这样的"快意"只是一种"看客"行为，充其量是对于他们自身的表现与说明的话，那么当阿Q成为"做客"以后会是怎么样呢？这里"形象"的思想性颇见功力，如此素质的阿Q去投身、参与革命，革命又将何如？鲁迅心存的疑虑为20世纪的"坎坷"提供了具有强大穿透力的思想资源。还是让我们看一看小说第七章的"革命"行状：

> 阿Q的耳朵里，本来早听到过革命党这一句话，今年又亲眼见过杀掉革命党。但他有一种不知从那里来的意见，以为革命党便是造反，造反便是与他为难，所以一向是"深恶而痛绝之"的。殊不料这却使百里闻名的举人老爷有这样怕，于是他不免也有些"神往"了，况且未庄的一群鸟男女的慌张的神情，也使阿Q更快意。
>
> "革命也好罢，"阿Q想，"革这伙妈妈的命，太可恶！太可恨！……便是我，也要投降革命党了。"

阿Q的"飘飘然"完全得益于他的心理逻辑："好，……我要什么就是什么，我欢喜谁便是谁。"因此，对革命，阿Q有一种"说不出的新鲜而且高兴"。天真而又真实的"革命"逻辑，对20世纪这么一个漫长而又频繁的革命百年，究竟又意味着什么呢？学术界的分析已经太多了，似乎透过原典更能亲临先生思想之境，领略深刻的精神风光。

"沉默的国民魂灵"乃是一个民族的普遍心理。我以为，这是鲁迅先生对20世纪思想文化最杰出的贡献。他曾在一篇文章中这样结语："沉默啊沉默，不在沉默中爆发，就在沉默中灭亡。"不幸言中，而且使他为此陷入灵魂撕裂的两难。这样的"国民灵魂"永远沉默下去乃至灭亡固然不是长久之计，可问题在于，这样的灵魂一旦不经洗刷、改造就仓促爆发，结果又会怎样呢？思想家为祖国的命运经受着灵魂的拷打与煎熬。

三、"思想自由"与"民众合力"的吊诡

作为五四新文化运动的重要一员，鲁迅的"个人本位主义"价值观丝

毫不亚于反传统的同人，而且可以说是有过之而无不及。这不但从其小说创作中可见一斑，就是于其随感和杂文来看，他的个人自由思想也是深沉冷峻的。

那是一个呼唤"人"的时代，作家、艺术家、思想家无不围绕这一中心以展雄风。后人对"五四"的总结也都反映这个时代的强音。"人的运动"、"人的觉醒"、"人的发现"等等，不一而足。一代文学巨匠茅盾就曾这样概括他经历的"五四"文学精神："人的发见，即发展个性，即个人主义，成为'五四'时期新文学运动的主要目标，当时的文艺批评和创作都是有意识的或下意识的向着这个目标。"① 正是在这种时代气运下，作为《新青年》主笔之一的鲁迅，成为在"人"的旗帜下摇旗呐喊、追求个性解放的启蒙猛士。提到"五四"，人们自然不会忘记鲁迅以唐俟为笔名的那篇"随感"：

> 可是东方发白，人类向各族所要的是"人"……
>
> 可是魔鬼手上，终有漏光的处所，掩不住光明：人之子醒了；他知道了人类间应有的爱情；知道了从前一班少的老的所犯的罪恶；于是起了苦闷，张口发出这叫声。②

希望"人之子"从传统的梦魇中醒来，挣脱魔鬼之掌心，以"个人的自大"为价值取向，这是他在《新青年》上著文立说的核心。四十几篇随感录以及同时期撰写的《我之节烈观》、《我们现在怎样做父亲》、《春末闲谈》、《灯下漫笔》等文章无不渗透着个人向"社会"宣战的自由思想。饱蘸情感的笔墨，加上他深刻犀利的解剖，鲁迅的个人解放思想比同时代的每一位启蒙者都来得透彻深沉，富有力度。

鲁迅以"个人的自大"反对"合群的爱国的自大"，充分体现了一位理性启蒙主义者的远见。他说："中国人向来有点自大。——只可惜没有'个人的自大'，都是'合群的爱国的自大'。"为什么要提倡"个人的自大"呢？启蒙思想家的解释是："'个人的自大'就是独异，是对庸众宣战。除精神病学上的夸大狂外，这种自大的人，大抵有几分天才，——照

---

① 茅盾：《茅盾文艺杂论集》，上海文艺出版社 1981 年版，第 298 页。
② 鲁迅：《鲁迅全集》第 1 卷，人民文学出版社 1981 年版，第 322 页。

Nordau 等说，也可说就是几分狂气。他们必定自己觉得思想见识高出庸众之上，又为庸众所不懂，所以愤世嫉俗，渐渐变成厌世家，或'国民之敌'。但一切新思想，多从他们出来，政治上宗教上道德上的改革，也从他们发端。所以多有这'个人的自大'国民，真是多福气！多幸运！""个人的自大"的价值就在于不为盲目、愚昧的庸众所同化始终保持着清醒理智的头脑，坚守着个人的主题性。那为什么要反对"合群的自大"与"爱国的自大"呢？因为它们的劣根性在于"党同伐异，是对少数天才的宣战"。这种"自大"只能使个人，即使是有头脑的人，陷入群氓心理不能自拔，"所以多有这'合群的爱国的自大'的国民，真是可哀，真是不幸！"①

　　鲁迅的个人本位主义启蒙趋向在《新青年》团体垮掉、文化运动高潮过后仍占据主导地位。在时代的风雨面前，他既没有钻进象牙之塔，也没有随便放弃启蒙立场而轻易走向集体主义，而是在面对现实的同时坚守着"向庸众宣战"、"改造国民性"的思想阵地。然而，客观现实的冷酷多少给他那执著的理性启蒙染上了一丝"异化"的色彩。这也是鲁迅置身现实不能不面对的"残酷"。时至 1924 年，启蒙主义理想在与现实的冲突中进至了一个新的思想阶段。他的这一思想集中反映在小说《彷徨》和散文《野草》中。"两间余一卒，荷戟独彷徨"是他思想痛苦的真实刻画。我认为鲁迅"彷徨时期"的孤独苦闷路径颇能打通思想史上的重要关节。

　　彷徨时期，鲁迅思想极度紧张。情有独钟的个人本位的"自大"由膨胀到静止，甚至冷却，这是鲁迅始料不及，也是他所不愿发生的。然而，历史的发展并不以人的客观意志为转移：另一个"自我"不停地对"本我"进行着骚扰，思想家就是在这样两个交战的"我"中承受着灵魂的拷打。既不愿放弃"个人的自大"，又不能不承认"个人"的无力，于是鲁迅那著名的"中间物意识"便产生了："大半也因为懒惰罢，往往自己宽解，以为一切事物，在转变中，是总有中间物的。动植之间，无脊椎和脊椎物之间，都有中间物；或者简直可以说，在进化的链条上，一切都是中间物。"② 说穿了，这一"中间物意识"即是个体与群体的矛盾冲突。短

---

　　① 鲁迅：《鲁迅全集》第 1 卷，人民文学出版社 1981 年版，第 311 页。
　　② 鲁迅：《鲁迅全集》第 1 卷，人民文学出版社 1981 年版，第 285—286 页。

篇小说《在酒楼上》和《孤独者》里的主人公正乃鲁迅是时心态的折射。吕纬甫本是一个朝气蓬勃、血气方刚的青年，他曾因反传统而到"城隍庙里去拔掉神像的胡子"，又曾因与人论"改革中国的方法"和别人大打出手。可是十年后呢？他却一改先前的个性，成了一个"敷敷衍衍，模模糊糊"的人，如同一只被赶的苍蝇，"飞了一个小圈子，便又回来停在原地点"。"孤独者"魏连殳这位不肯随俗沉浮的人物比前者更可悲。当他走投无路，当了军阀杜师长的顾问后便如其自我表白的那样："我已经躬行我先前所憎恶、所反对的一切，拒斥我先前所崇拜、所主张的一切了。"鲁迅在《写在"坟"后面》里说："有人以为我信笔写来，直抒胸臆，其实是不尽然的，我的顾忌并不少。我自己早知道毕竟不是什么战士了，而且也不能算先驱，就有这么多的顾忌和回忆。"① 一方面有因袭传统负担的"顾忌"，另一方面又有个人解放"伟大的要紧的事"在身，他不能不为"两间余一卒"的夹缝状态所困扰。对鲁迅的所言所为，我们可以分析出两个方面的双重对立：一是美国著名研究中国历史专家列文森给出的公式——理智与情感的困惑；二是个人主义的渺茫性与集体主义现实性的两难。

"彷徨"之后，站在"文艺大众化"的门槛上的鲁迅仍然不可能摆脱思想两难的拷问。譬如，20 世纪 20 年代中期，《京报副刊》发出启事，征求"青年必读书"十部书目，鲁迅也是应邀的"导师"之一。与胡适为青年列出洋洋洒洒的书目不同，鲁迅"偏离"了主题，他明白无误地告诉学生："现在的青年最要紧的是'行'，不是'言'。"② 值得注意的是，他甚至说出了与自己启蒙身份不相符的过激之辞：

> 青年又何必寻那挂着金字招牌的导师呢？不如寻朋友，联合起来，同向着似乎可以生存的方向走。你们所多的是生力，遇见森林，可以辟成平地的，遇见旷野，可以栽种树木的，遇见沙漠，可以开掘井泉的。问什么荆棘塞途的老路，寻什么乌烟瘴气的鸟导师！③

---

① 鲁迅：《鲁迅全集》第 1 卷，人民文学出版社 1981 年版，第 284—285 页。
② 鲁迅：《鲁迅全集》第 3 卷，人民文学出版社 1981 年版，第 55 页。
③ 鲁迅：《鲁迅全集》第 3 卷，人民文学出版社 1981 年版，第 56 页。

于是，在思想的间接性与长远性面前，他的脑海里就一直萦绕着这样一个困惑不解的问题："然而知识阶级将怎样呢？还是在指挥刀下听令行动，还是发表倾向民众的思想呢？"困惑之余，他不能不承认这么一个事实："总之，思想一自由，能力要减少，民族就站不住，他的自身也站不住了！现在思想自由和生存还有冲突，这是知识阶级本身的缺点。"① 显然，鲁迅的思想中出现了严重的吊诡。

诚然，鲁迅的"社会"（群体）意识并非在五四后期才萌芽。比如他在1919年10月所写的《我们现在怎样做父亲》中就有流露："无后只是灭绝了自己，退化状态的有后，便会毁到他人。人类总有些为他人牺牲自己的精神，而况生物自发生以来，交互关联，一人的血统，大抵总与他人有多少关系，不会完全灭绝。"② 必须看到，这是一位具有良知知识分子的痛苦承诺。这双重的承诺并不轻松："为个人"的启蒙和"为群体"的斗争同时落在自己的肩上。作为一位思想的受难者，鲁迅痛苦的丰富意义就在于：在深切感受到为群体生存而斗争会对个人自由发展形成威胁的时候，他又从现实出发解释着这种代价的必然。

在某种意义上说，鲁迅的思想吊诡也是"入世"与"出世"传统两难命题的折射。他内心世界的两个"自我"赋予了深刻丰富的现代意义，向我们展示出两种可供选择的人生价值取向。当然，笔者这里不敢贸然提出变通这一"吊诡"的良策，但有一点可以重申：两者并非只有对立、紧张、冲突，还有其并立、共存、互补的一面。回顾思想家"过去"的意义正在于此。

第四节 现实关怀·社会关怀·人生关怀

近代以来，国民性改造思潮几度成为时代的主题。我们选择的三位历史人物梁启超、陈独秀、鲁迅即是颇具代表性的先驱。可以这样说，他们的改造国民性思想构成了20世纪的一大思想景观，伴随时代走过了百年

---

① 鲁迅：《鲁迅全集》第8卷，人民文学出版社1981年版，第190页。
② 鲁迅：《鲁迅全集》第1卷，人民文学出版社1981年版，第140页。

历程。20 世纪已经走完，但是先驱的诺言仍未能如愿以偿，回眸并梳理先哲的思想理路，必将为走向现代的中华民族提供一个可资借鉴的积极意义资源。

从三位先哲的人生经历我们至少能发现有这么几个相同或不同点：一是"家世"与个人际遇使他们同时拥有"两个头脑"；二是济世报国的情怀使他们"同唱一首歌"；三是先驱们都曾在理想与现实两个环节之间有过不同程度的艰难徘徊。

一、着眼点：同立于思想晕轮的圆心

就其家庭背景与个人游学经历而言，他们自幼生长于传统观念极深的"士大夫"家庭。以科举取功名的思想在他们的心中烙下了鲜明的痕迹。无论是热衷科举还是厌恶科举，他们的"科举"理路都是驾轻就熟的。这就告诉我们，"士"的心理在他们埋下了坚实的种子。中华民族几千年的文化积淀为先驱的责任承诺找到了理论依据。顾炎武的"风声、雨声、读书声"与"国事、家事、天下事"并非他个人的原创，实在是他从中国传统文化的依托中升华出的名句，更是对民族精神的高度概括。"士不可不谓任重而道远"道出了历史的沉重使命感。生命固然不能"承受如此之轻"，于是承诺过多、甚至包揽一切的情绪化选择又使他们有"过犹不及"的嫌疑。"不才明主弃"是知识分子最不情愿的；"将登太行雪满山"又是他们最为苦闷的；"心之所系者远，言或其所忧者深也"的高级牢骚正乃其理想乌托邦的具象化；"心事浩茫连广宇"更是他们那深沉忧患意识的真情流露。于是，我们看到，跃然于眼前的知识先驱在其心灵深处无不激荡着寻觅报国之路的满腔热情。"报国惟忧是后时"，梁启超的英雄时势观念造就了他特有的精神气质，刚刚步入社会的他就发出了狂气冲天的"十年之后当思我，举国狂欢欲语谁"的豪言壮语；与梁启超的吟咏颉颃齐飞，陈独秀的在日本的《咏鹤》也是颇见真情："本有冲天志，飘摇湖海间。偶然息城郭，独自绝追攀。"[①] 任凭花开花落，依然故我，陈独秀气贯长虹，一生尽在"独自"中履行着"绝追攀"的诺言。无独有偶，接

---

① 陈独秀：《陈独秀著作选》（一），上海人民出版社 1993 年版，第 105 页。

踵而来、老成早熟的鲁迅更是一位后来居上的新秀。1903 年，鲁迅在日本弘文书院同班同学中第一个剪掉辫子并留影纪念，写下了激情满怀的报国诗篇《自题小像》："灵台无计逃神矢，风雨如磐暗故园。寄意寒星荃不察，我以我血荐轩辕。"凡此种种，比起"虽九死而未悔"的爱国诗人屈原以及其以后的忧患传统毫不逊色。

应该看到，这与一般传统意义上的"穷年忧黎元，叹息肠内热"在内涵与外延上都不一样。毕竟，"中华民族到了最危险的时刻，每个人都被迫发出最后的吼声"。没有什么能比这更有感召力了。为此，我们的先驱在严酷时代的"证词"里不约而同地找到了通向现代之路。十分巧合，也是非常"必然"的是，三人都曾有过多次东渡日本的游学资历。从他们的首次游学时间来考察，几乎都是在 19 世纪末、20 世纪初的几年间。那时，日本的改良道路已经初见成效，而且可以说是中国新一代知识先觉"趋之若鹜"的一个"榜样"。1853 年，当美国人佩里带领舰队到达日本的一个海岸时，一向封闭的日本立刻慌张起来。1868 年开始的明治维新很快将"大和"民族牵引上了资本主义道路。一个由封建幕府统治的"蕞尔小国"腾飞于亚细亚。日本成了亚洲的英国，虽然它一开始并不曾有英国式的议会制度，但是它的"戴着镣铐跳舞"的"开明专制"却给这个民族带来了无穷的活力。1894 年甲午战争与 1895 年中日《马关条约》的签订，令中国的"士大夫"们目瞪口呆。在"小日本"与"大中国"的巨大心理反差下，他们不能不对这个"蕞尔小国"刮目相看。历史上著名的"公车上书"就发生在那一年。颇费心机的洋务运动并未能使中华民族走上独立富强的现代文明道路，为什么？对于渴望走出危机、济世拯民的一代先觉而言，铁腕政治人物大久保利通的改革路线值得"仿求"，而开思想先河的文化先驱福泽谕吉也更是启蒙主义者自我对象化的头号种子。

无论是政治上求改良还是政治上取革命，抑或在两者之间摇摆，先驱们在"改造国民性"的意义上的理论设计却如出一辙。梁启超在文章中不止一次地为福泽谕吉的观点叫好，而且处处暴露出福泽对其自觉或不自觉的影响：在《中国积弱溯源论》中，"日本大儒福泽谕吉"所论的礼教重视"礼乐"之故的判断就甚为其所推崇。① 如上所论，我们选择的三位思想先驱都不约而同地受到了这位日本思想先驱的影响。尽管如此，我们这里仍无意对这种影响的程度做全方位的比较，毕竟，我们的论题决定了笔者的立意。就文学之一的体裁——小说设下的"鸿门宴"来看，要足以说明先驱经历不谋而合之趣了。众所周知，鲁迅当年赴日留学的缘由之一就是因为日本是受了西学启发而后起的强国，现在看起来既有理想化的成分也有神圣的因子。日本发达源于西方科学中医学的事实，以及想治疗像他父亲那样为中医所误的疾病之冲动使他选择了"西医"。过去，我们论述鲁迅"弃医从文"的转变多认为只是他是那次仙台医专的"幻灯事件"所致，其实在这一"时间"的背后还有更为有力的策动，只是无形的间接作用而已。这就要说到小说启蒙的问题了。世纪之交的日本正是福泽谕吉如日中天的时期，沿着这个背景，继福泽的思想启蒙——"内在的文明"之后，日本以"经世济民"为宗旨的政治小说应运而生。福泽思想昭示下的日本文学引起了留学日本的中国先驱的注意，他们一改几千年轻视"小说"为"邪道"的观念，转眼间将小说提高到了启迪"国民之魂"的位置，鲁迅将它称为"牵引国民前进的灯火"正是在这个意义上说的。1896至1911年，中国翻译出版日本小说101部，其中政治小说占50多篇。这充分说明学习以福泽谕吉为龙头的"改造国民性思潮"的娘家远在东瀛。1902年，梁启超在日本横滨发行文学杂志《新小说》，为新型的政治启蒙小说提供了重要的理论与创作园地。梁氏的"新民说"也是这一思潮下的产物。1904年，陈独秀在其主编的《安徽俗话报》上连载的《黑天国》显然是一篇典型的政治启蒙小说。他将自己要讽刺与革命的对象命名为"满周苟"，意思显然是"满洲狗"的变易。时至五四，他1917年的《文学革命论》比起留学美国的胡适就更见功利色彩了："政治界虽经三次革命而黑暗未尝稍减，其原因之小部分，则为三次革命，皆虎头蛇尾，未能充分以鲜血洗净旧污；其大部分，则为盘踞吾人精神界根深蒂固之伦理、道德文学、艺术诸端，莫不黑幕层张，垢污深积，并此虎头蛇尾之革命而未有焉。此单独政治革命所以于吾之社会不生若何效果也。"② 1918年

---

① 梁启超：《梁启超选集》，上海人民出版社1984年版，第141页。
② 陈独秀：《陈独秀文章选编》上册，生活·读书·新知三联书店1984年版，第172页。

4月19日，周作人在北京大学发表题为《日本近三十年小说之发达》的演讲："摆脱历史的因袭思想，真心地先去模仿别人。"鲁迅新文学的创作实践也在履行着这种"随后自能从模仿中蜕化出独创的文学来"的理论。鲁迅后来在谈到"我怎么做起小说来"的情节时，一再说是"仍是抱着十多年前的启蒙主义"，不过是想利用小说来改良人生与社会，无疑是日本启蒙思潮中功利主义影响的结果。就文学的角度看如此，换一个角度，从梁启超与陈独秀的"尚武"之良苦用心来看，也不难发现他们"立等可取"功利思想的演绎。梁氏的"冒险精神"之提倡以及他在《少年中国说》中岳飞"满江红"词句的引用足以让人感受到厮杀争斗的战火硝烟；陈氏的论述则不遮不掩、一语见地："日本福泽谕吉有言曰：'教育儿童，十岁以前，当以兽性主义；十岁以后，方以人性主义。'"① 可以这样说，由立人而立国的思想逻辑与日本近代化先驱福泽谕吉的建立现代化国家必须造就一批具有文明独立人格国民的理论设计一脉相承。恰恰是这种"传统"与"现代"的双重文化熏陶，令我们论述的对象"仿佛一个人有两个头脑，两个身体"②，也使他们有了一双慧眼，而立于更高的角度去审视中国的现代走向。

二、兴奋点："同唱一首歌"

相同的传统情结凝聚成了对国事的同样感受；同样的经历又使他们"同唱一首歌"：由立人而立国。从日本的近代精神里面，思想家们找到了借鉴的资源。福泽谕吉的"脱亚入欧"之改造国民性、变革人心的经验成了中国特定时代有识之士的精神宝典。面对岌岌可危的中华民族，梁氏大声疾呼："新民为今日中国第一急务。"以立人为本的思想在这里肇始。为何对立人情有独钟呢？原来，在启蒙者那里，在"立人"与"立国"之间，前者只是手段，后者才是目的。《新民说·释新民之义》里解释得很清楚："凡一国之能立于世界，必有其国民特具之特质"，这正是"民族主义之根柢源泉。"③ 对此，他的逻辑构成十分到位："然则苟有新民，何患

---

① 陈独秀：《陈独秀文章选编》上册，生活·读书·新知三联书店1984年版，第88页。
② 福泽谕吉：《文明论概略》，商务印书馆1959年版，第32页。
③ 梁启超：《梁启超选集》，上海人民出版社1984年版，第211页。

无新制度，无新政府，无新国家。非尔者，则虽今日变一法，明日易一人，东涂西抹，学步效颦，吾未见其能济也。夫吾国言新法数十年，而效不睹者何也？则于新民之道未有有留意焉者也。"① 正乃由于他是从国家的文明独立的立足点出发启蒙的，所以才导致了他在讲述"己"与"群"、"个人"与"社会"、"私德"与"公德"的关系时，总是将"利群"放在首位，甚至有本末倒置的现象。按照梁氏的"说法"，中国是一个"公德"奇缺的民族，"私德"却可以从"独善其身"里找到资源。这就出现了明显的错位。因为西方的个人主义、群体主义同中国的私德、公德不可同日而语。毕竟，个人主义不是"私"意义上的概念。

过分强调个人对国家、民族的责任与义务，势必就会形成这样的思维逻辑。深受其影响的五四先驱在国民与国体上的辩证同样有一种道义责任的浪漫。梁氏说过"政府之与人民，犹寒暑表之与空气也"，陈独秀那"人民程度与政治之进化，乃互为因果，未可徒责一方者也。多数人民程度去共和过远，则共和政体固万无成立之理由"② 不止一次的述说可谓如出一辙。鉴于有立人必先立国的逻辑在前，所以就可以理解他的这种议论："国人思想倘未有根本之觉悟，直无非难执政之理由。"③ 在后来者眼里，一个国家的政体取决于国民素质的高低，要实现民主共和，就必须由个人的启蒙开始。具体到人与国的关系即是："集人成国，个人之人格高，斯国家人格亦高；个人之权巩固，斯国家之权亦巩固。"④ 显然，梁、陈的默契突出表现在立国先有"新人"的思想逻辑上，着眼于"新人"，归宿于立国，这正是他们的全部。如果说有什么不同的话，那就是梁氏在开启民心、启迪民智的过程中强调了"利群"的思想力量，而陈氏则在激发民力、注重素质的过程中倾向于"国民运动"的中介作用。

循这一潮流而下，间接受惠于"戊戌"先哲，直接为五四先驱催化的鲁迅又该是一番怎样的情形呢？鲁迅在思想文化的舞台一亮相就显示出了非凡的"立人"底牌。他在早期所做的文章《科学史教篇》中同声共求

① 梁启超：《梁启超选集》，上海人民出版社 1984 年版，第 211 页。
② 陈独秀：《陈独秀文章选编》上册，生活·读书·新知三联书店 1984 年版，第 104 页。
③ 陈独秀：《陈独秀文章选编》上册，生活·读书·新知三联书店 1984 年版，第 282 页。
④ 鲁迅：《鲁迅全集》第 1 卷，人民文学出版社 1981 年版，第 33 页。

地批评一味强调"振兴实业"者是舍本求末："举国唯枝叶之求，而无一二士寻其本，则有源者日长，逐末者仍立拔耳。""源"即"本"，"末"即"标"。翌年 8 月，他在《河南》杂志发表《文化偏至论》，进一步阐释了这一思想："欧美之强，莫不以是炫天下者，则根柢在人，而此特现象之末，本原深而难见，荣华昭而易识也。是故将生存两间，角逐列国事务，其首在立人，人立而后凡事举；若其道术，乃必尊个性而张精神。"①鲁迅这里所说的"根柢"，意即极言其重要性和社会功能，与梁启超、陈独秀是在一个意义上运作的。鲁迅自称为是一个"听将令的战士"，所写的作品也是"遵命文学"，自觉"与前驱者取同一步调"。目的还是为了"揭出病苦，引起疗救者的注意"。他关心"国事"是从批判"民瘼"开始的。与前两位的前瞻性相比，鲁迅更注重对过去的解剖与批评、反省与忏悔。在鲁迅的精神世界里，中国如同"染缸"的传统是非常可怕的。国民的精神麻木被他用两句话一针见血地概括了出来。继他将中国历史总结为"吃人"的历史之后他又进一步指出中国历史的两个时代："一，想做奴隶而不得的时代；二，暂时做稳了奴隶的时代。"②深刻而又准确的把握比同时期的思想家更深沉、睿智，因此将鲁迅称为国民性解剖的大师是不算过誉的。思想文化史意义上的梁、陈、鲁正是在不同的时期、从不同的角度、以不同的格调"同唱一首歌"的。

近年来，思想研究者已经开始注意到"时代精神"这一命题。"时代精神"（The Spirit of Age）意指个人的思想与主张一方面固然要有深刻性有独到的优长，但是从另一方面看，如果不与时代合拍，就不能做时代的代言人，甚至会为时代主潮所淹没而被"藏之名山"。在这个意义上说，虽然三位先驱有时间的差异，但在价值意义上这只是婴孩期和成人期的发育程度不同而已。在思想的生理基因上，后来者应该说是前者文化选择的合理发展。否则，他们之间就失去了可比的砝码。

三、归宿点：来自不同终端的关怀

血浓于水，澎湃着的中华声音令先驱们担负起"士不可不谓任重而道

---

① 鲁迅：《鲁迅全集》第 1 卷，人民文学出版社 1981 年版，第 57 页。
② 鲁迅：《灯下漫笔》，《鲁迅全集》第 1 卷，人民文学出版社 1981 年版。

远"的文化承诺。与此同时还必须看到，由于个人性情与兴趣所致的原因，智者的尊严也会显示出不同层次的意义。

就他们的政治情怀而言，我们看到较为强烈的还是陈独秀；就他们接受外来文化资源的活跃性来看，较为易变的还是梁启超；就三位思想质地的规定性来说，较为醇厚的当推鲁迅。不难发现，如此纷繁错落的"比较"视野很难理出明确的头绪，为此笔者有意从"民族"和"民主"关系的角度予以考察。

从梁氏一味强调"群"性、"族"性的价值趋向来分析，处于中国动荡关头的他有着十分近利的现实色彩。对"公德"的关注使他忽视了中国传统是极其强调公德，而中华民族又是一个一盘散沙式的地缘区域。或许，甲午战争的炮声未落，八国联军的枪声又起的原因在起着支配作用。总之梁氏已经无法将那极富价值但却看似散漫无力、自私自利的"个人主义"放在显赫的位置。在家国、民族岌岌可危的情形面前，我们还有什么比这更要紧的事？如果说个人主义属于民主范畴、群体至上偏向民族主义的话，那么在个人与团体、小我与大我、权利与义务之间的思想交战就可以窥见一斑了。

在德、智、体的素质启蒙布局里，三位先驱都把伦理道德的教育放在了首要位置。梁氏一再述说中国国民道德的堕落、匮乏："我国民所最缺者，公德一端也。"① 陈氏不也曾断言"伦理的觉悟为吾人最后觉悟之最后觉悟"吗？鲁迅对国民道德素质之忧愤深广的评论是家喻户晓的。他说他"向来不以最坏的恶意来推测中国人"，对民众的体验是"惟'黑暗与虚无'乃是'实有'"②，足见其为中国道德堕落的悲哀与痛苦。

同样是对道德伦理的关注，由于梁启超多受现实感驱动，因此他时时显示出"易质流变"的特点。从民族的救亡独立出发，他眼里的一切学理与主义都是左右逢源的得力资源。比如他与陈独秀同是进化论的信士，但是在他们的笔下，前者明显属于达尔文式的集体主义，后者则是达尔文式的个人主义。这里，我们不妨先看一看梁氏的思想路径。从"利群"为"放诸四海而准"的理论出发，梁启超得出了带有鲜明时代特征的价值判

---

① 梁启超：《梁启超选集》，上海人民出版社1984年版，第213页。
② 鲁迅：《鲁迅全集》第11卷，人民文学出版社1981年版，第20页。

断："自由云者，团体之自由，非个人之自由也。野蛮时代，个人之自由胜，而团体之自由亡；文明时代，团体之自由强，而个人之自由减。"① 在此，梁氏于个人权利与社会义务两者之间选择了社会义务，并且认为义务大于权利，"小我"应该服从"大我"。这一带有明确偏向思想路径的内核还是民族情感驱动下的集体主义意识。质而言之，他在民主与民族这一支援社会前进的"舟车之两轮"间作了"偏至"的处理。本来，"民主"作为一种"工具"是为保证"自由"而设计的手段，可在梁氏眼里"民主"却被生硬地拉到了"民族"的麾下，一意为其效力。这样，原本立于民主之上的"自由"也都不够自由了，甚至时刻有被拉来做"民族"拐杖的危险。梁氏就曾在《余之生死观》中作过这般表述，人的个体物质存在没有任何内在价值，因为它是次要的，很快便会湮没无闻；真正可以依赖的是群体的集合体，因为在这个集合体中包含了每一位成员的精神价值，成为一个永久的存在物。梁启超把个体的物质存在划为"小我"，把群体的集合称作"大我"。不难理解，这种以激进集体主义为特征的哲学显然忽略了个人的生命存在与价值，至少没有看到"大我"之生命力与精神价值来自何处。

毋庸讳言，梁氏的文化抉择明显受到了现实的策动。在现实面前，他是时代潮流中的一叶无可奈何的思想扁舟。对此，我们可以从历史车轮的现实轨迹中找到依据。

"五四"之前，无论是受益于进化学说，还是恍悟于日本"脱亚入欧"的改造国民性潮流，一旦民主与民族、个人与社会、文化启蒙与政治革命发生冲突，前者都无一例外地让位于后者。尽管严复以及梁启超率先提出了民德、民智、民力的问题并想方设法予以解决，但并未能为时代所接受。即使后来辛亥革命领导人的指导思想也还是"服从"了历史的安排："个人不可太自由，国家要得到完全自由。到了国家能够行动自由，中国便是强盛国家，要这样做，便要大家牺牲自由。"② 就这样，改造国民性的潮流将个人的位置一让再让，时代的局限充分表现在"即使人还没有真正摆脱某种限制，国家也可以摆脱这种限制，即使人还不是自由人，国

---

① 梁启超：《梁启超选集》，上海人民出版社 1984 年版，第 227 页。
② 孙中山：《三民主义·民权主义第二讲》。

家也可以成为共和国。"① 在这一层次上，梁陈的不同价值趋向有着深刻的时代性。而且对这一时代性起着决定因素的还是他们分别属于"辛亥"前后的两代人。梁启超的时代正值国家内忧外患交织的危急关头，那时的中心课题首先是保国保种，于是一股从民族主义立场出发的汹涌思想潮流便滚滚而来。然而，经过辛亥革命、二次革命以及面临袁世凯称帝的现实变迁，那位从"革命"丛林中走出的老革命党人陈独秀在民主共和的希望破灭之后便怀疑起不分理智与情感之爱国的危害性来。恰恰是在这一怀疑上，我们发现陈氏的"民族"思想下沉，"民主"意识上升，形成了与辛亥前思想先驱不同的立意。他的这一思想命题一方面体现在他对盲目爱国气质民族主义情绪的批评上，另一方面则体现在他对个人权利地位的发挥上。

改造国民性是一种自觉的理性启蒙。这一自觉具体表现在陈独秀那里，即是怨己不怨人的自我忏悔意识的浓烈。"启蒙运动的思想家首先讨论理智与感情的关系"②，因此我们说"五四"人本主义的发生绝非偶然。早在《新青年》创刊的前一年，陈独秀就急不可耐地借助他人的刊物以《爱国心与自觉心》为名痛陈了"范围天下人心"的"情与智"："过昵感情，侈言爱国，而其智识首不足理解国家为何物者，其爱之也愈殷，其愚也益甚。由斯以谭，爱国心虽为立国之要素，而用适其度，智识尚焉。其智维何？自觉心是也。"③ 《新青年》号角吹响之后，他颇富激情地说："一国之民，精神上，物质上，如此退化，如此堕落，即人不伐我，亦有何颜面，有何权利生存于世界？"④ 同样是改造国民性的启蒙活动，陈氏有一种"世界主义"的胸怀与眼光，他将与这种意识对立的"种族、民族、党派、家族或社团"等狭隘意识做了一定程度的消解，正应验了瑞士思想家在评价意大利文艺复兴时的那句话："在最有才能的集团里边发展起来的世界主义，它本身就是个人主义发展的较高阶段。"⑤ 在"五四"先驱那里，他们于新文化运动时期将民族主义思想压低到了小程度，一心惨淡

① 《马克思恩格斯全集》第 1 卷，人民出版社 2005 年版，第 426 页。
② 《大不列颠百科全书》第 6 卷"启蒙运动"一款。
③ 陈独秀：《陈独秀文章选编》上册，生活·读书·新知三联书店 1984 年版，第 67 页。
④ 陈独秀：《陈独秀文章选编》上册，生活·读书·新知三联书店 1984 年版，第 132 页。
⑤ 雅各布·布克哈特：《意大利文艺复兴时期的文化》，商务印书馆 1986 年版，第 129 页。

经营着民主的个人主义空间。陈独秀在《新青年》创刊号上决心抛弃"党派运动"从事"国民运动"的发誓就足以表现出这一心迹。

换个视角，与梁启超一味强调义务相对，陈独秀关心的是社会能否保证个人才智的正常发挥，能否保障个人的自由与独立。在社会不能保证的情况下，个人就有必要去标异见、抗群言，去争取自我的人格与平等。他直截了当地告诉国民："国家利益，社会利益，各与个人主义相冲突，实以巩固个人利益为本因也。"① 陈氏的个人本位主义是针对传统的利他主义而说的，与梁氏的个人让位于团体的设计相反，他唱了反调。值得说明的是，这个反调并不意味着一心一意的自私自利。陈独秀的诠释是，个人本位主义注重的是个人自由意志和民主精神，与极端利己主义不可混为一谈。非但如此，愈是张扬个人主义，就愈对社会有利。倘若一味强调责任与义务，忽视了个人的权益，社会就会对个人才智的自由发挥产生阻碍和影响，从而也就不利于社会。既然个人与社会的关系是相辅相成、并行不悖的，那么失去个人独立人格也就意味着社会的窒息，由此"集人成国"的国家与社会也就没有了富有生机的细胞和分子。就此而言，按照梁氏将单个细胞与人体的比喻，如果单个细胞都失去了生命力，那人体还有生机吗？难怪陈氏会有对"自表面观之"论者作以"浅矣"的批评了。他的关怀已经超出了"类"、"族"的意义，不但有中国，而且也有中国以外的"社会"。至此，梁、陈之论已见分晓矣。

至此，作为后起之秀的鲁迅该从容登场了。上面说过，就鲁迅的启蒙世界来看，他的思想纯粹性是远远高出梁、陈。何以言之？单从其社会角色来说，他既缺少陈氏的激情，也没有梁氏的直接参与欲望。鲁迅的冷峻与深刻铸就了他在中国启蒙思想史上显赫而特殊的位置。因此，我们在分析他的终极关怀的时候，就可以放心地在文化视野里透视他于民主和民族间的定位。要而言之，鲁迅的关怀可以说是不带丝毫的"杂念"，是一种典型意义上的人生关怀。比起前两者，他的思想理路更直接、更本质、更具有终而极之的韵味。

他早期与友人许寿裳讨论的"怎样才是最理想的人性"，是他一生的

---

① 陈独秀：《陈独秀文章选编》上册，生活·读书·新知三联书店1984年版，第239页。

生命守候，直到临终还恪守这一节操。对这一课题的"任重"估计之不足使他曾极度失望过，从他思想放射之前的"黎明前的黑暗"之事实不难发现其关怀的"过正"。在他开始"遵命文学"的创作之前，先驱者的"将令"曾一度失灵，"战士"自有其理由："假如一间铁屋子，是绝无窗户万难毁灭的，里面有许多熟睡的人们，不久就要闷死了，然而是从昏睡入死灭，并不感到就死的悲哀。现在你大嚷起来，惊起了较为清醒的几个人，使这不幸的少数者来受无数可援救的临终的苦楚，你倒以为对得起他们吗？"① 探究微言，这是他人生关怀思想的一个反证。小说《狂人日记》中的"吃人"揭露，《药》中的愚昧麻木，《阿Q正传》中的颠顶不争，都在履行着启蒙思想家的诺言："我的取材，多采自病态社会的不幸人们中，意思是在揭出病苦，引起疗救的注意。"继小说《伤逝》对个性解放与自由之路探讨之后，杂文《娜拉走后怎样》的演讲更是充满忧患，充分反映出他对女性人生的关怀。对弱者的关心与对未来的期望，构成了鲁迅创作的主题，"孩子"与女性一直是他笔下关注较多的话题。既有娜拉式的子君，也有旧式的祥林嫂；不但有《狂人日记》里"救救孩子"的呐喊，也有《我们现在怎样做父亲》的自我真切体验与放射："肩袭住黑暗的闸门，放他们到光明的地方去。"这就是他身体力行的关怀。即使是在反思自己的婚姻与爱情时，他也没有忘记"孩子"，因为孩子就是将来。"我"自己无爱的婚姻已经无可挽回，作为"中间物"的我只能从长计议——"旧账如何勾销？我说：'完全解放了我们的孩子！'"② 这时鲁迅并无孩子，他的"孩子"即是普遍人生意义上的"新生代"。

相比较而言，鲁迅既没有梁启超的现实感那样强，也缺少陈独秀式的力抗社会的外倾倾向。由于这个缘故，鲁迅笔下的未来与希望总给人以渺茫的感觉。他在《希望》一文中引用匈牙利诗人裴多菲的话来流布自己的心情："绝望之为虚妄，正与希望相同。"即使是在说到自己对"希望"的相信时，他仍还是一副模糊的情形："然而说到希望，却是不能抹杀的，因为希望在于将来。"③ 在小说《故乡》里，他也认为我们的后辈"应该

① 鲁迅：《鲁迅全集》第1卷，人民文学出版社1981年版，第5页。
② 鲁迅：《随感录·四十一》，《鲁迅全集》第1卷，人民文学出版社1981年版，第323页。
③ 鲁迅：《野草》题记。

有新的生活，为我们所未经的生活"，但转眼间这种"新的生活"又很快变成了"我自己手制的偶像"。离开故乡时的那段结束语更让人有一种希望茫远的感觉："希望本是无所谓有，无所谓无的。这正如地上的路，走的人多了，也便成了路。"冷峻的美与孤独感牢牢嵌入了鲁迅的作品，与梁启超的英雄气、陈独秀的救世感形成了对照。

从文化思想的角度去分析，就不能止于福泽谕吉的"指点"了。我们说三位思想先驱都不同程度地受到了日本启蒙先哲的影响，事实上这种影响又不是一成不变的。譬如梁启超在福泽之外，就有欧美的拿破仑、华盛顿等等一系列英雄为向导，这时他的理论中心还是进化论；陈独秀固然推崇福泽，但"推倒一时豪杰"的胸怀使他对德国的哲人尼采、意大利的马志尼等特立独行者也是情有独钟，他的立论中心还是西方的个人本位主义，尤其是来自法国的"惟民主义"人权思想；鲁迅的人生关怀除却福泽的改造国民素质理论，更有西方现代人本主义哲学做其后盾。叔本华、尼采、基尔凯郭尔等一批注重个体生命意志的天才哲学家给了他无尽的思想资源。在"个"与"类"这一尖锐对立的矛盾体之间，西哲极力强调自我意志与精神自由的现代归宿，张扬个性、异见，鲁迅自觉地担负起了"历史中间物"的重任。

回眸先哲的精神历程，生的苦闷与智的快乐尽在其中。理解这种苦闷是为了不再苦闷，寻觅到这种快乐是为了更好地用诸现代人生，更积极地享受快乐。

发起于世纪初的改造国民性思潮在百年之后渐渐失落，回想当年，不禁自问：难道就让它这样随风飘逝？但愿世纪末的反思引发的不止是自慰。毕竟，我们有足够拒绝平庸的理由。

第二章

自由主义三代人

几乎与"改造国民性"潮流同步，一种作为潜流的思潮如同一股春水在涌动。严复、胡适、殷海光这三位处于 20 世纪不同时段的思想巨子才进入了我们的理论视野与思考框架。应该说，从他们三位的精神气质里，我们能清晰地观测到自由主义在中国形成的路径，以及各个时代的思想特征。

第一节 "自由"："群己权界论"

在西方思想史的论著中，也许没有什么比"自由主义"一词更为人们熟知。一个有趣的现象是，在 20 世纪末的 90 年代，尤其是世纪末的最后几年，也没有什么比"自由主义"思想更为看好。知识群体中对自由主义的青睐与独钟固然与大陆近年来市场经济的理性化有关，但在思想史意义上说，它的"吃香"还有其重要的背景。

一、严复：激活于英伦

生于 1854 年的严复乃福建侯官人，字又陵，又字几道。生活于那一时代的人想当然的常规教育是走私塾而科举的道路。于是，严复 7 岁那年也照例服从了安排。在几易塾师之后，11 岁那年父亲为他请了一位未获功名、清风布衣的先生黄少岩指教。好在这位塾师并非迂腐呆板之辈，正业之余，常给他讲一些"明代东林掌故"，这对年轻的严复来说，不仅激发了他的学习兴致，而且也酿造了他关怀时世的使命感。13 岁那年，严复按照"父母之命"与一位姓王的女子结婚。如果说这一包办的"早婚"不算什么不幸的话，那么翌年养家糊口的父亲的去世则给严家以沉重的打击。从此，严复自述道："谁知罔极天，欲养已伴不逮。"① 按夫子的自道，就连"五鼎饱"都不能及矣。家庭变故，有过深厚传统功底的严复也只能在科举途中辍学。不幸中的幸运是，鸦片战争后的洋务运动方兴未艾，鉴于"生计"与"择业"的考虑，严复报考了福州船政局下属的"船政学堂"。在学堂五年的学习生涯里他的各科成绩都是名列前茅。1877 年，改变严复一生的机会降临了。作为清帝国派出的第二批留学生严复榜上有名。众所周知，往国外派留学生是李鸿章、沈葆桢亲自上的奏折，目的是为了对海军以及造舰技术"精益求精"。等精通外国"水师兵法"后，"能自驾铁船于大洋操战"。②

这一年 23 岁的他与同学刘步蟾、方伯谦、林永升一起远渡重洋，一举奠定了他作为中国思想舆论家地位的基础。关于他在英国的学习状况，史华兹先生的那段分析概括是颇能说明问题的："在被送出去学习某些专业知识的留学生中，那些最富天才的，很少能始终保持毫不旁骛地研究既定专业的心态……这个问题就是：西方富强的秘密何在？"③ 兴趣的一致使年龄相差几近四十的郭嵩焘成了他的前路知己。一种开放的心态在英伦形成。严复的才学很快得到了当局一些"睁眼看世界者"的赏识，1879 年，在格林威治海军学院学完理论课程还没有到军舰实习的严复就受命回到祖国任"教习"。在福州船政学堂与在天津水师学堂的岁月倒是让他的海军知识有了用武之地，但是李鸿章处处插手的不信任态度却令其大为失望。具体地说，严与李的分歧在本质上还是观念的不同。在李鸿章那里，实用的功利色彩占了上风，大办学堂、"大治海军"成为他唯一的视界。而对严复来讲，国家富强才是他的理想目标。尤其是英人赫德（Robert Hart，

---

① 严复：《严复集》第 2 册，中华书局 1986 年版，第 389 页。
② 沈传经：《福州船政局》，四川人民出版社 1987 年版，第 28 页。
③ ［美］史华兹：《严复：寻求富强》，江苏人民出版社 1995 年版，第 25—26 页。

1835—1911）在中国担任总税务司期间与他的一段谈话更促使其思想抛出李氏的轨迹："海军之于人国，譬犹树之有花，必其根干枝条，坚实繁茂，而与风日水土有相得之宜，而后花见焉；由花而实，树之年寿亦以弥长。今之贵国海军，其不满于吾子之意者众矣。然必当于根本求之，徒苟于海军，未见其益也。"① 严复后来将国家的富强手段区分为"治标"与"治本"，预示着他不可能在李鸿章之辈设计的洋务道路上久留。1893 年，继家庭的接连不幸之后，知己郭嵩焘在孤寂中逝世。郭的不幸与严的怀才不遇碰撞成了"同是天涯沦落人"般的挽歌："惟公负独醒之累，在昔蛾眉谣诼，离忧岂仅屈灵均。"② 痛苦之际，他一度想弃李投张（之洞），对张的幻想破灭后，在万般无奈的境况下，为消解苦闷他竟还吸了一段时间的鸦片。

"多情应笑我"。在报国无门的激情无法消除的当口，严复发现了"专制观念"。恍悟于此之后，严复不再重复往日的苦情，他很快肩负起了译与著的历史使命。十九、二十世纪之交，《天演论》、《群己权界论》等译著如日中天，尤其是他与同人创办的《国闻报》的问世，对 20 世纪的整个中国思想文化界产生了振聋发聩的声威。

20 世纪的最初几年，当经过他翻译的《法意》、《名学浅说》等名著相继出版之后，严复"西学第一大家"的地位就奠定了。在一片喝彩声中他仍保持着清醒的头脑。这从他给外甥女何纫兰的信中可以略知一二："我现在真如小叫天，随便乱嚷数声，人都喝彩，真好笑也。"③ 由此看出尽管他是当时思想界的风云人物，但并没有因此忘乎所以的轻薄。在这一时期严复的《宪法大意》等文章，表明他在自由主义思想的道路上已经走了一段历史的路程。他对当时影响甚大的"中体西用"观念尖锐地批评道："体用者，即一物而言之也。有牛之体，则有负重之用；有马之体，则有致远之用。未闻以牛为体，以马为用者也。"④ 令很多人感到不可理解的是，严复 1914 年前后不但有"尊孔读经"的表示，而且对以前曾立意

---

① 严复：《严复集》第 2 册，中华书局 1986 年版，第 388—389 页。
② 严复：《严复集》第 3 册，中华书局 1986 年版，第 834 页。
③ 严复：《严复集》第 3 册，中华书局 1986 年版，第 834 页。
④ 严复：《严复集》第 3 册，中华书局 1986 年版，第 558—559 页。

提倡的"自由平等"思想提出了异议。这究竟意味着严复思想的倒退还是思想的成熟呢？在严复看来，中国国民性要想成熟就必须以中国先圣的教化为依托。如此这般的启蒙不就是回到了千年的老路？似乎问题远非如此简单。在我看来，如果只是强调"读经"的教化作用倒也无关大局，作为一位思想家的认识也并不可怕，只要它不是某一政权的强行行为。至于他对"自由平等"思想的批评更不能一概而论。就他批评的对象卢梭而言，《〈民约〉平议》中的评议倒是值得肯定的，在今天看来这也是切中肯綮之论。

戊戌变法的失败使严复非常痛心，尽管如此，"教训"并没有给他个人带来"飞跃"。就他思想里的意识形态而言，他一直是一位渐进与改良论者。1905 年，他在英伦与大革命家孙中山会晤，两人对中国目前的大局与出路作了一番唇枪舌剑。严复振振有词地劝说道："以中国民品之劣，民智之卑，即有改革，害之除于甲者将见于乙，泯于丙者将发之于丁。为今之计，惟急从教育上着手，庶几逐渐更新乎？"针对严复的劝说，孙中山的反应是："俟河之清，人寿几何！君为思想家，鄙人乃实行家也。"① 在他那里，革命是躁动与恐怖的代名词，尤其是带有明显暴乱性质特征的暗杀更使他忧心忡忡；而共和带来的秩序混乱与权利争斗也使他失望至极。这即是严复一直对革命与共和持保留态度的根本原因。当然，这与他接受的思想资源有密切的关系。留学英国的经历以及对中国现实的观察使他对君主立宪情有独钟，这一政治模式成为他摆脱不了的价值情怀。共和与立宪，究竟哪一个更适合中国的现代走向，都是一个设定，无法给出明确的判别。昙花一现与异想天开在本质意义上没有什么两样。

严复的思想路径与他对"共和"的冷漠很容易使他对袁世凯抱有期望。辛亥之后的情形，不是严复一个人希望有一位强有力的政治人物将混乱无序的现实来个"力挽狂澜"。于是，思想家一度出现了与政客的暧昧。起初，严复只是以一个知识者的身份希望社会的稳定与发展，他并没有什么歹毒邪恶的政治野心。事实证明，他也并不是人们认为的那样——复辟帝制的支持者。或许，袁世凯没有采纳的"君主立宪"更符合他的口味。

---

① 严复：《严复集》第 5 册，中华书局 1986 年版，第 1550 页。

也许，列名"筹安会"构成了对严复的最大威胁。而这里我们应该指出列名归列名，"筹安会"所举行的各种活动他却并不曾参加。一位书生的文弱性格使他无法直面针对袁世凯的"自欺欺人"，对此他曾反省道："不幸老年气衰，深畏机阱，当机不决，虚与委蛇，由是严复之名，日见于介绍，虚声为累，列在第三，此则无勇怯懦，有愧古贤而已。"① 还能证明严复与袁世凯的"君宪救国"思想不可同日而语的史实是：当梁启超的《异哉所谓国体问题者》出台时，袁世凯便四处为他的帝制国体论寻找笔杆子，即使是在"重金"或是威吓面前严复也丝毫没有动摇。严复在晚年对袁世凯若即若离的态度充分说明：一方面他对袁世凯抱有希望的，另一方面也对他持有戒心。

伴随1918年的"一战"结束，严复对西方文化的热情也随着战火的熄灭而化为灰烬。从情感出发，他对现代文明对人性的压抑与摧残颇有微词："不佞垂老，亲见那七年之民国与欧罗巴四年亘古未有之血战，觉彼族三百年之进化，只做到'利己杀人，寡廉鲜耻'八个字。"② 人到晚年，情感色彩有所加重，他的理性思考已经大不如前。沿着那西洋文明论破产的思路，严复在他1921年逝世前留下了这样的遗嘱："须学问，增知能，知做人分量，不易圆满。事遇群己对待之时，须念己轻群重，更切勿造孽。"他追求了一生的"群己权界"在临终时打了一个大折扣。失衡归失衡，思想先驱的历史使命感与责任感还是栖身其中，这即是时代的特色和民族的遗传。

辗转反侧，还是让我们从这位第一个系统译述西方社会政治理论大师的"自由"灵感讲起，因为悲患与风流尽在其中。

二、自由："群"与"己"的摇摆

严复，一位公认的自由主义大师与鼻祖。正是在这个意义上说，我们论及他的风流当首推"自由"的来龙去脉。而论欲说清楚先哲在"自由"上的坐标，又必须将其置于"群"与"己"的天平上予以权衡辨析。

让我们从"自由"的移植谈起。在英文中，"自由"与"解放"公用一个词根——liberty，这充分说明两者的关系是十分暧昧的，与此同时，

---

① 严复：《严复集》第3册，中华书局1986年版，第636页。
② 严复：《严复集》第3册，中华书局1986年版，第692页。

这也是在中文里政治界与学术界有意无意混淆它们之间差异的一个根本原因或说前提。而在我个人看来，就自由的本意而言，用英语中的"free-dom"倒不失为一种极为明智的选择，无论是从学理上还是从哲学逻辑上都是值得提倡的。问题苦就苦在中国的"自由"历来只是一个交流、沟通的"工具"，从来就没有形成一种思想观念或意识形态（顺便提一句，一个可喜的学术思想通报是：当以刘军宁先生为先驱的《公共论丛》上，一批年轻的"自由"理论大师为"自由"的今天与明天展现出了可贵的线索与空间，"路漫漫其修远兮"的渺茫里透出了黎明前的"微光"）。不错，我们有"吾意怀不忿，汝岂得自由？"[①] 唐代诗人白居易的《苦热诗》也有言曰："始惭当此日，得作自由身。"自由是与孔教主张的思想观念完全对立，自然就不会有它的立足之地。鉴于在西方自由已经是不胫而走的流动意识，可"中国历古圣贤之所深畏，而从未尝立以为教"的事实，严复不可能不在译名上应验古人"吟安一个字，拈断数茎须"的搜索境界。先生曾辗转反侧，夜不能寐，恍惚间灵机一动，文学家柳宗元的失意诗成了"神来之笔"："破额山前碧玉流，骚人遥驻木兰舟。春风无限潇湘意，欲采萍花不自由。"先哲瞬间喜不胜收："所谓自由，正此意也。"这里我们引述这个故事并没有甄别深浅的意思，只是想以此说明严复在接受"自由"的历程中饱尝了观念探险的辛酸。下面就让我们亲身体验一下他的苦行僧式的"推敲"：

> 或谓："旧翻自繇之西文 liberty 里勃而特，当翻公道，犹云事事公道而已。"此其说误也，谨案：里勃而特原古作 libertas 里勃而达，乃自繇之神号，其字与常用之 freedom 伏利当同义。伏利当者，无挂碍也，又与 slavery 奴隶、subjection 臣服、bondage 约束、necessity 必须等字为对义。人被拘，英语曰："To lose his liberty 失其自繇，不云失其公道也。释系狗，曰 Set the dog at liberty 使狗自繇，不得言使狗公道也。公道西文自有专字，曰 justice 札思直斯。二者义虽相涉，然必不可混而一之也。"[②]

---

① 古乐府诗歌：《孔雀东南飞》。
② 严复：《群己权界论》译凡例。

自由就是自由，为何要将"由"与"繇"字再通假一次呢？或许是传统的尾巴在作祟？抑或一开始他就有罗兰夫人"自由，自由，几多罪恶假汝而行"格言的顾虑？在推敲、琢磨上下了不少工夫，总让人对"自繇"与"自由"的辩证如"丈二和尚"。但是从严复的论述中也可以洞察出拥有思想价值的东西来：思想家从接受"自由主义"起就对其自由的真精神及其永远的恒定作了"处理"，尽管这种"处理"有可能是从中国情形出发而"无意"开出的。

毕竟，这对自由主义在中国落定的贡献太重要了！

严复接触自由主义是在 19 世纪末，活跃期是在 20 世纪初，成熟期则是在辛亥革命后。而且在自由的真精神上，严复一直是一贯的，只是日后日趋成熟而已。这就是笔者不同于一般论点之处。在一般人看来，辛亥之后严复与袁世凯关系暧昧，岂有"成熟"之理？思想史上的现象就是这样复杂，或许通过我们对严复的解剖，我们能举一反三，从中悟出更多的文化道理来。1898 年，《天演论》全译本正式出版。在这个奠定地位、轰动一时的文本中，严复出语不凡，一举摆正"自由"的价值尺度，为自由的出现与传播埋下了恰切合理的基石："人得自由，而以他人之自由为界。"不要包办别人的自由，尤其是不能自以为是地为别人设计。这是自由主义的思想真谛。为了把中国十分陌生的词说得到位些，他又不厌其烦地重复道："各得自由，而以他人之自由为域。"① 他从先生斯宾塞那里找到了点燃自我思想的燃料。应该说，这个起点站得不低。

1903 年，穆勒的（弥尔）《论自由》被严复以《群己权界论》之名译出。正是这本译著给解读严复带来了不少歧义。究竟严复在"自由"问题上是否模棱两可？究竟是不是误读或将穆勒的自由引向了歧途呢？我给出的明确答复是："不"。不过，有一点值得指出也必须指出的是，严复站在中国当时境遇的立场所作的视角位移确实是毋庸置疑的，比如说他就曾将其中的第四章"论社会驾于个人的权威的限度"翻译成"论国群小己权限之分界"。本来，如果要在个人自由与社会权威之间找一个"太平公例"式的"中介"的话，那么双方中的无论哪一方都应有一个切实的"度"，

---

① 严复：《天演论》。

才能保证社会的正常运行，这也是自由的本质——精神之所在。从严复与穆勒的位移变角来看，我们自然不应因此得出什么"保守"或"退步"的结论，就作为思想家的严复而言，他是中国特定时期的思想家，按照"时代精神"赋予的命题，严复的文化选择是历史的选择。穆勒的"论社会凌驾于个人的权威的限度"不是也有如此这般的精神吗？请看："虽然社会并非建筑在一种契约上面，虽然硬要发明一种契约以便从中绎出社会义务也不会达到什么好的目的，但每人既然事实上受着社会的保护，每人对于社会也就该有一种报答；每人既然事实上都生活在社会中，每人对于其余的人也就必须遵守某种行为准绳，这是必不可少的。这种行为，首先是彼此互不侵害利益，彼此互不损害或在法律明文中或在默于喻中应当认作权利的某些相当确定的利益；第二是每人都要在为了保卫社会或其成员免于遭受损害和妨碍而付出的劳动和牺牲中担负他自己的一份（要在一种公正原则下规定出来）。这些条件，若有人力图规避而不肯做到，社会是有理由以一切代价去实行强制的。"这是穆勒在第四章一开始就阐明的自由原理。而且这一"原理"并没就此而止，他还有更为明确的综述："总之，一个人的行为的任何部分一到有害地影响到他人的利益的时候，社会对他就有了裁判权，至于一般福利是否将因为对此有所干涉而获得增进的问题则成为公开讨论的问题。但是当一个人的行为并不影响自己以外的任何人的利益，或者除非他们愿意就不需要影响到他们时（这里所说有关的人都指成年并具有一般理解力的人），那就根本没有蕴蓄任何这类问题之余地。"不但如此，穆勒还对那种"各人自扫门前雪，不管他人瓦上霜"的"自由"给予了批评。① 即使是这样，我们说严复与其"导师"的思想内核就没有质的差异，更何况他还有更能反映"自由"命题的直观见解呢？他不但没有轻视个人自由，而且在为个人自由寻求防止社会权威侵害的文化资源上不遗余力，充分体现出自由主义者的真精神。在全书行将结束的时候，严复有一个"总之"意味深长："总之，今国家政府其最重要之天职，在扶植国民，使有独立自治之能，而不为之沮梗，害之所由兴者，以一方之事，国下听其民之自为，夺其权而代其事也……善为国者，

---

① 参见密尔：《论自由》，商务印书馆 1959 年 3 月版。

不忌其民之自繇也，乃辅翼劝相，求其民之克享其自繇，己乃积其民之小己之自繇，以为其全体之自繇，此其国权之尊，所以无上也。"

通观严复的"自由"文化精神的传播，他在"自由"读解上的用心良苦多少可以理解：唯恐国人有将自由的精神从一极引向另一极的偏执。他将自由及其限度放在一起予以考察完全显示了一位思想家现实意义上的积极精神。在严复看来，没有限度的个人自由不但不可能，而且也十分危险。只要在人群的社会生存，个人自由就会有限度。他在"译凡例"中说："自人群而后，我自繇者人亦自繇，使无限制约束，便入强权世界，而相冲突。故曰人得自繇，而必以他人之自繇为界，此则《大学》絜矩之道，君子所恃以平天下者矣。"① 推而广之，没有限制的自由只能"独居世外"。他除了出于防止"自由"的"偏至"之外，还有更为真实的思想动因。鉴于在中文里面"自繇"（自由）一词多含贬义（直到目前仍旧）——常与非中性的词汇联系在一起运用——譬如说"自由泛滥"、"散漫自由"、"自由自大"、"严重的自由化"等，即使是与一些中性的词语联姻也让人产生性情不正的暧昧感觉——"自由逍遥"、"自由自在"、"放荡自由"等，一言以蔽之，在中文世界里"自由"从来都是以"妾"的身份出现的。他无奈地说：中文"自繇"的本意是"不为外物拘牵"，纯属中性意义，"乃今为放肆，为淫佚，为不法，为无礼。"② 应该说，严复的这一观察还是非常符合历史之真实的。正是这样，严复才决心下大力气还自由一个真实面目。一方面谈论自由的免受专制权威的限制，另一方面也不忽视社会对个人自由的必要限制。

对严复来说，在以"自由"为中介的"群"与"己"之间并不是没有冲突，而且这种冲突从来都没有间歇过，只是浮出思想"海面"的那一部分十分平静，不易为人觉察而已。中国历史现实的剧烈动荡与变化逼迫他对自己的思想作着艰难的调整。众所周知，在近代思想史上，个人主义与自由主义是近亲，而国家主义与社会主义则是近邻，它们作为西方思潮同样让知识者为之新鲜。严复是一位大家，他"大"大在知识的广博上，斯宾塞、卢梭、斯密、穆勒无不给严复打下了鲜明的印记。他曾是以卢梭

---

① 严复：《群己权界论》译凡例。
② 严复：《群己权界论》译凡例。

理论批判专制的激进先哲，也曾是卢梭"天赋人权"的激烈反对者；他以穆勒的个人自由主义为鹄的，却又对斯宾塞的"社会有机体"概念恋恋不舍。事实上斯宾塞的个人自由与社会自由的双重思想路径对他也是至关重要的。在"讲西学，谈洋务，亦知近五十年"的当口，严复又作何感想呢？他说："夫岁为富强云者，质而言之，不外利民云尔。然政欲利民，必自民各能自利始。民各能自利，又必得自由始。"① 这里个人自由与权利成了国家"富强"的前提条件；"人人皆得自由，国国皆得自由"② 则表明国家与个人的独立自由简直就是一枚硬币的两个"反面"。将个人自由放在首要位置的典型论述还有："身贵自由，国贵自主，生之于群，相似如此。"③ 如果上面尚有将人的自由当做国家自由之"功利"嫌疑的话，那么下面的指点则明显带有为个人自由"两肋插刀"的英雄气度："吾未见其民之不自由者，其国可以自由也；其民之无权者，其国可以有权也。"凡此种种，已经能够说明自由的本质意义。但是近代中国的动荡与耻辱不可能让思想家有更多的自由，他们无一例外地都在"带着镣铐跳舞"。于是严复的"自由"打上了鲜明的时代烙印。情急之下，他一而再、再而三地将国家自由置于优先的地位："特观吾国今处之形，则小己自由，尚非所急，而所以去异族之侵横，求有立于天地之间，斯真刻不容缓之事。故所急者，乃国群自由，非小己自由也。"④ 与另一位思想先驱梁启超极其相似，他不知不觉地走上了"群"力的老路。诸如"群己并重，则舍己为群"、"两害相权；己轻群重"⑤ 的"自由"再造已经足以把严复的自由逻辑构成看得通通透透。

严复批评过梁启超，甚至在"自由"问题上有势不两立的信誓旦旦。但是，个人与群体的"权界"反映在民主与民族的"消长"上同样难分难解。事实上，严复在这方面的紧张与冲突并不比梁启超来得轻松。我曾对列文森先生那一"放之四海"的著名"公式"作过一次大胆的"修正"：纵观近现代思想先驱是有在价值上倾向西方，在情感上回归传统的

① 严复：《严复集》第 1 册，中华书局 1986 年版，第 14 页。
② 严复：《严复集》第 4 册，中华书局 1986 年版，第 17 页。
③ 严复：《严复集》第 1 册，中华书局 1986 年版，第 13 页。
④ 严复：《严复集》第 4 册，中华书局 1986 年版，第 981 页。
⑤ 严复：《天演论》。

总体趋向，但是在"价值"与"历史"的张力之间并非任何时候都双双对应、颉颃齐飞的。我的这一观点的提出同样是基于对近现代思想家的考察和研究。比如，在戊戌思想先驱康有为、梁启超、严复、谭嗣同以及五四先驱胡适、陈独秀、鲁迅、李大钊等人身上我们能明显地看到：民主主义的大纛与民族主义的号角往往呈现出一副此起彼伏的姿态。尽管这种矛盾时时煎熬着历史先哲们，但是其中之一总会独占鳌头。更何况民主与民族的关系还有"剪不断、理还乱"的一面呢？

我们说严复的"群己权界"有非常"历史"的成分，但这不是说他在"价值"意义上毫无担待。认真解读思想家的言论会发现，尽管群己之间的摇摆有无所附着的感觉，但是在自由的真实意念上严复的"立言"超越了在他之前的任何一位思想家，同时也昭示给其身后的思想先驱："以自由为体，以民主为用。"依笔者之见，这乃是严复自由主义思想中最精彩的火花。鉴于这一认同以及当代学术界对"自由"与"民主"关系的倒置，本论有意将严复的立意来一次整体的观照："凡所谓耕凿陶冶，织纤树牧，上而至于官府刑政，战斗转轮，凡所以保民养民之事，其精密广远，较之中国之所有所为，其相越之度，有言之而莫信能者。且其为事也，又一一皆本之学术；其为学术也，又一一求之实事实理，曾累阶级，以造于至大至精之域，盖寡一事焉可坐论而不可起行者也。推求其故，盖彼以自由为体，民主为用。"① 值得一提的是，严复的"体用"关系已经摆脱了洋务派的"中学为体，西学为用"的脉络。这一哲学意义上的"体用"关系之窠臼的打破，开了 20 世纪思想的一个里程碑。自由，这是终极意义上的关怀，属于目的范畴；民主，乃是保证自由精神不会质变的约束形式，乃是手段意义上的筹码。20 世纪走过的坎坷历史表明，当代社会对自由形成的最大威胁不是来自社会的权威或专制政权，而是与它关系十分亲近的民主，当民主的热情一浪高过一浪之后，我们理智的思考即是：当民主妨碍自由的时候怎么办？有人一定会问，民主会妨碍自由吗？是的，会妨碍。就思想界对民主本身的猥亵程度来看，要破译这一语言密码并不难，因为只要当民主不安本分而僭越于自由之上时，那它就将自己手

① 严复：《严复集》第 1 册，中华书局 1986 年版，第 11 页。

段的位置"拔苗助长"到了"目的"的角色，这也就是它开始敌视、妨碍乃至抵消自由的时候。如此下去，导演悲剧的可能性就随时可能发生。法国大革命以及中国"文化大革命"的教训都是极其深刻的。

从可资借鉴的资源上来说，梳理并摆正"自由"与"民主"的关系及其位置，才是我们追寻严复的意义。

三、两种自由的涵盖

在学术界，人们对严复最为关注的焦点还是他由"激进"到"保守"的这么一个"不可思议"的转变。无论是学者为其作传还是进行思想分析，我以为都未能抓住严复的思想内核。当前由于中国市场经济的转轨，自由主义作为一种意识形态备受青睐，大有一边倒的味道。然而，在目前人们将两种相对独立的意识形态作激进的民主主义与保守的自由主义的划分时，总觉还欠缺点什么。就中外思想史的现象而论，这一概括应该说是较为经典的。但是，随着近年来对自由主义的兴趣与爱好的与日俱增，我对这一概括就有了异议。至少，在我看来，自由主义本身就可以两分：激进的自由主义和保守的自由主义。不过，这个划分并不令我十分满意，毕竟，激进与保守是一个相对的意识形态，我们一般很难作出截然的判断。于是尽管我早有这个异见，但是在写作过程中还是谨小慎微的。当我以五四四位杰出的人物个案作为观测点来审视 20 世纪的思潮演变时，我还是没有贸然使用这一判断，而是在两种"自由"的后面缀上了"外倾"与"内倾"的分野。那时，我还没有接触到英国自由主义大师伯林的"消极"与"积极"的启示，只是凭我的一点感悟而已。好在后来我又在伯林先生那里取得了一把圣火，能把中国自由主义的思想理路照得清晰些。

毋庸讳言，就严复自己对自由主义的理解而言，他并没有主动到"两种理路"的深刻程度。质而言之，他的悟性使他承受了生命的辉煌。简而言之，严复的自由主义理路经历了一个从英、法自由传统包容到过滤醇化为英国自由路径的思想历程。在戊戌变法前后，中国思想界为了在理论上找到能与几千年来封建专制对垒的"武器"，启蒙四杰康、梁、谭、严对来自西方的自由与民主理路并没有刻意甄别。尤其是卢梭的带有唯理与浪漫色彩的法国传统意义上的自由主义更是他们"趋之若鹜"、得心应手的资源。戊戌变法的实践者们对卢梭、孟德斯鸠的民主、自由精神推崇备至，一时间激进的意识成为时代的主流。如果说这一时期严复与康梁等人有什么不同的话，那么他的孟德斯鸠"意识"要比其他先驱的卢梭"意识"占据更重要的位置。他将孟德斯鸠的《论法的精神》翻译为《法意》就是很好的证明。颇具特色的是，这时他的"民主"、"平等"已经与个人的能力或说"民质"联系起来："夫民主之所以为民主者，以平等。故班丹（即今译的边沁）之言曰，人人得一，亦不过一。此平等之定义也。顾平等必有所以为平者，非可强而平之也。比许其力平，必其智平，必其德平。使是三者平，则郅治之民主至矣。"这种建立在"能力"基础上的平等看似有"不平等"的花絮，其实这是真正意义上的平等，是对貌合神离之"恶平等"或说"假平等"的一种抵御，符合民主层面上的真精神。

正是基于对民主真精神的认识与肯定，严复后来思想的演变才有了一份宝贵的文化资源。"民质"不达与"能力"不到的忧虑一直是他强烈现实感的具体体现。戊戌的浪潮退去和辛亥的枪声之后，为社会秩序担忧的他不能不对西方思想观念中一些容易导致"恶民主"、"恶平等"的根源理论进行批判。他选择了卢梭这个典型。就在"五四"的机关刊物《新青年》创刊（极力推崇卢梭等西方先哲）的前一年，严复给"卢梭热"者当头泼了一盆冷水。1914 年，以《民约平议》为主打，他对卢梭"人生来就是自由平等"的论断提出了极富挑战性的告白："天然之自由平等，诚无此物。"① 卢梭观点甚多，何以单单挑破这一层呢？在他看来，卢氏观念的危害是在不知不觉中"挑逗"出一个可怕的事实："卢梭之说，其所以误人者，以其动于感情，悬意虚造，而不详诸人群历史之事实。"② 以中国现实的情形为例，打破卢梭这一思想的偶像实在是当务之急："自卢梭《民约》风行，社会被其影响不少，不惜喋血捐生以从其法，然实无济于治，盖其本源谬也。刻拟草《民约平议》一通，以药社会之迷信。"严复当时对卢氏的批评无疑是深刻的，但是引起人们的误解也是可以理解的。毕竟，由激进到"保守"的转折太突然了。之后"五四"同人以及学术

---

① 严复：《严复集》第 2 册，中华书局 1986 年版，第 337 页。
② 严复：《严复集》第 2 册，中华书局 1986 年版，第 340 页。

界对严复"消极"、"保守"、"退步"的非议多与此有关。依笔者之见，从法国的自由传统中解脱并"皈依"英国的自由观念，这是严复必然的历史选择。

现实的催化带动了学理的缜密。还是把思想家的表述原汁原味地移出来才能看得更真切——究竟是卢氏的"人生而自由"还是他的"否定"有道理："禽兽下生，驱于形气，一切不由自主，则无自繇，而皆束缚。独人道介于天物之间，有自繇也有束缚。治化天演，程度愈高，其所得于自繇自主之事愈众。由此可知自繇之乐，惟自治力大者为能享之，而气禀嗜欲之中，所以缠缚驱迫者，方至众也。卢梭《民约》，其开宗明义，谓'斯民生而自繇'，此语大为后贤所呵，亦谓初生小儿，法同禽兽，生死饥饱，权非己操，断断乎不得以自繇论也。"①

"能力"与自由程度的问题在这里被赤裸裸地揭示了出来。不言而喻，严复的"民力、民智、民德"之"三民说"的立论依据同样也是基于这样一种逻辑思考。他说："夫国民非自由之为难，为其程度，使可享自由之福为难。吾未见程度既至，而不享其富者也。"② 对自由的享受要有一定的能力这一观点，我们并不否认，但问题是我们能不能反推呢？国民的素质与能力"既至"以后就一定能"享其富"了吗？其实，这是一个不容乐观的推断。固然，我们对卢梭用理性设计自由的做法可以有一定的防备，因为它这一"自由"里面理性与浪漫恰恰构成了一个问题的两个极致。这个极致很容易造成唯理主义的激进，在很多情况下它都是丧失文化牵制的渊薮。必须看到，理性与浪漫意识的极致化是中国20世纪现代化道路上一直隐蔽的陷阱。严复在这方面独具慧眼，可问题还有另一个方面呢？自由的历史条件固然要看，若是浪漫与理性设计消失殆尽、毫无气力，那种用经验主义包装起来的自由又有何用？

严复的自由带有浓厚的内倾色彩，他注重了自御、自享的成分。在他那里，将人的自由潜能发挥出来固然需要，可是一旦这种自由潜能发挥过了头，社会无序的状态就是非常可怕的。如果说思想家有什么保守的话，或许这就是他的担心、忧患与"保守"。如上所述，严复后期与袁世凯关

---

① 严复：《天演论》译凡例。
② 严复：《严复集》第5册，中华书局1986年版，第1288页。

系的"暧昧"曾带来了不少非议,但究其实质他并非是出于对袁世凯本人的欣赏,而是来自于"心事浩渺连广宇"般地对国事的关心。他希望有一个铁腕人物拯救中国动荡无序的现实,不料他的期待最终成了一个并不美丽的肥皂泡。这并非是专为严复辩护而设的表达方式,说得直接些,作为一个观念型人物,他与康、梁、谭热衷于政治实践的状况也不可同日而语。我以为,在很大程度上,严复的保守不是政治的,而是思想文化意义上的澄清。

我们知道,英国思想家 I. 伯林的"消极自由"与"积极自由"的划分不可能为严复获得。时代的制约只能使他对这两种"自由"作"需要"上的感悟和体味。从两种自由的内涵与外延来看(对此我们将在下面的论述中展开),前者显然是西方近代以来市场经济与市民社会发展的必然结果,具有鲜明的现代性特征,属于西方近代文明中典型的价值理念畛域。而后者则有着明显的道德意志、教化涵养成分,并非西方文明的专利。中国文化中匮乏的部分当数"消极自由"。从这个视角透视严复,就会发现,无论是翻译密尔的《论自由》还是选择孟德斯鸠而非卢梭的文论做蓝本,都说明其引介、立论的标准和参考框架皆是西方价值观念意义上的"消极自由"。1895 年的《论世变之亟》已经将个人的心迹暴露无遗:"夫自由一言,真中国历古圣贤之深畏,而从未尝立为教者也。"其后他对"群己权界"的一再强调也充分证明了我们的立论。既然中国的文化资源里尚有"积极自由"的原料,那他的"自由"援引就不必赘言了。难能可贵的是,严复在积极移植"消极自由"这一西方社会政治价值观念的同时,一刻也没有放弃作为道德哲学意义上的"积极自由"的呵护。他从历史、风俗、传统、现实的等角度阐发的"自由"与"民质"(能力)的辩证以及"善群"观念即是一个有力的佐证。

严复自由概念的涵盖向我们展示出一个深刻的内涵:一方面是私人独立空间的建立,另一方面是"兼济天下"的道德担当,这乃是自由主义快车道上的两轮。否则,任何一方的偏执都不规范。

在今天自由主义行情见涨的日子里,回眸中国自由主义的鼻祖必将对热得发烫的"两种自由概念"的讨论添加一些清醒剂。

第二节　"自由"："健全的个人主义"

　　20 世纪第一个十年即将结束的时候，严复的生命历程也就完成了对历史的承诺，代之而起的则是一轮新的精神日出。他就是被世人称为"自由主义之父"的胡适。

一、沐浴在"美雨"中

　　1891 年 12 月 17 日，这是中国思想文化史上的名人胡适的诞辰。胡适的祖籍乃安徽绩溪，他的父亲胡传（1841—1895）是清朝的一位官员，早年曾受业于学问家刘熙载门下，是一位传统文化熏陶出来、具有强烈道义感与责任感的儒士。父亲去世的时候，胡适还不到 4 岁，但是却给胡适"遗传"了艰苦创业的意志与"一点程朱理学的遗风"① 这两样无形的精神财富。母亲冯顺弟是一位没有读过书的农家女子。她 17 岁时与年长自己 30 有余的胡传完了婚。丈夫死后，她恪守妇道，以一位慈母的情怀"义方教子"，表现出中华民族女性特有的美德。冯顺弟望子成龙，儿子 4 岁就被送进了私塾，9 年的塾师教育已经把胡适塑造成了精通"四书五经"的"先生"。而且，更值得一提的是，他在"正统"的灌输之外，还多了一层白话小说、通俗演义、传奇故事的熏染。由于"严父"的责任也落在了慈母的身上，因此我们看到的胡适除了有慈母的呵护，也有严父般的"管教"。掐肉、罚跪等责惩手段在胡适幼小的心灵里转化成了强烈的自尊意识与好胜心理。中国有句古话叫"棍棒之下出孝子"，胡适"四十自述"中情真意切的回忆颇能印证它的"历史"性："我在我母亲的教训之下住了九年，受了她极大极深的影响。我十四岁就离开了她，在这广漠的人海里独自混了二十多年，没有一个人管束过我。如果我学得了一点点待人接物的和气，如果我能宽恕人，体谅人，——我都得感谢我的慈母。"

　　1904 年，胡适离开了故乡绩溪，走向了"新知"的殿堂。他先后在

---

　　① 胡适：《胡适作品集》第 1 册，台北远流出版公司 1986 年版，第 37 页。

上海的梅溪、澄衷、中国公学等 3 所学堂接受了 6 年"不中不西、既中既西"的教育。从这 3 个学堂的位移来看，他的思想是一步一个阶梯的。梅溪学堂的梁启超思想感染使他"起了一种激烈的变动"，成为一个"新人物"；澄衷学堂的"胡适"得名原委已足以成为他思想发展史上的佳话：当时严复翻译的《天演论》风靡全国，"物竞天择，适者生存"的理论公式家喻户晓，至于胡适也更是一位时代风气的典型"适"者——

> 在中国屡次战败之后……许多人爱用这种名词做自己或儿女的名字。陈炯明不是号竞存吗？我有两个同学，一个叫孙竞存，一个叫杨天择。我自己的名字也是这种风气底下的纪念品。……一天早晨，我请我二哥代我想一个表字，二哥一面洗脸，一面说："就用'物竞天择，适者生存'的'适'字，好不好？我很高兴，就用'适之'二字。"①

这充分说明胡适受进化论思想影响之深。在这里胡适不但阅读了《天演论》，而且对严译《群己权界论》也有浓厚的兴趣。就这样，赫胥黎与密尔成了胡适渐进主义思想的足下巨人。1906 年秋，胡适进入革命气氛十分热烈的中国公学。在进步思潮的感召下，胡适参加了"竞业学会"，并"承包"了以"振兴教育，提倡民气，改良社会，主张自治"为宗旨的刊物《竞业旬报》的编辑工作。从此，大量的主义与思潮，诸如自由主义、民主主义、进化论等，与他结下了不解之缘。

1910 年，胡适在好友许怡荪的劝说下，参加庚子赔款官费留美考试，这使他的人生有了新的转折点。本来，他最初进入康奈尔大学是学农的。但是国内辛亥革命的爆发以及 1912 年美国总统的大选却激发了他对民主政治的兴趣。那时，他最感兴趣的是美国新鲜的"宪法"与"政府"。为了能理清议会程序，他多次前往绮色佳城的地方"公民议会"（COMMON COUNCIL）旁听，甚至不顾旅途艰辛到华盛顿去"众议院"与"国会旁听"。民主政治的新鲜令其目不暇接："此等议会真可增长知识，觇国者不可失臂交之。"② 1912 年 11 月，胡适牵头发起了旨在"使吾国学生得研究

---

① 胡适：《四十自述》。
② 胡适：《胡适作品集》第 34 册，台北远流出版公司 1986 年版，第 177 页。

世界政治"的"政治研究会",并定期组织学习讨论活动。其中,美国的《独立宣言》就是胡适最为器重的内容之一。他曾在日记中这样写道:"我所关心的问题"是"天赋人权说之沿革"、"泰西之考据学"、"致用哲学"等三大课题。归国前的胡适这样祖露过自己的开放胸怀:

> 余每居一地,辄视其地之政治社会事业如吾乡吾邑之政治社会事业,以故每逢其地有政治活动……辄喜与闻之,不独与闻之也,又将投身其中,研究其利害是非,自附于吾所以为近是之一派,与之同其得失喜惧。……此种行为,人或蚩之,以为稚气。其实我颇以此自豪,盖吾人所居,即是吾人之社会,其地之公共事业,皆足供吾人之研究。若不自以为此社会之一分子,决不能知其中人士之观察点,即有所见及,终是皮毛耳。若自认为其中之一人,以其人之事业利害,则观察之点既同,观察之结果自更亲切矣。且此种阅历,可养成留心公益事业之习惯,今人身居一地,乃视其地之利害得失若不相关,则其人他日归国,岂遽尔便能热心于其一乡一邑之利害得失乎?①

"留心公益事业"习惯的养成不能不说得益于中国传统文化中那种浓厚的"入世"意识。

1914年前后,时刻关注国家命运的胡适得到了袁世凯尊孔帝制的消息。这位已经身受民主思想洗礼、自由精神陶冶的青年在日记与文章中多次表达了他对这一逆行的鄙夷。当袁世凯在全国人民的一片声讨中命归黄泉之时,胡适义愤填膺地指出:"袁氏之罪,在于阻止中国二十年之进步。今日其一身之身败名裂,何足以赎其蔽天之辜乎?"② 不难看出,如果说留学前的胡适对祖国命运的关怀主要来自于一种民族意识,那么此时的胡适思想体系中则明显地带有与民主自由意识紧密相连的"世界主义"。民族主义与世界主义彼此间的消长构成了胡适留美期间思想转变的关键谱系。从民族、爱国的"此岸"走向国际、世界意义的"彼岸",人道主义又起了桥梁的作用。凡此种种,都为他回国从事"新文化运动"奠定了坚实的

---

① 胡适:《胡适作品集》第37册,台北远流出版公司1986年版,第144页。
② 胡适:《胡适作品集》第37册,台北远流出版公司1986年版,第29页。

思想基础。

1915 年 9 月，胡适转入哥伦比亚大学哲学研究部，并立意攻读博士学位。就这样，他"弃农从文"，将自己的兴趣完全放在了思想文化领域。特别是著名实验主义哲学家杜威的影响，对他一生都起着至关重要的作用。自接受杜威的实验主义以后，他的思维有了一个基本的定式：从"实验"的理论出发，极力主张他人对一切都来个"不疑处有疑"，唯对实验主义坚信不疑。杜威，一个带有文化极致性的老师；胡适，一个有着思维极致性的学生。

1916 年秋，小有名气的胡适应国内大名鼎鼎的《新青年》之邀，开始运筹"文学革命"事宜。经过一段时间的酝酿，胡适将"文学革命的八条件"写信寄给远在国内的陈独秀。翌年元月，他的《文学改良刍议》于《新青年》二卷五号上登出，中国新文学的帷幕由此拉开。4 月，陈独秀紧锣密鼓地赶制出《文学革命论》。陈、胡文学革命的"义旗"使新文学作家的创作"一发而不可收"，牵动了整个思想界，给中国社会营造了浓厚的文化氛围。

正是在这个时候，胡适完成了他的博士论文《中国古代哲学方法之进化史》，但由于他"主考"的 6 位教授皆不懂汉语，论文答辩只得暂缓通过。这时，蔡元培先生任北京大学校长，陈独秀任文科学长，该校的文学、哲学、英文专业的教授之职在频频向他招手，在鱼与熊掌之间，胡适毅然应邀回国赴北京大学任教。26 岁的胡适选择了教授中国哲学史的课程。平心而论，在北大站稳脚跟并不是那么容易，毕竟，满腹经纶、学富五车的名家济济一堂，然而胡适在同行与学生的怀疑目光中"忽如一夜春风来"，暴得大名，在这块新文化运动的策源地中奠定了他中国思想史上的地位。参与《新青年》、《每周评论》的编辑工作；发起文学革命、带动新式诗歌的创作；鼓励学生做独立思想的人；扶植《新潮》社员；鼓吹"健全的个人主义"……胡适一生的气运尽在这里酿就。

回国后的第二件大事就是遵从母愿的"终身大事"。1917 年胡适以中国传统的谈婚论嫁方式与乡村姑娘江冬秀结婚。为了孝心而履行"父母之命、媒妁之言"的传统，胡适这位喝过洋墨水的留学生走了一条不同于鲁迅、郭沫若、郁达夫、徐志摩等新型知识分子的感情道路。从这一选择我们能明显把握到他思想跳动的脉搏。

1921 年，始终坚守思想文化阵地的胡适与不安本分的陈独秀、李大钊等一批搞政治的朋友分道扬镳。随着《新青年》作为中共机关刊物的南迁，新文化团体散掉，重新组合后的文化阵营各执其事。我们的主人公依然故我，在自由主义的寂寞旅途中艰难地跋涉着。1922 年 5 月 7 日，胡适牵头的《努力周报》创刊，再度开始了他在黑暗政治中挣扎的精神里程。在"黑云压城城欲摧"的军阀统治环境里，他与同人的政治主张"好政府主义"在众多的政治主张与政治派别中犹如一颗璀璨的星座，备受关注，也成为 20 世纪政治思想史中众目瞻望的一个焦点。1928 年，带有浓厚自由主义色彩的《新月》在上海问世。胡适的"南征北战"终于有了一个明确的眉目：自由主义作为一种政治意识形态独树一帜，成为与三民主义、共产主义三足鼎立的舆论大纛。1932 年，上海的"一·二八"事变爆发。在内忧外患之下，他与傅斯年共同努力，谋取了一个"说说一般人不肯说或不敢说的老实话"的说话天地——《独立评论》。用胡适自己的话来说就是："我们都希望能永远保持一点独立的精神，不倚任何党派，不迷信任何成见，用负责的言论来发表我们各人思考的结果：这是独立的精神。"① 遗憾的是，胡适并未能完全履行自己"独立精神"的诺言，他在与国民党的亲近与主张对日的妥协中偏离了原有的承诺，从而也辜负了"青年导师"的名号。但是，有一点我们可以肯定，他在思想舆论上的努力的确填补了空白。

1937 年，一直不愿参与实际政治的胡适于民族蒙难关头出任驻美国大使，为中国对日作战的外交事宜尽了自己最大的"努力"。抗战胜利后，胡适担任北京大学校长，继续为"独立的研究"能力广而告之。国共两党僵持不下的情况下，胡适受蒋介石的"重托"赴美。在赴美的途中，他不忘"旧业"，与几位志同道合的朋友谋划了旨在形成"第三势力"、进行舆论监督的《自由中国》杂志。他在船上为该杂志撰写了带有"宗旨"性质的发刊词。其中"我们的最后目标是要整个中华民国成为自由的中国"富有激情与煽动力。他从美国回到台湾矢志不移，而且成为台湾当之

---

① 胡适：《胡适往来书信选》下册，第 574 页。

无愧的一代思想宗师，人气如日中天。

也许，胡适当时并不知道，在对岸的大陆正有一股方兴未艾的批判胡适运动。

然而，必须看到，无论在哪里，"言论自由"的路都不可能那么平坦，"自由中国"也不如他们预料的那么自由。"雷震案"的发生就是一个有力的证明。胡适也为在中间的"调和"而搞得声名狼藉，给他一贯视为神圣的自由主义"画蛇添足"，添出了不漂亮的晚节。自由主义的后起之秀殷海光先生一语中的："享受自由主义"，而不是"为自由主义的根基尽什么心力"。①

1957年，胡适出任"中央研究院院长"。1962年2月24日6时半，玉碎山倾，蒋介石的挽联是：

适之先生千古

新文化中旧道德的楷模

旧伦理中新思想的师表

直到此时，一生争自由者才算获得了灵魂的真正自由。

二、胡适：内倾的自由观

如果说鲁迅一生为"什么才是合理的人生"而苦苦追求但无明确的答案的话，胡适则为中国人应该怎样活着勾画了一幅唾手可得的"新生活"图景。固然我们不能说这一新的生活图景完全与传统文化的积累无关，但它主要的理论基础还是建立在西方自由主义传统与个人主义传统之上的"板块"移动。在胡适那里他的新生活有其充足的哲学逻辑依据："凡是自己说得出'为什么这样做'的事，都可以说是有意思的生活。"在他看来，一部人类文明进步的历史就是摆脱兽性增进人性的过程。人之所以为人，就在于他懂得"生活的'为什么'就是生活的意义"，而"畜生的生活只是糊涂，只是糊混，只是不晓得自己为什么这样做。一个人做的事应该件件事会得出一个'为什么'。"② 显然，胡适的价值观念中带有很强的现代

① 江南：《江南小语》，中国友谊出版公司1985年版，第24页。
② 胡适：《胡适文存》卷四，亚东图书馆1926年第9版。

性成分，而不是苟且偷生的旧生活。

对于怎样走向新生活，胡适的思想也不是渺茫抽象的，他有着清晰的思想路径，有着具体的内涵设计。要而言之，其思想的核心就是"健全的个人主义"。换句话说，则是典型的易卜生式个人主义。1918 年 6 月，《新青年》上的"易卜生专号"推出，胡适不失时机地为这一专栏出谋划策，力求通过这个阵地将自我"人"的观念充分表达出来。他不但为专栏翻译了挪威著名戏剧家易卜生的《玩偶之家》、《人民公敌》等代表剧作，而且还特意为中国读者撰写了导读性时论《易卜生主义》。鲁迅等一批思想先驱深受这一"舶来"精神产品的影响，尤其是那种在充满"欺"和"骗"的中国社会极其缺乏的"睁了眼看"勇气，更是一种难得的人格力量，给一代新青年注入了一针强劲的兴奋剂。鲁迅与胡适的直面现实的精神如出一辙："人生的大病根在于不肯睁开眼睛来看世间的真实现状。"而这一点恰恰是人格的完善与培养过程中最为关键的要素。因为人的思想觉悟了才会有说真话的勇气与力量。应该说，胡适的这一论述是很有见地的。但是，还有一个问题同时也需要他作出符合中国事宜的回答——"社会最爱专制，往往用强力摧折个人的个性压制个人自由独立的精神"①，怎么办？偏偏在这个地方，胡适采用了一种不同于他人的特有态度：自我防御、驾驭积极、内化独善。与积极进取、外倾抗争的人生态势相比，胡适除鼓励人们敢怒敢言外，只是苍白无力地做容忍状。

社会黑暗、堕落、专制，个人要有益于社会就必须向内转，而不能轻易采取激进、莽撞、不顾后果的冲动造作。保持永恒的平稳而不愿付出代价，这就是胡适"独善其身"的逻辑。这一逻辑在本质上是内倾、退缩、自御的。他曾借易卜生之口表达了自己积郁已久的人生关怀："我所最期望于你的，是一种真正纯粹的为我主义，要使你有时觉得天下只有关于我的事最要紧，其余的都不算什么……你要想有益于社会，最好的法子莫如把你自己这块材料铸造成器……有的时候我真觉得全世界都像海上沉了船，最要紧的还是救出自己。"移植者唯恐读者误解歧义，特意又解读道：

---

① 胡适：《胡适文存》卷一，亚东图书馆 1926 年第 9 版，第 24 页。

最可笑的是有些人明知世界"陆沉",却要跟着"陆沉",跟着"堕落",不肯"救出自己"！却不知道社会是由个人组成的,多救出一个人便是多备下一个再造新社会的分子。所以孟轲说"穷则独善其身",这便是易卜生所说的"救出自己"的意思。这种"为我主义",其实是最有价值的利人主义。所以易卜生说:"你要想有益于社会,最妙的法子莫如把你自己这块材料铸造成器。"《娜拉》戏里,写娜拉抛了丈夫儿女飘然而去,也只是为要救出自己。①

胡适将孟轲的"穷则独善其身"与易卜生的"救出自己"相提并论,进而认为这种"为我主义,其实是最有价值的利人主义"。这无疑是将人自我封闭起来进行"出世"般的内化乃至"涅槃"。在象牙之塔修炼、"提高"自己的设计自然与走向街头反抗专制社会的运动格格不入。不言而喻,他的"健全的个人主义"思想中渗透着避恶、免战的理论基因。站在近代中国的视角来看,可以说是一种明显掺杂着书生意气的早熟的自由主义。

胡适的书生意气很容易把自己的主张理想化。在学者的眼里,一切的现实问题都转化消融在自己的哲学世界里。这不由得让人想起西方哲人卡尔·马克思那句名言:"哲学家常用自己的方式解释世界,而问题却在于怎样改造世界。"具体到这位深受杜威实验主义哲学影响的中国学者也不例外。自他接受实验主义后,杜威的思想与方法简直就成了他解决一切问题的一把万能钥匙。由此出发,他将全部人类社会的历史都简化并概括为人与环境的关系:"经验就是生活,生活就是对付人类周围的环境。"② 遗憾的是,这位实验主义的忠实门徒忽视了杜威哲学在美国产生的历史背景,竟原封不动地将其移植了过来。面对近代内忧外患的中国现实,他像立于美利坚的国旗下那样坦然自读:"杜威哲学的最大目的,是怎样能使人养成那种'创造的智慧'(creative intelligence),使人应付种种环境充分满意。换句话说,杜威哲学的最大目的是怎样能使人有创造的思想力。"

---

① 张宝明、王中江主编:《回眸〈新青年〉》(哲学思潮卷),河南文艺出版社1988年版,第85页。
② 胡适:《胡适文存》卷二,亚东图书馆1926年第9版,第116页。

不难发现，胡适的这种靠自身素养提高而自用的人生价值趋向即是脱胎于易卜生式的修养、独善和避恶。而"应付"环境的享受型人生与思想创造力的培养也只能是一介书生的一相情愿。在中国动荡不安、需要通过奋斗抗争重建家园的岁月，内倾型自由主义知识分子的"人"之设计在近代的无所作为就可想而知了。

与陈独秀、李大钊以及后来居上的毛泽东等行动型人物相比，胡适对他所理解的"自由"的捍卫从来没有因时事的变化而中途夭折。针对陈独秀"世界一战场，人生一恶斗"的外倾、进取、革命意向，胡适也很是不以为然。这不但表现在他编辑《新青年》过程中政治意念的相对"保守"，更重要的是他对包括他自己在内的"五四"同人唤起的青年学生运动也颇有微词。我们看到，当1919年的"五四运动"在民族主义的激情中如火如荼之际，胡适对那"五分钟的热劲"就有些敬而远之了。晚年的心声流布更能说明思想的真相："从我们说的'中国文艺复兴'这个文化运动的观点来看，那项由北京学生所发动而为全国人民所支持的，在1919年所发生的'五四运动'，实是这整个文化运动中的一项历史的政治干扰。它把一个文化运动转变成一个政治运动。"① 言下之意，走向街头乃是对五四新文化运动之真精神的一种偏离与歪曲。假如自我修炼的功夫还不到家，哪里配在芸芸众生里瞎嚷嚷？为了把青年学生从逸出的外围拉回来，《新青年》7卷1号上胡适捷足先登，以《新思潮的意义》为重头戏，对几年来文化运动的手段、取向、态度、意义做了周密的总结，其后，由以"指点江山，激扬文字"的笔法对新文化运动以后的走向做了整体性的部署。他在标题下面十分醒目地抛出十六个大字："研究问题，输入学理，整理国故，再造文明。"其中，"研究问题"是思想态度，"输入学理"和"整理国故"为手段与工具，"再造文明"则是新文化运动以后努力的方向与目标。

胡适在非常历史时期不合时宜地将民族主义的调子压低，而同时将民主与个人主义的分子膨胀，这与他在美国留学期间对"世界主义"的崇尚息息相关。他在康奈尔大学曾担任"世界学生会"康奈尔分会的会长，这

① 胡适：《胡适口述自传》，华东师范大学出版社1993年版，第183页。

一对他"青年时期的政治训练"的确"受惠不浅"，渐渐的他的国家本位民族主义意念下沉，而以人类意识为中介的世界主义上升。人类历史的进程表明，各国以"但论国界，不论是非"的价值中介一直是人们在处理国际事务的基准。胡适却是应验了中国那句古话——"难得糊涂"，他不愿人类再这样恶性循环下去："在我看来，'但论国界，不论是非'这句话的错误在于这里存在双重道德价值标准这一事实。至少在文明社会中，将不会有人否认这里只有一种判断正确与否的标准。假如，'我的祖国'违法地控制我，不合理地没收我的财产，或者不经审判就将我投进监狱，我将毫不犹豫地抗议，即使这样做是以'我的祖国'的法律名义。但当我回到国际事务时，我们立即放弃这一判断是非的标准，我们就毫无愧色地宣布'但论国界，不论是非'。我不赞成我们采用双重道德标准！一个针对我们的国人，另一个则用于外国人或边际地区的人，就我而言，除非我在国外采取同一标准，否则我就没有任何辩论的共同基础。"① 他还曾引用诗人滕乃升（Tennyson）的一句箴言来述说自己的见解："彼爱其祖国最挚者，乃真世界公民也。"② 胡适当年之所以将"五四运动"这种带有浓烈民族主义情绪的政治行动看成是对"中国文艺复兴"这一文化运动的不幸干扰，实与他的世界主义心态有不可分割的关系，他晚年对"干扰"的评价依然如故："不过事实上这也是一件很容易理解的事，因为世界上所有的民族主义运动（nationalist movement）都是保守的，通常且是反动的。"③ "五四"之后，他力劝学生以求知为重，返回书斋，不能排除他世界意识的作用。以人类的共同利益作为国与国之间的关系准则，胡适突破了狭隘的民族主义窠臼。若是从文艺复兴的角度评析胡适的选择，不妨租赁瑞士思想家布克哈特的说法："在最有才能的集团里边发展起来的世界主义，它本来就是个人主义的较高阶段。如我们已经说过的，但丁在意大利的语言和文化上找到一个新的故乡，但是，在他所说的'我的国家是全世界'这句话里边，他甚至超过了这个限度。"④ 只是在他接受世界主义的同时，

① 胡适：《胡适作品集》第34册，台北远流出版公司1986年版，第207—208页。
② 胡适：《胡适口述自传》，华东师范大学出版社1993年版，第166页。
③ ［瑞士］雅各布·布克哈特《意大利文艺复兴时期的文化》，商务印书馆1986年版，第129页。
④ ［瑞士］雅各布·布克哈特《意大利文艺复兴时期的文化》，商务印书馆1986年版，第129页。

"和平主义"与"不抵抗主义"也在其中作祟，致使他陷入了一个温柔的"安乐"陷阱不能自拔。如上所述，这也是他的自由主义在中国现实社会无能为力的根本原因。

然而，我们绝不能因此冷落一代思想先驱。毕竟，胡适是一位典型的观念式人物。他在个性自由与解放意义上所做的努力以及对人格独立精神的张扬令我们不敢小觑。在《易卜生主义》中，胡适重点鼓吹一男一女：一个是敢于直面人生，"富贵不能淫，威武不能屈"的斯铎曼医生；一个是为了自我的尊严与独立愤而出走的女性娜拉。前者尽管因为敢说真话而成了"国民公敌"，但是在胡适眼里他仍不孤独："世上最强有力的人就是那最孤立的人。"后者之所以抛弃家庭、丈夫、儿女毅然出走，就是"因为她觉悟了她自己也是一个人，只因为她感觉到无论如何，务必努力做一个人。"胡适打破了传统的"人"之设计。当事人之所以自始至终一再强调这场文化运动的"文艺复兴"性质，除了我们上面已经论述的"世界的发现"外，还有一层就是"人的发现"。① 改造社会必须从"自救"开始，胡适的"独善"与"自立"意识是空前的。我们知道，近代戊戌先驱以及孙中山等革命者曾分别对个体自由与群体自由、人权与国权的界限作过不同层次的辩证。如果说辛亥前后的思想先驱突破了国家与个体之间不可或缺的"家族"这一中间媒介的话，那么胡适及其"五四"同人的飞跃就在于将辛亥先驱以"国民"做概念的个体化成了以"人"做概念的个体。因为"国民"并不属于他自己，而是属于"国"，隶于"群"。按照梁启超的"新民说"，"国民"很容易"屈己而利群"，随时都有可能消泯于"国家"形态表现出来的"群"与"类"的意识之中。先哲摆脱了"家族"的缧绁，但却未能走出依附、从属的政治学命题。不过，即使是"国民"，毕竟有迈出个性解放的第一步，他已经有了对个体生命价值的自我确认。"人"不再是一味俯首听命的奴隶，而是国家中的"民"。可见，中国人的个性解放是从"国民意识"的萌发开始的。"五四"同人之所以发誓在"改造国民性"上下工夫，就是要把前辈思想家所未脱去的阴影予以最后的摆脱，真正实现"自利利他"型的"全人格觉醒"。

---

① 参见《大不列颠百科全书》第 8 卷"文艺复兴"一款。

为了防止将个人主义与自私自利混为一谈，胡适在《非个人主义的新生活》一文中特意做了辨析。他说，目下有三种个人主义，一是假象的个人主义，它的内在核心乃为自利不利他；另一种是只求"独善"而不顾其余的个人主义，这一思想在中国传统寻求超然者中不乏其人；最后一种是地道的个人主义，讲求的是思想的特立独行，甘为自己所信仰的真理殉道，因此亦称个性主义（Individuality）。对第一种个人主义，胡适认为不屑一顾，而第二种"独善"式的个人主义他也是不甚满意，第三种个人主义最接近他的本意。但是鉴于中国特有的现实状态，更由于他的不致暴力发生的新"和平主义"在起作用，胡适还是没有将自由的赌注全部压在第三种"骰子"上。他极富创造性地将"独善"圆融到个性主义的自由园地里，从而有了一种于中国特定历史状态生长出来的内倾型"个性主义"：既要防止采取过激行动的暴力，又要不失时机地予以自我权利的争取、舆论监督权利的使用。与同是讲个人主义的周作人相比，胡适的设计就多了一层道德意义上的文化制衡。请看周氏的表述："各人自扫门前雪，莫管他家瓦上霜，这才真是文明社会的全像。最要紧的是提倡个人解放，凡事由个人自己负责去做，自己去解决，不要闲人在旁吆喝喊打。"①

与周氏的只管自己负责而不顾这种负责有没有意义不同，胡适的双重结合、圆融之个人主义有着灵活的自我调节空间：进可以"为"，退可以"守"。

这里，胡适的"自利利他"型的"真益纯粹的为我主义"还是欧风美雨洗礼下的宁馨儿。留美期间的胡适曾是美国总统大选的留心者，历经几次大选后，经过思想的几番过滤，他在威尔逊、托虎托、罗斯福之间认定了第一位。何故？出于对强权与暴力的反对，他一直呼吁并希望国家对个人放松强行的"推行"与控制。从胡适当年的日记中我们不难找到答案："威尔逊氏所持以为政府之职在于破除自由之阻力，令国民皆得自由生活。此威尔逊所谓'新自由'者也。罗氏则以政府为国民监督，维持左右之，二者之中，吾从威尔逊。"② 基于这样的考虑，威尔逊当选的消息令其热泪盈眶自然就是可以理解的了。

① 周作人：《谈虎集》。
② 胡适：《胡适作品集》第 35 册，台北远流出版公司 1986 年版，第 44—47 页。

至此，我们也许可以毫不遮掩地说：胡适尽管未能给中国的自由主义争取到应有的一席之地，但是作为一位观念型人物他无愧于 20 世纪的风流。在他"消极"的内存中，有着极其丰富的自由资源，今天的你我再次拷贝并激活他对走向 21 世纪的中华民族来说意义深远。

三、永恒的价值资源

渐进（或说"改良"）与革命的命题是一百年来贯穿始终的现代化路径问题。在动荡不安的历史环境中，每一个人都必须作出一个或明确或暧昧的反应与回答。如上所述，胡适的思想源流已经将他思想的路径锁定，在新文化运动伊始就已初见端倪了，但是为保持一个团体的凝聚力，这一思想一直是作为潜流涌动，直至 1919 年五四运动爆发，陈独秀入狱、李大钊被迫逃回老家避难，胡适才在对《新青年》、《每周评论》占据了主动权后将"问题"抛出。这一切，还得从那场影响甚久、声名远大的"问题与主义之争"说起。

6 月 11 日，陈独秀因散发反对政府的传单于新世界游艺厅被捕入狱。7 月 20 日胡适的《多研究些问题，少谈些"主义"》在《每周评论》31 号上出笼。论争的导火线点燃之后，在舆论界先后出现两组不同观点的文章。《国民公报》的编辑蓝志先（公武）捷足先登，以《问题与主义》为题相商；李大钊也不失时机地写了一封长信从"昌黎五峰"寄往北京，这即是 8 月 17 日发表在《每周评论》上的《再论问题与主义》。之后胡适又相继写了"三论"、"四论"，将"问题与主义之争"（以下简称"两争"）引向了纵深的发展。长期以来，关于"两争"的评论多是针对发起者对阶级论的指责，带有明显的渐进低人一等味道。思想观念开放以后，学术界虽然有了新风，但是关于"两争"的论述仍是停止在论争"对手"的"擦边球"上，进入不了实质性的剖析。笔者以为，胡适反对的是无政府主义还是马克思主义抑或是兼而有之这类关心并不是问题的根本，如果我们不再想在思想文化的脂肪上搔痒，那就请来一个"刺猬"式的"狐狸"风格（伯林语），随笔者一同走进思想者思想的宝库。

撇开"问题与主义之争"的是是非非，笔者想道出的一个直接与本题有关的逻辑关系式：手段与目的的定位。就这一逻辑的设定，胡适显然是强调"方法"的。这也是与他作为一位实验主义门徒的身份相吻合的。但是，他的"方法"也并不是可以随意设定的，必须是"改良"意义上的三思而后行，切不可莽撞行事。在他看来，"高谈"主义的危害有三点：一是"容易"，正是因为容易，才有了什么人都可以谈的盲目性；二是高谈容易流于"空谈"，这"好比医生单记得许多汤头歌诀"，更是纸上谈兵，解决不了具体问题，所以很可怕；三是容易被"无耻的政客利用"，"一切好听的主义，都有这种危险"。在这一思路牵制下，胡适自然就有了结论：

> 我们不去研究人力车夫的生计，却去高谈社会主义；不去研究女子如何解放、家庭制度如何纠正，却去高谈公妻主义与自由恋爱；不去研究安福部如何解决，却去高谈无政府主义；我们还要得意洋洋夸口道，我们谈的是根本"解决"。老实说罢，这是自欺欺人的梦话，这是中国思想界破产的铁证，这是中国社会改良的死刑宣告！

本来，"我们"就是"中国社会改良"的主张者与实行者，而无政府主义与马克思主义的"根本解决"已经构成了对实验型改良主义的威胁，为了不使渐进主义的思想破产，那就只有当仁不让、首当其冲了。

实验型改良的哲学本质决定了胡适与"一步到位"、"根本解决"者的格格不入。主张者曾津津乐道地告诉众人："实验主义注重在具体的事实与问题，故不承认根本的剖阙。他只承认那一点一滴的进步——步步有智慧的指导，步步有自动的实验——才是真进化。"① 新文化运动高潮过后，胡适在论说"再造文明"的"新思潮"精神时也没有忘记"推销"自己的本行改造方法："文明不是笼统造成的，是一点一滴的造成的；进化不是一晚上笼统进化的，是一点一滴进化的。现今的人爱谈'解放与改造'，须知解放不是笼统解放，改造也不是笼统改造。解放是这个那个制度的解放，这种那种思想的解放，这个那个人的解放，是一点一滴的解放。改造是这个那个制度的改造，这种那种思想的改造，这个那个人的改

---

① 胡适：《胡适文存》卷三，亚东图书馆 1927 年第 4 版，第 99 页。

造，是一点一滴的改造。"① 对渐进模式的强调可谓到了流连忘返、一咏三叹的地步。

胡适以学者严谨的思维方式循循善诱："因为世间没有一个抽象名词能把某人某派的具体主张都包括在里面。比如'社会主义'一个词，马克思的社会主义，和王揖唐的社会主义不同；你的社会主义，和我的社会主义不同；这绝不是一个抽象名词所能包括。你谈你的社会主义，我谈我的社会主义，王揖唐又谈他的社会主义，同用一个名词，中间也许隔开七八个世纪，也许隔开两三万里路，然而你和我和王揖唐都可自称社会主义家，都可以用这一个抽象的名词来骗人。这不是'主义'的大缺点和大危害吗？"② 说了那么多，其实胡适这里的主要论点还是其中的第一句话，这也是他在文章中反复强调的："'主义'的大危险，就是能使人心满意足，自以为寻着包医百病的'根本解决'，从此用不着去研究这个那个具体问题的解决办法了。"③ 针对这一"懒"病，胡适毫不客气地指出："我常说中国人（其实不止中国人）有一个大毛病，这症有两种病症：一方面是'目的热'，一方面是'方法盲'。"④ 引述及此，就看出问题的性质了：胡适的担心并不是没有道理，假如将手段流于目的，或说合而为一，岂不是"盲人骑瞎马，夜半临深池"？

过去，我们的结论总是以马克思主义的胜利以及胡适的理屈或说失败而"告终"。开禁后的学术界至今仍不能令人满意，多数文章都停留在为胡适这位贤人"讳"的层面上——诸如胡适发起"问题与主义之争"的根本动机不是针对马克思主义等等。这与胡适先生当年讥笑白话文创作的状况是小脚的放大颇有异曲同工之处。事实的真相是，胡适不但不可能放弃对马克思主义解决问题方式的批评，而且是在为兜售自己那种与马克思主义格格不入的改造方式争夺阵地。至于后事如何，我们只想说：在一个理性的时代，切忌"以成败论英雄"的模式生搬硬套。

鉴于"渐进"与"革命"同样是为中国走向现代化而设定的两种路

---

①　张宝明、王中江主编：《回眸〈新青年〉》（哲学思潮卷），河南文艺出版社 1998 年版，第 365 页。
②　石峻主编：《中国近代思想史参考资料汇编》，三联书店 1957 年版，第 1064 页。
③　胡适：《胡适文存》卷二，亚东图书馆 1926 年第 9 版，第 153 页。
④　胡适：《胡适文存》卷二，亚东图书馆 1926 年第 9 版，第 187 页。

径，抚今追昔，过去对渐进改良主义的评价亟须重新定位。革命固然解决了改良所不能解决的问题，但是点滴渐进式的改良却在价值理念上为"革命"开出了一个可资借鉴的意义资源。在一些具体问题上，改良的功能绝非革命可以僭越。

在胡适的思想中挖到稀有的自由资源，本来应该是我们民族传统文化中不幸中的幸事，但是"风流总被雨打风吹去"：作为永恒价值资源的理念却由于"理性的早熟"罩上了一层阴影。问题是："今天的你我能否重复昨天的故事？"对胡适的早熟我们有必要来一次真切的还原。这也是同步解决胡适为何始终扮演自由主义角色而没有滑落的另一个支点。

我们用了"早熟"这个概念，意思是说胡适并非只有权利的要求，而且也有"责任"的担当——这充分说明胡适不是没有清晰的思维链条，而是太理想化，以致前卫到了超前、"预支"的程度。细心的研究者会发现，早在胡适"健全的个人主义"出台之际，《易卜生主义》里就有了"娜拉"式与"哀梨姐"式的双重个性发展。应该说，在抬高个人自由与"个人本位"观念上的努力，胡适是五四时首屈一指的人物。与此同时，他又是将西方式的责任伦理最早用诸中国的先觉之一。他说："发展个人的个性须有两个条件。第一，须使个人有自由意志。第二，须使个人担干系，负责任。"① 让我们先看看"第一"中自由意志的形象化表达：

> （郝尔茂）……你就是这样抛弃你的最神圣的责任吗？
>
> （娜拉）你以为我的最神圣的责任是什么？
>
> （郝）还等我说吗？可不是你对于你的丈夫和你的儿女的责任吗？
>
> （娜）我还有别的责任同这些一样的神圣。
>
> （郝）没有的。你且说，那些责任是什么？
>
> （娜）是我对于我自己的责任。
>
> （郝）最要紧的，你是一个妻子，又是一个母亲。
>
> （娜）这种话我现在不相信了。我相信，第一，我是一个人，正同你一样。——无论如何，我务必努力做一个人。

---

① 胡适：《胡适文存》卷四，亚东图书馆 1926 年第 9 版，第 35 页。

这是《娜拉》中的娜拉，她为发展自己的个性"多者皆可抛"。对此，为"易卜生专号"做引子的胡适又引 1882 年易卜生给朋友的信中的一段话进一步解析道："这样生活，须使各人自己充分发展——这是人类功业顶高的一层，这是我们大家都应该做的事。"① 在有责任之前，必须有"是一个人"的前提为条件。这正是胡适要强调的首要问题。然而，易卜生的《海上夫人》（*The Lady from the Sea*）同时还给了我们一个自由呼救信号。这就如同《泰坦尼克号》的沉船事件，不"自救"固然是对生命的自我亵渎，而没有救援他人意识的人也同样可悲。于是新一幕的对白出现了：

> 丈夫：……我现在立刻和你毁约。现在可以有完全自由拣定你自己的路子。……现在你可以自己决定，你有完全的自由你自己担干系。
>
> 哀梨妲：完全自由！还要自己担干系！还担干系哩！有这么一来。样样事都不同了。

本来，作为后母的哀梨妲可以在家里当上一个清闲的夫人。但是丈夫与子女由于看她年轻就不让她做家务，"只管叫她过安闲日子"。在哀梨妲那里，愈是清闲便愈是不自由——因为少了一份作为人应该承担的干系。健全的人格在胡适这里得到了完整的表述。

这一思想在时隔 6 个月之后发表的《不朽》一文中又得到了充分的发展："我这个现在的'小我'，对于那永远不朽的'大我'的无穷过去，须负重大的责任；对于那永远不朽的'大我'的无穷未来，也须负重大的责任。我须要时时想着，我应该如何努力利用现在的'小我'，方才可以不辜负了那'大我'的无穷过去，方才可以不遗害那'大我'的无穷未来！"② 这段由母丧引发的"大我主义"，说出了"社会不朽论"的原旨。就胡适在"小我"与"大我"之间的游移而言，他的精神是有一定的紧张的。值得一提的是，他内在紧张的实质又是与其他思想先驱有所区别的。胡适的大我主义显然是为小我主义而设计的。容易理解，胡适从"小

---

① 张宝明、王中江主编：《回眸〈新青年〉》（哲学思潮卷），河南文艺出版社 1998 年版，第 85 页。
② 胡适：《胡适文存》卷四，亚东图书馆 1926 年第 9 版，第 118 页。

我"生灭无常、"大我"不朽的反面角度强调前者融于后者，不正是对个人主义的一个侧面加强吗？他曾针对世人的误解解释道："社会不朽论并不是推崇社会而抹杀个人。这正是极力抬高个人的重要。个人虽渺小，而他的一言一动都在社会上留下不朽的痕迹，芳不止流百世，臭也不止遗万年，这不是绝对承认个人的重要吗？"个人主义的一贯主张将他摆在了集大成者的位置，他居高临下地指点道："主张个人主义的人，只是否认那些切近的伦理——或是家庭，或是'社会'，或是国家——但是为要推翻这些比较狭小逼人的伦理，不得不捧出那广漠不逼人的'人类'。"① 再进一步，他的"人类"意识与"世界主义"一脉相承，正乃打通了胡适思想的一贯理路。

不难看出，胡适的"社会"思想是紧紧围绕着"个人"这个中心设计的。在胡适眼里，无不是"个人"。个人自由是与生俱来的"天赋"。显见，西方的个性主义在胡适身上得到了淋漓尽致的发挥。如果不完全站在"历史"的层面去苛求前人，他的早熟有着深刻的思想力度，充满着哲学的主动意识。也许我们从先生早年的"夫子自道"中更能理解胡适："君期我作玛志尼，我祝君为倭斯纖。国事真成遍体疮，治头治脚俱所急。勉之勉之我友任，归来与君同戮力。"②

分析胡适思想中的与众不同及其缘由，还是要从孕育他思想成熟的老巢美国找基因。与世界主义紧密相关的一个概念"和平主义"也是他思想武库中的一件极具火力的装备。从"不抵抗主义"到"新和平主义"，胡适的思想万变不离其宗，一意孤行世界主义、国际主义、人道主义的守成。在哥伦比亚大学所记的日记里有这样一段话："今世界之大患为何？曰：非人道主义是已，强权主义是弱肉强食，禽兽之道，非人道也。以禽兽之道为人道，故成今日之世界。'武装和平'者，所谓'以暴制暴'之法也。以火治火，火乃亦然；以暴制暴，暴何能已。"③ 为了不使"以暴易暴"的恶性循环现象发生，胡适开出了这样的药方："救世之道无他，以

① 蔡尚思：《中国现代思想史资料简编》第 1 卷，浙江人民出版社 1983 年版，第 327 页。
② 胡适：《胡适诗存》人民文学出版社 1989 年版，第 83 页。
③ 胡适：《胡适作品集》第 35 册，台北远流出版公司 1986 年版，第 233 页。

人道易兽道而已矣，以公理易强权而已矣。"① 如此"而已"使胡适在中国现代历史上的理想与努力都化作了缥缈的乌有，他的无能为力正如 B.格里德先生点评的那样：

> 自由主义在中国的失败并不是因为自由主义者本身没有抓住为他们提供的机会，而是因为他们不能创造他们所需要的机会。自由主义所以失败，是因为中国那时正处在混乱之中，而自由主义所需要的是秩序。自由主义的失败是因为，自由主义所假定应当存在的共同价值标准在中国却不存在，而自由主义又不能提供任何可以产生这类价值标准的手段。它的失败是因为中国人的生活是由武力来塑造的，而自由主义的要求是，人应靠理性来生活。简言之，自由主义之所以会在中国失败，乃因为中国人的生活是淹没在暴力和革命中的，而自由主义则不能为暴力与革命的重大问题提供什么答案。②

在血淋淋的国土中，胡适只能以"如此而已"的结局守成他的"主义"。我们究竟该以怎样的口气来结束"胡适"呢？笔者不由得叹息一声：生不逢时的先生，"除却巫山不是云"啊！

第三节　"自由"："高度的自由"

对于坚守这块园地的守望者来说，自由精神家园的呵护艰辛困苦。尽管如此，就是在这一环境极为险恶的跋涉中，20 世纪的中后期出现了一位为中国自由主义的进程推波助澜的勇猛"斗士"，他就是出生于大陆、成熟于台湾的殷海光先生。

一、"五四的儿子"

说来有缘，1919 年，即是在五四运动发生的那一年，殷海光诞生了。

---

①　胡适：《胡适作品集》第 35 册，台北远流出版公司 1986 年版，第 234 页。
②　[美] 格里德：《胡适与中国的文艺复兴》，江苏人民出版社 1989 年版，第 368 页。

无疑，对他的家人来说，谁也没有将他与"五四的儿子"这个称号联系起来，更没有人预料他会成为 20 世纪后半叶如日中天的自由主义大师。正是因为有了这么一个巧合，加上他自己一生不懈的价值追求，才使人对他为自己"五四的儿子"、"五四后期人物"的加封不觉突然。他曾这样在晚年"三省吾身"道："近年来，我常常要找个最适当的名词来名谓自己在中国这一激荡时代所扮演的角色。最近，我终于找到了。我自封为'a postMay–fourthian'（五四后期人物）。这种人，being ruggedlly indiviualistic（坚持独立特行），不属于任何团体，任何团体也不要他。这种人，吸收了五四的许多观念，五四的血液尚在他的血管里奔流，他也居然还保持着那一时代传衍下来的锐气和浪漫主义的色彩。然而，时代的变动毕竟来得太快了。五四的儿子不能完全像五四的父亲。"① 究竟"父与子"有何不同呢？那就从生命的源头开始吧！

殷海光祖籍湖北黄冈（今黄州市）回龙山镇。黄州毗邻长江，山清水秀，人杰地灵，孕育了一代又一代的名人。殷海光的父母生下了五个孩子。他排行老二。"大的疼，小的娇，中间都是受气包。"殷海光也摆脱不了父母因多子带来的"无名火"。加上他天生倔强，不在"听话"之列，因而训斥与鞭打在他那里成了家常便饭。但是，他又不像别的孩子容易驯服，桀骜不驯的性格自幼就有独特的展示。

望子成龙仍是父亲不变的情怀。7 岁那年他依照父亲的意志进了私塾。12 岁时进入武昌一家中学学习。由于他学习完全凭自己的兴致，这就惹怒了他的监护人（当时他过继给了大伯父）。大伯父以"不堪造就"为理由中止了他的学业。他只好到汉口的一家食品店当学徒。然而，过了不久，他又自作主张地中途辍学。一个偶然的机会，他读到了金岳霖先生的《逻辑》一书。那时，大学教授的地位是非常之高的，令殷海光惊喜的是，他的主动求教竟赢得了先生的信任。1936 年，凭着自己的闯劲，他只身到了北京。机遇对殷海光来说太重要了。他"自然而然"地在金先生的书房里遨游。这是知识的海洋啊！通过先生的指引，殷海光走向了哲学与逻辑之路。

---

① 殷海光：《殷海光全集》第 10 卷，桂冠图书公司 1990 年版，第 164—165 页。

　　抗战爆发后，经过一番颠簸的殷海光辗转到了昆明。在西南联大，他再次得到了包括金岳霖先生在内的贺麟、汤用彤等一批著名教授的指点。在远离战火的边陲，他受到了诗意般的熏陶。从他怀旧的心情中，我们不难看出他是一位颇有浪漫情调的思想大师："昆明的天，很蓝，很美；飘着云。昆明有高原的爽朗和北方的朴实。驼铃从苍苍茫茫的天边荡来；赶骆驼的人脸上带着笑。我们刚从北平搬到昆明，上一代的文化和精神遗产没有受到损伤；战争也没有伤到人的元气。人与人之间交流着一种精神和情感，叫人非常舒畅。我有时候坐在湖边思考，偶尔有一对情侣走过去，我就想着未来美好的世界。月亮出来了，我沿着湖散步，一个人走到天亮。下雪了，我赤背袒胸，一个人站在旷野里，雪花飘在身上……"① 带着诗意的潇洒与浪漫，1942 年，殷海光进入清华研究院文科研究所哲学学部做研究生。

　　1944 年年底，美国政府向中国政府提供了一批装备精良的武器。为了抗日的需要，殷海光成为中国第一个应征入伍的研究生。在印度经过半年多的训练，他做好了一切准备。就在他刚刚回国之际，日本投降了。又是一次颇为狼狈的辗转，可就是在这次他从昆明到重庆的"复习"中，他结识了终身伴侣夏君璐。也许是为了爱而驻足，殷海光在重庆的独立出版社谋得了一份编辑工作。出于对中共势力扩大的担心以及对国民党的期望，他开始撰写《中国共产党气象学》。主要观点是：由于共产主义理想的美好，很多人趋之若鹜，但是这一"新说教"有很大的危险性，容易被当做实际政治的工具。也正是在他为国民党着想使他在南京被"领袖"接见，这是他一生引为不光彩的事；也正是这一"接见"以及观察使他对国民党的幻想有了很快的改变。国民党在战场上步步惨败的事实令其猛醒。在1948 年写的《我们走哪条路？》、《我对国共的看法》、《赶快收拾人心》等文章里，殷海光已经流露出对国民党的失望："国民党底作风是这样令人憎恶，国民党底领导是如此错误，跟着这个样子的国民党跑，会有什么前途？"② 殷海光以一位自由主义知识分子的姿态对政党政治指东道西，自然得不到"明主"的赏识，事实上他也没有这样想过。20 世纪自由主义者

① 聂华苓：《殷海光——一些旧事》，《殷海光全集》第 18 卷，第 294 页。
② 殷海光：《殷海光全集》第 11 卷，桂冠图书公司 1990 年版，第 7 页。

的悲剧基因也正出在"怀才不遇"的现实环境里。

1949 年，殷海光带着他无奈的悲情离开了生活了几十年的大陆。中华民族的多灾多难使他在这次内乱的逃亡中得到更深的体认。漂泊在陌生的小岛，他最初几年的思想踪迹都写在了台湾大学的校史上。在那里，他以他特有的授课方式、独特的思想个性、渊博厚实的才学赢得了学生的尊敬。"功夫不负有心人"。在他的学生中诸如林毓生、张灏等一批学子都是因为作为"伯乐"的他的发现与培养而成为世界著名的思想巨子。他时刻以引路人、启蒙者的身份自居，大有鲁迅的"中间物"意识。他在给朋友的信中曾这样写道："我所能做到的，是勉力做个好的启蒙人物：介绍好的读物，引导大家打定基础，作将来高深的研究的准备。我常向同学说：'我没有学问，但能使你们有学问。'许多教书的人常自以为聪明，以致看不出别人的聪明。我以为一个好的读书人必须能够很快地发现聪明的学生，尤其应该因著发现比他自己更聪明的学生而高兴。"①

如果说在台大的讲学给青年学生以心灵的震撼，那么他在《自由中国》的"兼职"则给了台湾社会以雷鸣电闪般的轰动。尤其是他对自由民主的呼唤、对专制集权的直言，令生活在专制社会中的人们为之仰望。在论述胡适的时候，我们曾经提及《自由中国》，它创刊于 1949 年的上海，是一群热衷自由主义的知识分子以胡适为龙头办起来的"言论"杂志。该杂志的"发刊词"说："本着思想自由的原则，意见不必尽同，但弃黑暗而趋光明，斥极权而信民主，求国家民族的自由，求世界的和平，则是大家共同的主张。"当初蒋介石为利用它反共曾支持过。然而，自由主义的"言论"不可能只针对某一个专制党派。很快，《自由中国》就难以为继了。据王中江先生的统计，从 1949 年 11 月 20 日殷海光在《自由中国》发表第一篇《思想自由与自由思想》算起，到 1960 年 9 月他在上面发表最后一篇文章《大江东流挡不住》，大约有五十多篇，这还不包括他翻译的哈耶克的《到奴役之路》之连载文章。② 作为一位带有强烈自由意识的"斗士"，殷海光为通向中国的自由主义之路，一直在风雨如晦的岁月里"肩袭着黑暗的闸门"。

---

① 殷海光：《殷海光全集》第 10 卷，桂冠图书公司 1990 年版，第 255 页。
② 王中江：《万山不许一溪奔》，水牛图书出版事业有限公司 1998 年版，第 98 页。

如果说《自由中国》存在的理由在于它非民主制度的对抗的话，那么可以说在与国民党黑暗专制对抗的精神里程中，殷海光扮演了一个举足轻重的角色。从赴台前的怀疑到驻台后的愤而抗争，殷海光不但有"直面人生"的勇气，也有"该出手就出手"的积极进取与争斗。1957 年 8 月，几乎与大陆的"反右运动"同步，《自由中国》以"今日的问题"为中心，就十几个现实中的问题展开了激烈的讨论。这第一炮"代绪论"就出自殷海光之手。在这篇题为《是什么，就说什么》的文章中，他以"讲真话"的胆识，用极富挑战性的语言给"专制"之腹开了膛、破了肚："我们所处的时代，正是需要说真话的时代，然而今日我们偏偏最不能说真话。今日中国人之不能说真话，至少是中华民国开国以来所仅见的。"① 实际上，这些言论已经为当局所嫉恨。但是，撰稿者们凭着自己的良知依然挺胸前行。

1960 年，《自由中国》涉足了一个蒋家王朝最为忌讳的话题——"反对党"。雷震立意策划，殷海光积极参与，并写下了《我对于在野党的基本建议》、《大江东流挡不住》。专制的国民党当局果真对他们下了手，这就是震惊中外的"雷震案"之由来。这一思想史上的大案发生后，台湾言论界陷入了一片暴力恐怖之中。但这一切对殷海光来说只是个开头，他以独立的人格与尊严于 10 月公开发表了《我看雷震和新党》、《法律不会说话——因雷而想起的》和《雷震没有倒——给李万居先生的一封公开信》等文，以文责自负的真诚态度直接为《自由中国》的言论辩护。在中国"自由"的历史上，他为 20 世纪的精神图景添加了光彩的一笔。

自由的历程是艰辛的，谁要守护这一信念，谁就要有为此付出沉重代价的准备，殷海光也不例外。我们看到，虽然他没有被投入监狱，但是他的处境并不比"被捕"好多少。不难想象，在统治者视之为眼中钉、肉中刺的日子里，纵使他有三头六臂也插翅难飞，更何况他只是一个文弱的知识分子呢？

大风吹过之后，飘落的不止是一些叶子。殷海光先是听到了《中国文化的展望》一书被禁的消息，然后他又被直接通知不准再申请"国家长期

① 殷海光：《殷海光全集》第 11 卷，桂冠图书公司 1990 年版，第 499 页。

发展科学补助金"。精神与物质双双遭到了"禁锢"。如果说这些还都不算什么的话，接下来的陷阱则给了他致命的一击。教育部、安全部联袂结下的黑网犹如一把杀人不见血的软刀子，殷海光在万般无奈的情况下，只好离开台湾大学。先生在给钱思亮的信中引用耶稣的话"自道"曰："'飞鸟有巢，狐狸有洞，唯独人子没有枕首的地方'。我今日在这个炎热得令人窒息的岛上几乎有同样的处境。"① 凄惨悲凉到了何种地步！然而先生是否忘记，您不是一只飞鸟，也不是一条狐狸，您是为中华民族的前途寻找路径的刺猬啊！

1969 年，先生在那个小岛终结了"古来圣贤多寂寞"的普世情怀，完成了中外思想家"在贫病交加中逝世"的模式。对他的逝世与追悼，我们已不必去赘述，还是留一点笔墨给他的遗嘱：

> 我如今也快活到半个世纪了。对于个人的生死并不足惜，否则这五年以来也不会是这个样子了。所憾我有四件事：第一，我觉得我很对不起我的太太，她是很好的家庭出身的，大可不必和我这样的一个人在一起。我历经穷困，有时连买菜的钱都没有，我脾气又太大，十几年来经历这么多艰险，受过那么多人的攻击构陷，她受尽委屈，但从无半句怨言。第二，对不起孩子，不能给她更好的教育和适当的环境。第三，在我的思想快要成熟时，我怕没法写下来，对苦难的中国人民有所贡献。第四，对青年一辈，可能没有一个最后的交代，《思想与方法》、《中国文化的展望》只是一个开始，何况我又一直在改变和修正我自己的思想。我若死在台湾，希望在东部立个大石碑，刻着"自由思想者殷海光"，身体化灭，撒在太平洋里，墓碑要面对太平洋。②

"自由思想者"的安息却给"思想自由"留下了发挥的空间。

二、殷海光："自由与民主"的辨析

我们之所以将殷海光定位为一个自由主义者，并不是因为他是一个敢

---

① 殷海光：《殷海光全集》第 10 卷，桂冠图书公司 1990 年版，第 24 页。
② 陈鼓应编：《春蚕吐丝》，第 27—28 页。

于抗争的行为者（doer），更重要的是他在观念上是一位立意建构的思想者。这里，我们主要关心的是他为了扶植自由而精心设计的民主通道。

殷海光一开始的"自由"追求就是与对纯种民主和变种民主的辨析分不开的。他对民主的关心来自这么一个动机："不料近四十年来，在世界非民主的地区，居然出现了不少'民主'的新品种，在非民主地区，被官方大力推销，颇有以伪乱真之势。这一现象是值得为民主自由而努力的人士注意的。因为稍不留神，我们就会落入陷阱，就会误入歧途。所以，指出这些民主赝品的民主，系当前刻不容缓的事件。"① 由此，他开始投入了一次次民主歧义的辨析。必须指出的是，殷海光对民主的认识已经不是一般意义上的"雾里看花"，而是鞭辟入里的意义拷打。他担心的民主会变成"父母官"式的君主专制，更为唯民主义这一新极端的出现。因此他对"要儿子叫父亲'同志'的"道德挑战非常反感。

正是因为看得太透、太真了，殷海光不得不经受着古来圣贤般的孤寂。他这样列举了"正牌民主"以外的种种冒牌的民主："'民主'一词，到了现在，加上去的形容词越来越多。这也就是说，它的品种也越来越多。赫赫有名的品种，有'人民民主'，有'新民主'，还有所谓'民主专政'。这些新奇的品种，已经够政治学家去研究了。想不到，接踵着这些新奇的东西之后，还有更新奇的品种出现。它就是'君主的民主'。"② 撇开他文章的针对性，我们可以说他对民主歧义解释本身也有歧义和模糊，但是他对落入假民主之陷阱的提防还是非常独到的。

万事俱备，就在数年的"厚积"之后，殷海光在 60 年代中期思想的无限风光达到了一个"险峰"。这种成熟与"论定"具体表现在《中国文化的展望》以及《自由的伦理基础》等文中，如果说殷海光的思想意念中多含政治意念的话，那么他在自由与民主关系上的辩证倒是一个值得关注的话题。应该说，在自由主义思想资源十分匮乏的中国，求索自由的意义以及摆正民主与它的位置本身就是一项拥有建树的贡献。在"民主与自由"的章节里，殷海光以极其犀利的笔锋破译了"民主和自由确实是两种不同的东西"但又有不可截然分割之关系的理论事实：

① 殷海光：《殷海光全集》第 11 卷，桂冠图书公司 1990 年版，第 429—430 页。
② 殷海光：《殷海光全集》第 11 卷，桂冠图书公司 1990 年版，第 405 页。

　　如果自由主义被当做一个目标，那末民主政制似乎自然是实现这一目标的方式。现在有许多人士是这样想的。可是，这并不表示民主政制是实现自由主义的唯一方式。历史告诉我们，从专制政制也可以实现自由主义。而且从专制政制之路到自由主义，与从民主政制到自由主义，究竟哪一条近些和容易些，这实在有待历史的社会学同政治科学合作来研究以得结论。复次，我们说民主政制似乎是自然实现自由主义的方式，这也并不表示经由民主政制的方式有而且只有得到自由主义的结果。立于民主政制的原则上，任何人作这种保证。之所以如此，最基本的原因之一，是民主政制的本身并不就是自由主义。如前所述，民主政制只是一种政治方式。可是，自由主义根本是一个价值系统。自由主义是全人类最基层的价值系统。没有了这种价值系统，人是否还能算人，实在大成问题。然而，同一民主政制的方式，可以用来实现自由主义，但是未尝不可用来实现"专政"。所谓"民主专政"已经不算新闻了。众所周知，民主政制的重要原则之一是"多数决定"。如果多数决定选出一个独裁者希特勒，那末我们凭什么说是"不民主"呢？实在一点也不算稀奇，从东欧以至广大的亚非地区，自第二次世界大战以来，民主政制多少有所进展，可是相形之下自由主义日趋萎缩。由此可见一个国邦能否实现自由主义，与是否实行民主政制其间并无一定的相应关联。①

　　我之所以这么长篇累牍地引证，就在于殷先生将民主与自由的关系做了前所未有的扩展，而且这对大陆来说，一直是一个极为欠缺的导引。更为关键的是，他是以一颗赤子之心梳理自由的"来龙"，目的是为了让"自由"有一个正确的"去脉"。我们看到，从他对民主与自由可能发生的四种组合中也能窥见其思想的犀利、敏锐："既民主又自由"、"有民主而少自由"、"无民主而有自由"、"既无民主又少自由"。殷海光为此所做的一切都是在积极保障自由位置的不被强暴。恰恰在这里，殷先生的设计从哈耶克那里找到了富有说服力的根据："时下一般人不分青红皂白地将

---

① 殷海光：《殷海光全集》第 8 卷，桂冠图书公司 1990 年版，第 549—550 页。

'民主'一词用成赞美之词，这并非没有危险。因为这种用法暗示我们，民主是好东西。所以，如果民主扩展的话，那末往往为人类之福。这种说法，照看起来，是一不证之理；但是并没有这种民主。"① 显然，他已经接受并拥有了保护自由的杀手锏。在他那里，自由如果是花，民主就好比是绿叶；民主如果是星星，自由就好比是月亮。因此，为了维护自由的自身价值与安全，就必须给民主以一定的权限与约束，以防止它扩张与泛化。

当然，这里，并不是说殷海光的自由与民主的界定就没有问题，比如对自由与民主四种对应关系的划分固然有其开拓意义，但是这里面又多少含有令人费解或说钻牛角尖的味道，直接造成的结果是人们对本来清楚的东西也含糊起来。不言而喻，殷海光的意义绝对用这样一个标尺来衡量。事实上，他在民主与"多数决定"、民主与"法治"关系的处理上更见功底。

与民主紧密相关的一个问题是"多数决定"，殷海光极为重视胡适对这一问题的论述。在他看来，"多数决定"是一种最容易通向奴役之路的途径。因为这一形式很可能以民主的名义将社会引向"多数暴政"（tyranny of majority）。这样一来，自由的空间也就随之荡然无存了。所以，殷海光说："民主并非一定会造成暴政，以多数决定容易连在一起的，是临时流行的意见所形成的威力。独断的民主主义者总以为多数应该有权决定任何问题。他们又往往以为，一个人或一群人的'阶级地位'是始终不变地决定他们对自身真正利益的认识。于是，多数的决定也就是表现多数的最佳利益。此外，一时流行的多数意见所形成的威力，像台风一样，压倒反面的意见。"② 自由主义者的辨析是深刻的，他指出了问题的核心："多数决定是一回事，个人的基本人权是另一回事……这也就是说，个人的基本人权是多数决定的权限。多数决定不可使政司的权力无穷大。一个民主的政司的权力是要受到种种限制的。"③ 在通向自由的旅途中，殷海光沿途摭拾的思想贝壳也同时闪耀着智慧的光彩：

---

① 殷海光：《殷海光全集》第 8 卷，桂冠图书公司 1990 年版，第 552—553 页。
② 殷海光：《殷海光全集》第 8 卷，桂冠图书公司 1990 年版，第 557 页。
③ 殷海光：《殷海光全集》第 8 卷，桂冠图书公司 1990 年版，第 559 页。

"多数决定"固然看起来很合民主而且能满足多数的权力欲，但实在并没有危险的一种方式。在"多数决定"这顶帽子底下，有一项几乎无可抵抗的论旨，即是边沁（Jeremy Bentham）式的功利主义原则"为最大多数人谋最大幸福"。这个原则一经说出，大多数人就直觉地不能抗拒。谁能说"为大多数人谋最大幸福"不好？就中国而论，这个原则自民国初年傅斯年等人士提出以后，受到广泛的欢迎。它成为几十年来社会主义性的要求之观念动力之一大股。其实，这是一句好听的空话。她只诉诸天真的人们。①

必须指出的是，殷海光对民主的"可能性"分析绝不是为民主而民主，而是针对自由而设的"机关"。与此同时，他也没有将民主说成是可有可无的盲肠。在提醒我们民主有可能作恶的情况下，他还对"民主的优点"给予了足够的评价。比如说民主只"数头而不必砍头"、"民主政制比较接近自由"、"民主政制能使大家热心公共事务"等。这就弥补了他一度信奉加西特的理念，将民主与自由看成是"没有关系"、"二者的意义是相互冲突的"、"民主政制和自由主义是两个完全不同的问题之两个解答"的简约。

殷海光注重的另一个与民主紧密相连的观念是"法治"。为了摆正自由的天平，他在一篇文章中这样说："民主政治真正实现，就可能防止……'把人不当人'的弊端。防止弊端之最佳的方式，就是法治。所以民主与法治底关联，是正比例的关联。"② 照着这一思路，民主是建立在法治之上的民主才有保证。遗憾的是，殷先生没有在这个方面作更系统深入的探讨。不过，他在中国走民主之路的信念是义无反顾的。历来的统治者在民主道路上的"明火执仗"无非是拿"国情"做挡箭牌，最后所下的"冠冕堂皇"的结论——中国式的民主或特色论都是在以"变种"的形式在打马虎眼。根据中国历史的特殊情形，殷海光的判断也是具有见地的。在他看来，中国的民主自由道路应该是渐进式而非激进式的。他浪漫、进取的

---

① 殷海光：《殷海光全集》第 8 卷，桂冠图书公司 1990 年版，第 558 页。

② 殷海光：《殷海光全集》第 11 卷，桂冠图书公司 1990 年版，第 195 页。

性情与冷静、思辨的理性达到了完美的结合。他说："中国真要有办法，演进式的民主道路还是必经的道路。黄河之水也许从天上来，但民主不可能朝发夕至。民主先进国的经验是我们最好的参考资料。注重经验可以帮助我们减少人为的灾祸。"① 在自由民主的基线上，严复、胡适、殷海光都为中国走向现代之路做了观念的设计，所不同的是，殷海光十分重视这一观念的落实与实践。如果要问思想究竟有什么用，那么殷海光的道路给了我们一个典范式的说明与解释。

三、"高度自由"的精神

殷海光对自由主义的正式关注是在《自由主义底蕴涵》一文。先生这样对"自由主义"一词作了判断：

> "自由主义"一词底语根 Liber 底意是 free。一提起"自由"，大家便容易联想到活泼、宽宏、大量、无拘无束，反对加于人性的任何形式的抑压，反对加于人智一切桎梏，反对加于人类行动的每一不合理的管制。这是自由主义底根本要素。②

显然，殷先生为自由主义下的定义并不那么准确，充其量只能算是对自由性质的一种状态描述。关于自由主义的定义，历来是众说纷纭，各执其是的，这也是自由主义者（不强求"统一"）对这一意识最有力的昭示。然而，由此而来的歧义或是有意模糊自由的现象就难免了。在五四后期就曾在思想界产生过这样的笔墨官司。鉴于在这一问题上的容易被引向歧途，甚至为人利用，因此我们在此不欲再打笔墨官司，只想给出一个自由主义的根本立场。笔者以为殷海光先生的学生林毓生的论述可以援以为范："自由主义的基本立场是：人的存在本身乃是目的；任何一个人都不是任何政府、社会组织或别人的手段。易言之，个人本身是一不可化约的价值，所以每个人都具有人的尊严；从这个意义上看，人人是平等的。人的尊严蕴涵了对人的尊重（包括自尊），也赋予了个人自由的含义。个人自由则指：人的自主性、隐私权与自我发展的权利（如没有这些个人自

① 殷海光：《殷海光全集》第 8 卷，桂冠图书公司 1990 年版，第 596 页。
② 殷海光：《殷海光全集》第 11 卷，桂冠图书公司 1990 年版，第 192 页。

由，谈不上对人的尊重）。个人自由当然不包括使别人没有自由的‘自由’；所以，自由不是放纵。另外，自由与责任不可分；如果一个人对自己的行为不负责任，他当然已经自我取消了享有个人自由的权利。政府的功用，除了国防与维护公共秩序以外，主要是执行法治之下的法律，以保障基本人权；只有人权与法治落实后，社会上每个人平等享有个人自由才有真正的可能。任何政治权力均有被滥用的危险，所以限制与分立政府的权力乃为必需，亦即必须建立民主宪政体制。"① 应该说，林毓生先生的描述较为准确地道出了自由的真实面目。有了这样一种对自由的基本认识，我们就可以进一步认识殷海光的自由主义理论了。

殷海光先生对自由主义的认识有一个发展过程。由于他对"自由"知识与体系的广泛涉猎，所以我们看到他对自由的理解有一种十分强烈的包容性。这种包容性并不是东拼西凑的自由主义大杂烩，而是立足于"自由"的内涵底蕴所作的视角的转移或必要的学理补充。所谓"万变不离其宗"，此之谓也。众所周知，英国新古典自由主义大师 F. A. 哈耶克的《通向奴役之路》（*The Road To Serfdom*）直到 20 世纪末大陆才得以翻译出版，而先生早在 50 年代初就已经将其译出在《自由中国》上连载。从这本书的内容来看，我们有充足的理由相信，殷海光此时不但从哈耶克那里汲取了宝贵的思想资源，而且也直接或间接地受益于《旧制度与大革命》的作者托克维尔："民主和社会主义除了‘平等’一词毫无共同之处。但请注意这个区别：民主在自由之中寻求平等，而社会主义则在约束和奴役之中寻求平等。"② 这是托克维尔于 1848 年 9 月 12 日 "在制宪会议上关于劳动法问题的演讲"中的一段撩人心肺的"说词"，哈耶克在得到"社会主义开始日益利用一种‘新自由’的允诺"这一"星星之火"的点燃后，他又神思有余地将自由引进了"经济自由"的王国。他说："将自由一词的意义稍加改变，使这个论点听来似乎应当合情合理，在这种意义上的微妙变化是重要的。对政治自由的伟大倡导者们来说，这个词意味的是免于强制的自由，是摆脱了他人专断权力的自由，是从种种束缚中的解放，这些束缚使个人除了对他们隶属的长官唯命是从之外别无选择。然而，所允诺

---

① 王元化编：《殷海光林毓生书信集》，上海远东出版社 1994 年版，第 11 页。
② ［英］哈耶克：《通向奴役之路》，中国社会科学出版社 1997 年版，第 30 页。

的新自由却是摆脱了必然性的自由，是从环境的强制中的解放，这些环境不可避免地限制了我们所有人的选择余地，尽管对这些人来说选择余地比对别的人更大些。在人们能真正获得自由之前，必须打破'物质匮乏的专制'，解除'经济制度的束缚'。"沿着这一思路，殷海光找到了自由的真正感觉，将中国自由主义的思想资源库移建到了一个崭新的平台。他曾这样表达自己的心情说："当我读到这部著作时，好像一个寂寞的旅人，在又困又乏又渴时，忽然瞥见一座安稳而又舒适的旅舍，我走将进去，喝了一杯浓郁的咖啡，精神为之一振。"① 尽管当时殷先生没有发表什么惊人之语，但是这已经预示着思想的雷雨即将到来。

　　1965 年，殷海光出版的《中国文化的展望》以及《自由的伦理基础》将其推到了自由主义观念探险的新阶段。这时的殷海光已经借鉴并综合了伯林、波普儿、贝意（Chrstian Bay）、弗罗姆（Erich Fromm）等著名自由主义先驱的思想资源。"高度的自由"与"低度的自由"是他在《自由的伦理基础》一文中提出的一个相对概念。从他行文的内容来看，明显受到了伯林、弗罗姆的影响。当他将高度的自由与低度的自由同伯林之积极自由与消极自由挂起钩时，一位自由主义思想先驱的路径选择已经有了一个基本的落定。如果说高度与低度的自由问题有伯林的痕迹，那么他对低度自由的不满足感，以及由此产生的超越激情则来自于弗罗姆的"自由"意识。不过，伯林与弗罗姆的自由思想只是一种有益的提示，而非有意的安排。事实上，殷海光的自由并没有限于他们设定的框架。譬如，殷海光将消极自由看做是积极自由的条件，把高度自由说成是消极自由的深层发展，就是他自由创新的实证。在《中国文化的展望》中，他将有关"自由的几种重要概念"一一加以辨析，最后落在了哈耶克的文本上："但是，当着自由的用处有许多时，自由只有一个。只有当着自由缺乏时，诸般自由才出现。当着社会上其余的人不大自由时，自由便成某些团体或个人所可得到的特权或义务的豁免。从历史上观察，自由是一点一滴得到的。可是，一个人被允许着做特定的事情，这虽然可以名之曰'一个自由'，可是并非自由。当着自由和'不许做某些特定的事情'二者相容时，则自由

---

　　① 殷海光：《殷海光全集》第 6 卷，桂冠图书公司 1990 年版，第 1 页。

是不存在的。如果一个人所能做的最大的事必须得到准许才行，那末自由也不复存在。自由和诸般自由之间的分别乃两种条件之间的区别。在第一种条件之下，一切的事情都可以做，并没有普泛的条规来限制我们，说不许做这不许做那。在第二种条件之下，一切的事情都在被禁止之列，且没有明文许可我们做些什么。"① 对此，殷海光先生这样评论道：

> 哈耶克所说真是深而有力。在最初的开始，我们必须逻辑地认定自由有始原的完整性（primitive integrity）。自由之始原的完整性属于而且只属于个人。自由在从属于个人时，它是个人权能的主柱。它不能从个人拿走。它一从个人拿走，个人便失去了权能而只剩下一副生理的皮囊。只有当这个人和那个人渡共同的生活时，为了个人的实际便利，自由可以互相调整。例如，进博览会的私人汽车一律靠右开行，出博览会的私人汽车一律靠左开行。不多也不少，这只是为了避免车祸。但是，各个人的自由可以互相调整，并不等于把各个人的自由奉送。自由奉送了，个人就可能变成一任权威摆布的活动机器。没有自由的人就不可能有私事。没有私事的人，就像摆在玻璃罐里的热带鱼。当着自由被拆开来评价，权威认为这件事可以自由而那一件事不可以自由时，就是自由遭受外力压迫而濒临全部消失的剃刀边沿。在这种关头，外力高兴把你的自由拿走多少就拿走多少，高兴留下多少就留下多少。你已成羊圈里的羊，丝毫没有议价的能力了。②

理性的理论解说与生动的事实例证将自由的"逻辑"做了严实的论证。在这一认知的基线上，后来他又对自由主义做了四个层面的剖析——政治的自由主义、经济的自由主义、思想的自由主义和伦理的自由主义。对这一划分的分析本身已经不是本论的范畴，我们只是想借此指出的是，这同样是哈耶克影响下的发展，更是殷海光观念与行动同步前行的一个重要标志。不过，这与胡适的"条件化"不一样，他的工具意义有着更为强烈的实践性——学理的深入是为了"设置"的顺理成章。在中国近现代的

---

① 殷海光：《殷海光全集》第 8 卷，桂冠图书公司 1990 年版，第 601 页。
② 殷海光：《殷海光全集》第 8 卷，桂冠图书公司 1990 年版，第 601—602 页。

历史进程之自由主义的这条中心轴线上，为学理而学理的舆论式设防层出不穷，唯独殷海光式的关怀"千呼万唤始出来"。

然而，也许问题并不如我们想象的那样简单。殷海光的理解与接受如果单单停留在对哈耶克等人对"消极自由"的消化上，那么我们对中国自由主义理路的阐释在严复、胡适那里已经可以找到集大成的答案了，也没有必要在殷海光身上大做文章。可是，我们这里想要告诉诸位的是，殷海光在"自由"的方阵里对来自西方的自由主义做了创造性的转化与升华。他将形式背离而精神实质互补的两种自由看得真切而又通透。或许自由主义本身的吊诡（dilemma）注定了信奉者必然的两难与尴尬。这是一个延续百年的话题：在中国 20 世纪的特定岁月，将其作为目的抑或手段都将不尽如人意——要么一事无成，要么代价沉重。① 具体到殷海光的自由世界，笔者这里想借王中江先生的一段分析来加强我们的理论脚注："如果把自由的实现作为一个直接的追求的对象，那么，自由本身就是我们的目的。但是，社会是一个复杂的结构，如果把结构中别的因素作为目的，那么其他的因素，就有可能成为手段或工具化。把自由作为文明进步和发展的条件，实际上就是把自由手段化和工具化。这也许降低了自由的尊严，但恰恰是论证自由的价值所需要的。因为，只要自由不被设定为'唯一的'或'最高的'价值，那么，它的相对价值，就要通过它在其他价值中所能发挥的作用来衡量。我们肯定自由是文明进步的条件，所肯定的就是自由的相对值。事实上，近代以来，无论在西方，还是在中国，自由被合法化和正常化，往往就是把它与提供文明发展和进步的活力联系在一起。"② 毋庸讳言，殷海光有着与严复、胡适等中国自由主义先驱一样的"入场券"，即是给国家带来活力，激活文化基因里诸如富强、文明等等"离子"。譬如殷海光就曾明确表示过"自由主义是世界进步的观念动力"。无论是直接受益于密尔，还是舶来于伯林抑或哈耶克，它们都无一例外地流于观念、舆论、内倾、自御的畛域，极富防御和抵挡色彩。多了一分"君子动口不动手"的守衡节制，少了一分"该出手时就出手"的殉道诉求。

① 参见拙著《启蒙与革命——"五四"激进派的两难》中的结语部分，学林出版社 1998 年版。
② 王中江：《殷海光评传》，台湾水牛出版社 1998 年版，第 125 页。

　　如上所论，好在殷海光感受到了中国自由主义先哲精神资源中固有的缺失。他在反省中忧心忡忡地感喟道："中国的自由主义者先天不足，后天失调。"①　其实，他之所以自称是"五四后期的人物"，就在于他自信自己对这种"先天不足"的补养有一个明确的趋向。毕竟，哈耶克等西方自由主义大师的理论设计立足于西方文化条件，目的在于设立一套完整的维护秩序、保障自由的体系；而在中国这样一个需要建立"秩序"、求得"自由"的环境下，原封不动地舶来炮制总让有良知的先哲于心不忍。不错，哈耶克是让人们看清了"通向奴役之路"的来龙去脉，但是若是再进一步问，如何走向"自由之路"呢？的确，他在讲述自由的对立面上一套一套的，而且可以将我们可能失去自由的"雷池"说得头头是道，但是对究竟怎样获得我们渴望已久的自由却未给出一个路径。就其实质而言，伯林的消极自由即是这样一根苦藤上的两个瓜果。按照消极自由主义的思想界定，它只是要求每个人以不侵犯他人的自由权利为鹄的。至于作为社会中的人要不要为实现这种具有宪章性质的"自由秩序"而付出代价，则不是它所关心的，或说是其不愿关心的。从密尔、哈耶克、伯林的终极关怀来看，他们并非拒绝个人去为此付出代价，只是他们生活的时代背景限制了自我的视野。正是在这一意义上，殷海光的历史跨越就有了比严复、胡适更高的定位。

　　我们知道，殷海光在广摄自由思想资源之后并不那么容易就能得以超越。在一位自由主义者眼中，个人主义与集体主义的紧张是一个基本的理论支点。既然哈耶克已经把专制独裁的理论根源——"理性的自负"是导向"通往奴役之路"——表达的那样清晰，那么还有什么理由再"自负"一次？接下来的追问更令人痛心疾首：善良的愿望、浪漫的理想、奔放的热情是否应当收敛一些？必须指出的是，社会主义运动的狂潮与高度理想化的狂热本身并没有必然的联系，问题的根本在于如何在"高度"与"低调"之间找到一种平衡。终于，在哈耶克的自由思想影响之外，殷海光找到了立于消极自由之上的积极突破口。边沁（J. Bentham）、格林（T. H. Green）的思想中介令其非常自信地走向自由之路。一方面，殷海光坚信国家、社会、

————————

　　① 殷海光：《殷海光全集》第 7 卷，桂冠图书公司 1990 年版，第 319 页。

集体都应是为个人而设的呵护膜，个人不能作为工具出现；另一方面，他又对"最大多数人的最大幸福"之功利主义原则情有独钟。积极自由的进取、行动色彩与消极自由的谨防"以暴易暴"观念资源在殷海光身上达到了有机的并立、互补状态。

自由，而非放纵；理性，而不"唯理"；消极，而又不失积极；积极，而又不"自负"，殷海光的高度自由主义就在胡适的"奶油式"（享乐）自由观的基础上，添加了一层浪漫刺激的骑士色彩。

这就是"自由的斗士"、"自由的使者"的自由风格。

第四节　自由：并不一致的代价

以上三节，我们对严复、胡适、殷海光的自由主义精神做了独立的梳理。在观念核心意义观照他们的自由世界，三位先驱的思想境界无疑具有趋同性。但是，这并不是我们检讨中国自由主义历史源流的根本。固然，我们花费笔墨建立一个自由主义的历史平台是必需的。而问题的根本还是要通过这个平台选择并搭上一列自由的快车，以驰向拥有自由秩序的王国。

一、"消极自由"与"积极自由"

在进入本题之前，我们有必要将两个与我们的论题有关的自由概念加以辨析。其实这种区分我们在上文中已经间接隐约看出，只是未能予以充分的理论分析而已。在自由主义的阵营里，冠不冠以这样的概念，它们都是依然如故的。消极自由与积极自由的原典出自英国思想家易塞亚·伯林（Isaiah Berlin）的《两种自由概念》一文。就在他提出消极与积极自由的同时，伯林先生还在《俄国思想家》一书中指出了"狐狸"与"刺猬"的判别。他通过对 19 世纪俄国知识分子在革命前思想状况的考察，将两种不同精神活动的知识类型划分为"刺猬与狐狸"。为了充分说明这一精神现象的幽微曲折，我们还是多花费一些笔墨，对这两个"动物世界"也做一下必要的交代。

　　简要地说，狐狸意识注重的是小题目类型的具体问题的研究与探索，为了这一学术"考证"的深入，"狐狸"可以钻进"象牙之塔"，"两耳不闻窗外事"；而对"刺猬"来说，情况就大不一样了，关注的而是社会上的大事件、大思路，立意解决的也是大问题、大体系，可以说有"桐叶落而惊秋"的敏感。比如说，当年五四的"问题与主义之争"的双方中，相对而言，胡适就是"狐狸"，李大钊则是"刺猬"。形象地说，狐狸与刺猬的关系是"见树"与见林的关系。著名学者李泽厚有一段这样的论述："我觉得，在某些情况下，先'见林'比先'见树'更重要，坦率地说，对于当今一些大的理论框架，我是不大满意的，很希望自己的书能在大的方面见见'林'，也许是比较模糊的林……就思想史而言，研究至少可以有两种方法，一种是历史学家的方法，一种是哲学家的方法。历史学家的方法主要见于历史事实本身的真实、准确和清晰，对任何细节都不放过；哲学家则主要是借历史来发表个人的见解，所以往往把历史与现实联系起来……"① 这里，我们并不一定完全同意李先生的观点，譬如"见林"与"见树"究竟哪一个更重要的问题——历史学家是否就一定不"见林"，哲学家是否就一定不"见树"的区分，还有将两种方法都归为"思想史"领域的提法等。尽管如此，我们对他那"林"与"树"的辩证却不能不让人去"掠美"。

　　至少，从这一思想的基线出发，我们得出了中国 18 世纪的乾嘉时期是一个狐狸当道的时代，而经过漫长的过渡期后才迎来了 20 世纪的刺猬的得势。不过，一个更值得一提的还是：狐狸与刺猬的判别只是一个相对的划分，面对云来雾往的文化先哲，我们硬性地做一刀切的处理，无疑是在做一件出力不讨好的事情。如果我们认同把狐狸与刺猬概括为"有思想的学术"与"有学术的思想"的话（目前大陆学术界这种说法很流行），那么学术史与思想史多重交叉的"公案"就会不期而至。要而言之，区分纯学术与纯思想并没有多少意义。固然，戴震与章学诚可以做伯林式的理解，但是我们还必须看到，一个人物对一个人物的比较可以"相对出"，若是位移参照则又会呈现另一副情形。这也是我们花费这么多笔墨进行辩

　　① 李泽厚：《走自己的路》，安徽文艺出版社 1994 年版，第 501 页。

证的根本原因。正如我们的本论所要表示的，胡适相对于殷海光是"狐狸"，而相对于陈寅恪可能又要归为"刺猬"型了。讲这么多，很可能有游离之嫌，但有必要说明的是，伯林先生的"动物世界"之比喻，有意无意地与他在《两种自由概念》中推出的"自由世界"存在着某种心灵上的默契。但愿我们以上在"动物世界"的漫游能为我们下面的"自由世界"的思想做便于理解的铺垫。

在伯林那里，"消极的自由"与"积极的自由"是"两组不同的问题"。如果我没有理解错的话，"消极的自由"（negative freedom）意指这样一种政治观：在心理状态上趋向平和、稳健，在意识深层信奉克制、收敛，在生活方式上侧重于内倾、自御，是一种地道的避恶型政治理路；与此相对的"积极的自由"（positive freedom）则是：在自我精神气质的底层就一直潜伏着时隐时现的伸张、外倾意念，在观念信仰上立意行动、奋斗，在人生观念上怀抱乐观、执意向善，是一种典型的"行为者"（doer）之"有所作为"（freedom to）的模式。①借用这种理论来考察中国20世纪的自由主义，严复、胡适、殷海光的思想基因有着极其突出的象征意义。为了更便于描述他们的思想轨迹，我们不妨先在三位先哲共同的思想基线上打下一个"相提并论"的平台。

二、自由的基线

岁月如流，20世纪的自由情种远非我们列举的三位所能概括。但就本文选择的人物而言，如果说他们的自由特征难以用一句话确切地概括，那么借助一个具有排除倾向的思想方法来比照，则有益于我们的深入解析。

我在前几年关于五四自由主义团体的思考中凭着自己的点滴感悟，曾经提出了自由与解放的暧昧及异质问题。这一思想的产生首先来自于对现实生活中"自由解放"（"自由民主"亦然）之相提并论的费解与质疑，后来这一"大胆的假设"则在五四思想史的著述中找到了充足的理由与论

---

① ［英］I. 伯林：《两种自由概念》，刘军宁等主编：《公共论丛——市场逻辑与国家观念》，北京三联书店1995年版。

据。① 当时在没有经他人"直接授意"的情况下而"白手起家"。在今天看来，尤其是在我更多地阅读了西方思想大家的理论著作后，一是有点自我欣慰，二是感到有点舍近求远的味道——自我认为的"原创性"早在几十年前都已经被人家明明白白地写在纸上了。不过，在思想外援的多方位支持下，目下的自由与解放的问题还是一个值得深入探讨的理论命题。我的观点是，自由与解放不是一回事。如果把眼光放远一点，不光是"五四"自由主义者有这样的感悟，在此之前的严复以及后来的殷海光都在不同程度上有过这般体认。由此，我们排除了自由主义者的"解放"歧义，他们在自由的"自由"性上"同唱一首歌"。

"自由"与"解放"在英文的词源中公用一个词根"liberate"。于是乎，翻译成中文后的自由与解放情同手足，完全是一副暧昧无间的模样。其实，如果它们不属于一个等质范围的词，那么我本人倒倾向于以"free-dom"和"liberation"来对应自由和解放的纯正关系。固然，自由与解放都有免于外界的压迫而从某种钳制囹圄中解救出来的含义，但是我们还知道它们同时又有两个方面的意义——一个是心灵言论的意义；一个是身体行动的意义。真正的自由应该是两个方面的因素都必须具备。进一步说，自由带有很强的主体性与自觉性，而解放则是一种被动下的结果，其实施与被实施者都可能是作为工具而出现的。今年的今日，当我阅读朱学勤先生编选的《热烈与冷静》时，意外地发现了林毓生先生的"自由不是解放"一个小段子。相形之下，林先生的论述要深入得多。他在文中引述的哈耶克先生的话不可化约。笔者这里需要泼墨这段用以得出"自由与解放不同"之结论的经典来作理论的铺垫："人们社会行为的秩序性呈现在下列事实之中：一个人之所以能够完成他在他的计划中所要完成的事，主要是因为他的行动的每一阶段能够预期与他处在同一社会的其他人士在他们做他们所要做的事的过程中，对他提供他所需要的各项服务。我们从这件事实很容易看出社会中有一个恒常的秩序。如果这个秩序不存在的话，日常生活中的基本需求便不能得到满足。这个秩序不是由服从命令所产生的；因为社会成员在这个秩序中只是根据自己的意思，就所处的环境调整

① 张宝明："'自由'与'解放'之争"，《启蒙与革命——"五四"激进派的两难》，学林出版社 1988 年版，第 4 章第 2 节。

自己的行为。基本上，社会秩序是由个人行为需要依靠与自己有关的别人的行为能够产生预期的结果而形成的。换句话说，每个人都能运用自己的知识，在普及与没有具体目的的社会规则之内，做自己要做的事，这样每个人都可深具信心地知道自己的行为将获得别人提供的必要服务；社会秩序就这样的产生了。这种秩序可称为自动自发的秩序（spontaneous order），因为它绝不是中枢意志的指导或命令所建立的。这种秩序的兴起，来自多种因素的相互适应、相互配合，与它们对涉及它们的事务的即时反应，这不是任何一个人或一组人所能掌握的繁复现象。这种自动自发的秩序便是博兰尼所谓的：‘多元中心的秩序（polycentric order）’。博氏说：‘当人们在只服从公平的与适用于社会一切人士的法律的情况下，根据自己自发的意图彼此交互作用而产生的秩序，足以证明自由有利于公众。这种个人的行为，可称之为自由的行为，因为它不是上司或公共权威（public authority）所决定的。个人所需服从的，是法治下的法律，这种法律应是无私的、普遍地有效的。”林氏在这样的分析之后对解放不同于自由的内涵作了如下的概括：

　　解放是指个人从压抑与束缚中挣脱出来。解放的思想蕴涵着一个对人性的看法：它认为愈返回人类未受束缚、未受限制的原初状况，人便愈有自由。海氏则认为束缚其实有两种：（一）武断的、不合理的对人的强制性压迫；（二）在演化中的文明所产生的对人的约束。前者是个人自由的大敌，我们当然要加以排斥。个人自由实际上是指个人在社会中的行为所能遭遇到的外在强制性压迫已减少到了最低程度的境况。但，一些必要的约束则是个人自由所赖以维护的必要条件。①

林氏因此得出结论说："职是之故，以为人的自由是从一切约束中解放出来的看法乃是对自由的误解。那样的情况只是返回原初社会的野蛮，然而在野蛮的社会中个人是没有自由的。"林先生的论述不能不说是深刻的洞见，也使我对这一问题有了进一步的体认。可问题并没有完全结束，遗憾的是林氏在指出自由是全方位的自由的时候，而未能指出解放的情形

---

①　林毓生：《热烈与冷静》，上海文艺出版社 1998 年版，第 45—46 页。

很可能是从这一牢笼进入那一牢笼。尤其是在 20 世纪的中国，借着自由解放之名而演绎的悲剧已经不胜枚举。

质而言之，自由的意识结构是并联式的，"自由后的人人"由此及彼，过着不被别人奴役同时也"不使别人没有自由"的生活。解放的意识结构则是串联式的，往往可能从这里解放又从那里"被缚"。试问，当一个抱着远大的目标和高尚的理想——先解放别人然后再解放自己时，假如他自己都还属于有待解放的"被缚的普罗米修斯"，那又如何去真正解放他人？上面林氏说到的"原始"、"野蛮"、不受限制束缚的状态都是对人类文明的一种反动。战时的动员以及革命者"失去的只是锁链，得到的将是整个世界"的宣传也是这一意义上的原始"乌托邦"。毕竟，解放只是手段，它可以通过革命的形式加以实现。问题的难点在于，如果将作为手段的解放流于目的，一旦不再肩负解放的重任，就将失去阿 Q 式的整个幻想世界。

总之，这是一个个人自由与社会责任的关系问题。在"聪明"的政治家那里，将个人自由与社会责任合而为一的做法屡见不鲜。其目的就是为了让人们都成为他任意驱使的工具。在理论上的愚弄可以说是"杀人不见血"的软刀子。当一个人只知道有社会责任，不知道或说不会享用、无能享用个人自由的时候，"自大狂"们就可以为所欲为、独断专行了。这，乃是人类悲剧的所在。康德在《什么是启蒙?》说过这样一段发人深省的话："革命也许能够打倒专制和功利主义，但它自身决不能改变人们的思维方式。旧的偏见被消除了，新的偏见又取而代之。它像锁链一样，牢牢地禁锢着芸芸众生。"[①] 在手段意义上，解放与革命可以同日而语——指望芸芸众生在"解放"的过程中痛快地"失去锁链"而成为一个具有充分享受自由能力的人，只能是一幕遥远而美丽的乌托邦。

有了以上的理论，我们不妨先从具有中轴意义的"五四"人物胡适说起。如果说上述的解放与自由是手段与目的的关系，那么我们论述的思想先驱都是"不把人当人看"的反对派。具体地说，他们力斥将"人"工具化，个性自由成为他们的终极关怀。以胡适的自由蕴涵而言，他对"现

---

① 雷丝：《康德政论文选》第 56 页，转引自《中国的启蒙运动》一书，山西人民出版社 1989 年 4 月版，第 360 页。

今的人爱谈'解放与改造'"① 的批评就是典型的一例。陈独秀在建党前夕为"唤起百万工农齐踊跃"而极力尽聒噪之能事当然也是在他所批之列。陈氏的《解放》一文极见功力："我们生在这解放的时代，大家只要努力在实际的解放运动上做工夫，不要多在名词上说空话！名词好听不好听，彻底不彻底，没有什么多大关系。在思想转变底时候，道理真实的名词，固然可以做群众运动的共同指针，但若是离开实际运动，口头上的名词无论说得如何好听，如何彻底，试问有什么用处？"胡适的"爱谈"之批评与陈氏的"名词好听不好听，彻底不彻底，没有什么多大关系"可以说是"针尖"对"枣刺"，他的这一立论正乃"少谈些主义"的余韵。为了更好地说明问题，我们这里不妨将前后两条思想的线索衔接起来。胡适在"问题与主义之争"中如是说：

> 请问我们为什么要提倡一个主义呢？难道单是为了"号召党徒"吗？还是要想收一点实际的效果，做一点实际的改良呢？如果是为了实际的改革，那就应该使主义和实行的方法，合为一件事，决不可分为两件不相关的事。我常说中国人（其实不单是中国人）有一个大毛病，这病有两种病征：一方面是"目的热"，一方面是"方法盲"。

在胡适那里，改良的道路不致付出沉重的代价，没有将人当工具的残酷。"号召党徒"显然是为了目的而不择手段，而且在这一过程的操作中很容易将"手段"异化为"目的"。这是对人性的最大摧折，更是人类的悲剧的理论基因。后来他的"个人主义"同伴周作人在 1922 年与陈独秀支持的"非基督教非宗教大同盟"运动的论战中不约而同地说出了同样的思想真理：失去自由的保障基础，以运动来强制个人的选择，即使这次运动轮不到你，下次也难免幸存。两位自由主义的先驱的思想魅力在半个世纪后发生"文革"中得到了显示。② 如果问"五四精神"是什么的话，这就是真正的"五四精神"！

"人的全部尊严在于思想"。"五四"先驱之所以能赢得后人的尊重，

---

① 胡适：《胡适文存》卷四，亚东图书馆 1926 年第 9 版，第 164 页。
② 周作人：《古今中外派》，《晨报》1922 年 4 月 2 日。

主要原因还在于其思想价值的可贵。再回眸严复，这位中国自由主义思想的鼻祖更应得到我们的尊重。尽管他在民族危机关头一心在寻找着救亡的手段，但是当他寻觅到自由主义的思想钥匙时，仍然保持了理性的清醒。上文已述，严复自由思想的成熟经历了一个从盲目、全盘拥抱自由到有选择地接受自由的过程。与梁启超、谭嗣同等先驱的思想理路不同的是，他从英、法两种自由主义的理路中剔除了以卢梭为代表的唯理主义传统，毅然纯化了自己的英国式自由主义。从信仰"天赋人权"到担心自由滥用后的恶果，严复将自由给社会造成危害的可能性予以了充分的估计与判断。历史已经证明，在现代文明的发展过程中，"自由"的应用不当的确有可能将造成我们始料不及的悲剧。严复的观念自由对自由实践的疏离为他的自由主义走向寻找到了一条稳健的道路。他对自由在中国的实践性是心有余悸的。辛亥之民主共和的道路并没有使他欢欣鼓舞，相反却令其忧心忡忡。他在将自由与个人能力联系起来的时候，他与后生胡适的"先把自己铸造成器"的"内圣"思想并无二致。于是，我们看到，他对自由限度的强调同样是为了"君子动口不动手"——对付诸实践的"自由"总有点杞人忧天的味道。严复对"消极自由"思想的摄取是为了让自由主义在中国产生积极的影响，而同时他对"积极自由"的限制又使他在中国自由主义的道路上只能是纸上谈兵，表现出消极无能的色彩。在观念上，严复也曾想过将自由作为国家独立富强的手段，但是这并不意味着严复赞成将人不当人看。笔者以为，他的对人的限制思想的突出，正乃其维护人的尊严、害怕人的基本权利丢失的一种表现。可问题是，"因噎废食"的"永远自由"能像卡拉 OK 一样永远 OK 下去吗？

观念上的"能力"自由问题同样是两位先驱的共同立足点。严复对"人生而自由"的否定已经意味着他在积极意义上追求着"消极自由"。他将自由与个人享受的能力联系起来即是对"人"关怀的证明。在这里人是享受自由的人，而非为自由而手段化的工具。如果说严复以自由作为富强的工具的倾向确实存在的话，那么他在观念上弘扬为真理而无畏的人格精神就是他的全部。他对"言论自由"（无论对错）的"真话"意义的强调旨在坚持真理的勇气："须知言论自繇，只是平实地说实话求真理，一不为古人所欺，二不为权势所屈而已。使理真事实，虽出之仇敌，不可废也。使诐理谬事诬，虽以君父，不可从也。此之谓自繇。亚里斯多德尝言：'吾爱吾师柏拉图，胜于余物，然吾爱真理，胜于吾师。'即此义也。盖世间一切法，惟至诚大公，可以建天地不悖，俟白世不惑，未有不重此而得为圣贤，亦未有不倍此而终不败者也。使中国民智民德而有进今之一时，则必自宝爱真理始。仁勇智术，忠孝节廉，亦皆根此而生，然后为有物也。"① "言论自由"既不会妨碍他人的自由又不以损害个人生命与权利为代价，因此严复义无反顾地力倡其道。胡适的"健全个人主义"与此形成了共振。在《易卜生主义》一文里，斯铎曼医生与娜拉的互补构成了胡适自由世界的人格。一方面，做人要有斯铎曼先生的勇气，那就是"威武不能屈"的特立独行精神；另一方面，还要有娜拉的"救出自己"的见识。胡适把"为我主义"说成是"最有价值的利人主义"，这是对中国社会中极为匮乏的自由思想的充实，也是对个人享受自由能力的提高。胡适的个人修养之内化观担心的也是自由有可能沦为解放的奴隶的政治学命题。

从严复、胡适的自由观来看，他们对作为手段的"自由"是有限度的，不择手段从来就是他们意念中的天敌。即使是该出手时他们也会有唯唯诺诺的"保守"。严复于1905年和孙中山先生的那场尖锐对话以及胡适"五四"时期与李大钊、陈独秀等人的争论都展示着同一个深刻的内涵："笼统"与"根本解决"必然招致"按下葫芦起了瓢"的结局。他们提倡的解放是观念、思想的解放，在现实中——自我生活的特定历史时期，他们又都不同程度地对"权威"有一定的期待与认同，比如严复一度对袁世凯的幻想，胡适曾经希望蒋中正实现铁腕式的民主制度等，所以殷海光对他们在观念上认同与褒扬的同时也有不少抱怨与微词。殷氏在评价中国"自由主义的倾向"的绪论中就开宗明义地说：

> 严格地说，像西方自由主义者那样的自由主义者，在中国真是少之又少。一个真正的自由主义者，至少必须具有独自的批评能力和精神，有不盲从权威的自发见解，以及不倚服任何势力集体的气象。这样的自由主义者，在近十几年来的中国社会文化

---

① 严复：《严复集》第5册，中华书局1986年版，第1280页。

里，恐怕要打灯笼去找了。中国早期的自由主义者多数只能算是"解者"。他们是从孔制、礼教与旧制度里"解放"出来的一群人。他们之从孔制、礼教与旧制度里"解放"出来，正像一群妇女之从包小脚的束缚里"解放"出来一样。中国的自由主义迄未定型。因此，我们要决定谁是彻头彻尾的自由主义者，这是办不到的事。①

这话是他从自己对现实的观察与体会中提炼出来的。他对胡适这位"五四之父"的"后天失调"的评论正乃这一观察的结果。中国有句古话叫"守着羊圈才知道羊圈臊"。也许是他与胡适生活在一个时代，而与严复相距甚远的缘故，他在下文中曾对严氏的"不变"独表格外的尊重。但是必须看到，严复并不是不曾变化，而是"袁世凯"的专制离殷海光远了些而已。

值得说明的是，乍一看我们所引用的殷氏之语好像正好做了反面的论证。因为我们上面说过严复、胡适都不是外在解放的追随者，而是地道的内在自由信奉者。这里，笔者想要告诉大家的是，殷氏的话正好为我们做了一个反证，严复、胡适的"解放"在殷氏那里也都还是内在自由意义上的观念与能力范畴的东西。殷海光批评的重点也正是他们抱幻想、少"积极"的一层。

通过以上的分析，我们还有一个有趣的发现：本来想做"刺猬"的严复与胡适结果却做了地地道道的"狐狸"；而本来想做"狐狸"的殷海光却在时代的左右下做了"刺猬"。不难理解，在前现代的现代中国这样一个动荡不定的环境里，社会文化的激变固然会导引个人的文化选择，但是个人的性情与气质同样也是决定人物思想的一个重要砝码。

三、"自由"的歧路

借助上述铺垫，我们的论述就可以单刀直入了。就严复的思想谱系来说，他的自由是建立在积极自由基础上的消极自由；胡适的自由世界则是完全意义上的"消极的自由"；殷海光的自由情怀给了我们一个以消极自

---

① 殷海光：《殷海光全集》第7卷，桂冠图书公司1990年版，第321—322页。

由为前提的积极自由。

从胡适在"五四"时期的"作为"及其一生的文化道路来看，他的身上带有明显的"消极自由"气质。众所周知，"五四"的价值一向是以"人"的观念的确立为砝码的，那么究竟自由主义之父的"人"的设计是怎样一副情形呢？正如我们看到的那样，胡适的自由观念中的人，是典型的易卜生式的"健全的个人主义"。他的这种靠自身修养提高而自御、自用、享受型的人生观只能是一介书生的一相情愿，在中国动荡不安、需要抗争的时代，胡适的设计成了世纪的蓝图就是可以理解的了。鉴于上文我们已经对此做了一定程度的论述，下面的视线则重点放在殷海光的"自由"上。不言而喻，同是从西方舶来的自由主义，殷海光的"积极自由"与曾经发誓"二十年不谈政治"的胡适相比，显然锋芒毕露。他在给自己的学生林毓生的信中这样流布过心迹：

> 五四人的意识深处，并非西方意义的"to be free"而是"to be liberated"。这两者虽有关联，但究竟不是一回子事。他们所急的，是从传统解放、从旧制度解放、从旧思想解放、从旧风俗解放、从旧的文学解放。[①]

既然殷海光的积极追求与胡适的消极收敛已经不是一个层次上的"自由"，那么"五四的儿子"一再呼吁"重整五四精神"就势之所必了。

必须指出的是，尽管殷氏是一位积极自由的倡导者，但是他对消极自由从没有不屑一顾的偏颇。相反，他的积极自由是牢牢建立在消极自由基础上的升华与发展。他说："实实在在，消极的自由是积极自由的必要条件。没有消极的自由，积极的自由将失所依附。所以，一种自由如果是消极的自由，并不足以减低它的价值。"[②] 就在他把自由作消极和积极的理解的同时，他又别出心裁地推出了"低度的自由和高度的自由"，而且与前面的理解密切对应。从他的文章中，我们能够发现一个基本的事实：无论是他说伯尔林（伯林），还是他讲弗洛门（弗罗姆）——尽管其着眼点不停地转移，但是他的思想一直沿着"刺猬"的路径往前拱。通观殷海光的

---

① 王元化编：《殷海光书信集》，桂冠图书出版公司1988年版，第74页。
② 殷海光：《殷海光全集》第15卷，桂冠图书公司1990年版，第1148页。

自由之路，即使是他成为哈耶克的信奉者时，他也没有为此停滞不前。在为中国自由主义不断寻求契机的征途中，他可谓"鞠躬尽瘁，死而后已"。是消极自由的守护者，但又有独到的发展。这就是殷海光的浪漫与超越之处。他说：

> 这里所说的"积极的自由"也就是弗洛门（Eric Fromm）所说的"有所作为的自由"。这是自由的放射（radiation），人类生命的光、热、力借此得到表现……照弗洛门的了解，除非一个社会文化环境能有利于积极自由的发展滋长，否则"免于外界限制"的自由将会落空。因为，这样的自由如失群之马，或断了线的风筝，脱离他原有的种种纽带和群体关系。①

丧失了"高度的自由"的殷海光就不成其为殷海光了。

毋庸讳言，胡适与殷海光身上都不乏自由主义知识者的理想主义情怀，但是胡适的浪漫情愫比起殷氏还是少了许多。这正如殷海光在评价严复与胡适时所说的那样："严又陵是最富于古典气息的'中英合璧'。胡适之是较少浪漫气息的'中美合璧'。"② 应该说，两者确有"独善其身"与"兼济天下"的错位。在精神意向上，一个是"被岁月磨掉了光彩"的"先天不足"者，一个是"欠稳健的时代叛徒"。这从当事人一位平和求稳，一个强烈反叛的性情气质中也能找到两种"自由"的答案。就此而言，把"五四新文化运动中，胡适等人的'自由'定位为'只是一种积极自由的观念'"显然是有失严谨的。③ 谁都不能否认，虽然胡适与殷海光的精神活动属于两种类型，但是同时也必须看到，在两个人的精神世界深处又有着共同的苦志与豪情：为自由民主理想而矢志不移。正是在这个意义上，胡适与殷海光才在我们的笔下有了可比性。这里，我们通过对自由主义三代人的比较发现，他们都是渐进的主张者，但其中的渐进与渐进又有不同。在严复那里，他是将思想文化的进步与政治的"现代"同步解决的；在胡适那里，他则是为思想的与文化的繁荣而谈政治的多元民主；到

① 殷海光：《殷海光全集》第 15 卷，桂冠图书公司 1990 年版，第 1150—1151 页。
② 殷海光：《殷海光全集》第 7 卷，桂冠图书公司 1990 年版，第 323 页。
③ 高瑞泉主编：《中国近代社会思潮》，华东师范大学出版社 1996 年版，第 238 页。

了殷海光那里，他则完全是站在政治民主法治的前沿而谈思想文化。

综观胡适的一生的精神诉求，他从正式进入中国历史舞台的那一天起，就抱定了"二十年不谈政治"的信念。尽管他从美国回来看到的是"七年没有见面的中国还是七年前的老相识"，但这种沮丧的心态丝毫没有动摇他的初衷："七年之病求三年之艾"，"从教育思想文化等非政治的因子上建设政治基础。"① 后来，他与陈独秀等人在《新青年》编辑方针上的歧义与较量、主动挑起"问题与主义之争"、在"提高"与"普及"上唇枪舌剑，以及为进入"象牙之塔"还是走向"十字街头"捶胸顿足，都充分说明：即使是"中华民族到了最危险的时刻"——"每个人都被迫发出最后的吼声"的紧急关头，他还是痴心不改——更愿意安于学理探索的寂寞。就是在他一度将"象牙之塔"建在"十字街头"的那段时间，他也还是情有独钟，一如既往。胡适在晚年将"五四运动"说成是对"整个文化运动的一项不幸的政治干扰"，② 就足以说明他一贯的思想理路。

值得注意的是，作为中国二十世纪后半叶自由主义代表的殷海光，在《中国文化的展望》中曾将严复与胡适做了一个"自由"的勾勒。这是我们不能遗漏的一个重要视点。他这样评论严复说："西方人逐渐养成了这种真理独立于人事的传统，因此科学才得以昌明。中国社会文化里，情感、友谊、名位以至于利害的考虑，统统都放在是非的前面。任何真理，一碰到这些因素就'此路不通'。所以，中国文化分子迄今未能养成纯理的心性习惯。"接着，他又引出了一段"严复早在60多年就提倡这些道理"的话，以示尊重。这是严复在《论世变之亟》里的一段话：

　　……今之夷狄，非犹古之夷狄也，今之称西人者，曰彼善会稽而已，又曰彼擅机巧而已。不知吾今兹之所见所闻，如汽机兵械之伦，皆其形下之粗迹。即所谓天算格致之最精，亦其能事之见端，而非命脉之所在。其命脉何云？苟扼要而谈，不外于学术则黜伪而崇真，于刑政则屈私以为公而已。斯二者与中国理道初

---

① 胡适：《陈独秀与文学革命》，1931 年 1 月 30 日胡适在北大的演讲。
② 胡适：《胡适口述自传》，华东师范大学出版社 1993 年版，第 183 页。

无异也。顾彼行之而常通，吾行之而常病者，则自由不自由
异耳。①

对此，殷氏进一步评价说："严又陵的这一段话，将英国自由主义的
精髓道出。他说'自由一言，真中国历古圣贤之所深畏，而从未尝立以为
教。'中国自古以来的一些正统'圣人'都是一些'父权主义（paternal-
ism）'的张扬者。在'父权主义'的支配之下，好像基于是非善恶的指导
及生活的照顾，后一辈的人在习俗上必须服从上一辈的人，不然就是准反
叛。这样一来，有保证的自由怎么会透露出来？"② 应该说，殷氏的"引
证"恰恰把握住了严复的脉搏，他将严氏思想的精华概括得一览无余。笔
者这里的引证倒是有点"醉翁之意"，目的还在于他的"言外"境界：严
复的自由是一种建立在积极自由基础上的消极自由之说就有了确实的
根据。

殷氏对严复肯定的成分较多，批评的成分较少。由于上面已述的原
因，我们倒是看到他对胡适的评论出现了前后不一的言辞。殷氏在充分肯
定胡适的"健全的个人主义"的同时，也对"五四的父亲"之一味"消
极"的自由大打折扣："由做考据而训练出来的思想模式及心理状态，怎
应付得了近40多年来五花八门的思想魔术？"③ 对胡适思想的认同表明殷
氏与胡氏共同站在了消极自由的基线上；对胡适在中国特殊历史背景下的
质疑则标志着他在消极自由的前提下的不足感，以及对其有一定的完善与
发展。了解殷海光对胡适评价的人都知道，他的关注主要还是集中在其自
由思想的坐标上。在《胡适与国运》一文中，他这样评论说：

> 胡适底思想，除了前面所说的主渐进外，还有重具体反教
> 条，个人本位，存疑，重实证，和启蒙。……现在，作者认为在
> 胡适思想底这几种性质之外，必须再加一种，就是独立。独立，
> 是记述胡适思想之一不可遗漏的特点。而且独立思想，在目前看
> 来，尤其具有它的"时代意义"。独立思想真是今日的"救世良

---

① 殷海光：《殷海光全集》第 7 卷，桂冠图书公司 1990 年版，第 326 页。
② 殷海光：《殷海光全集》第 7 卷，桂冠图书公司 1990 年版，第 326 页。
③ 殷海光：《殷海光全集》第 7 卷，桂冠图书公司 1990 年版，第 397 页。

方"。时至今日，没有独立思想的人，只有被人推着滚入深渊！①

　　他肯定胡适的"渐进"，但他又是一个独立性很强的"坐不住的人"。独立，独立，第三个还是独立！殷氏在充分肯定胡适种种思想成分的同时，一味将"独立"的成分放大不是没有原因的。毕竟，"独立"之"立"与起而行事的距离已经不远了。

　　正是在认同与首肯中我们发现了"本是同根生"的自由源流，并把他们放在了自由主义的天平上予以判评。通过对两人自由世界的考察，我们也发现了一个不容讳言的事实：殷海光与胡适还有着"相煎"的龃龉。这种出于"自由家族"自身的勃谿实在是事出有因：都是在对一些现实问题看法与做法上的不同。在"吴国桢事件"上的分歧，使胡适成为一个妥协型的自由主义者倒无关紧要，但是被说成一笔榨取利息的"老本"，就有些"隔阂"的意味了。② 接二连三的一系列事件更使两人的关系雪上加霜。如果说"雷震案"使殷海光对胡适完全失望，胡适的稳健变成了懦弱的代名词，那么两人关于"容忍与自由"的歧见则使冲突进一步升级。归根到底，殷海光的"火气"与"直接"容忍不了胡适的"慢功出巧匠"式的"理性"设计。在胡适那里："我们还得戒律自己：我们若想别人容忍谅解我们的见解，我们必须先养成能够容忍谅解别人的见解的量度。至少，我们应该戒约自己决不可'以吾辈所主张者为绝对之是'。"③ 这在殷海光那里就出了问题——"同样是容忍，无权无势的人易，有权有势的人难……自古至今，容忍的总是老百姓，被容忍的总是统治者。"④ 在这样的思维方式上进行论争，"五四的父亲浅薄，无法认真讨论问题，甚至被时代的浪潮冲褪了色，被岁月磨掉了光彩"等观点的出现就是可以理解的了。⑤ 从实说来，胡适被批评的"妥协"之带有防身、自御色彩的性情气质，并非在台湾才形成的，这正如我们上面说到的那样。

　　应该说，胡适本人的精神活动还是一脉相承的。这在"容忍与自由"

①　殷海光：《殷海光全集》第 10 卷，桂冠图书公司 1990 年版，第 831 页。
②　《胡适与吴国桢、殷海光的几封信》，《中华月报》695 期，第 36—39 页。
③　殷海光：《殷海光全集》第 12 卷，桂冠图书公司 1990 年版，第 781—789 页。
④　《胡适之先生年谱长编初稿》八，第 2853—2858 页。
⑤　王元化编：《殷海光书信集》，桂冠图书出版公司 1988 年，第 74 页。

的见解上也表现得十分充分。在"五四"高潮时期，胡适对社会"摧折个人个性压制个人自由独立的精神"所开的药方不同样是容忍吗？除却鼓励人们有敢言敢怒的"独立"精神，他更多的只能是对于生活尝试者的自我修炼。不必做更多的引证，这里我们已经能够看出殷海光对胡适前后的评价是有个人激动成分的。但是这并不影响殷海光个人作为第二代自由主义的典范出现。换个角度说，殷海光的执意抗争、"特立独行"的人格精神，正是中国知识分子所要滋补的营养。回头看看胡适对殷海光所谓"欠稳健的叛徒"的品评，也是一种不必要的"强求"，不过这仍然只是一个"自由"的方式问题，构不成对自由理则的根本威胁。

走笔至此，也许同人能够同意我的这么一个判断：若将殷海光誉为"自由的斗士"，那么胡适就是一位坚定不移的"自由的卫士"。

四、"自由"的结语

如上所述，无论是将自由主义的方阵作怎样的划分——说是"刺猬"与"狐狸"也好，说是"消极"与"积极"也好，从"有思想的学术"与"有学术的思想"这一思想位移的视角来观察，我们都无法给一个"抽刀断水"式的定位。事实上，我们的这一比照也只是"两岸青山相对出"的"相对论"，绝没有将其中的一位硬要分出高下的意思，那也是一件出力不讨好的事情。远的汉宋之争不说，就以20世纪80年代与90年代大陆思想界急剧变化之"你方演罢我登场"的思想与学术位移情形而言，刺猬当道与狐狸盛行的消长就是一个难解难分的吊诡。

究竟狐狸吃香，还是刺猬看好，这真是一个不好演绎的逻辑判断。就目下的学界行情来看，顾准固然如日中天，可回首看陈寅恪却也热得不亦乐乎啊！

当然，学术界可以有"等待刺猬"的期待，也可以有"甘做狐狸"的恬然，但是在一个社会文化都加速转型的时代，这决不意味着这一个可以取代另一个。就历史上这两种活动的精神类型而言，大的刺猬无不是从结实的狐狸演变而来的，尤其是那些经得起时间考验的刺猬。在这一意义上，狐狸与刺猬的关系本应形成彼此互动、并立互补、交相为用的思想格局。这就如同电流上的阴极与阳极，两者倘若接不通，那它们就不能发挥正常的运作功能。刺猬的能量再大，假如不从狐狸那里及时得到可资借鉴的意义资源，那它很快就会变成一只空疏干瘪、苍白无力的标本。再以目前学术界对消极与积极自由的评说为例，一边倒的"消极"自由之风不但让人感到费解，更令人感到惶恐。冷眼观潮之后不禁要问：我们离真正的自由主义究竟还有多远？如果把追求自由主义当做一种时髦去赶，这岂不就是当年"五四"先驱批评的将"学说"当成了"装饰品"？这里，我们同样想问的一个问题是：从"告别革命"到抨击"激进"，从"走出乌托邦"到"告别乌托邦"，这样的说法究竟意味着什么？难道过去的一切悲剧与悲剧的一切都是乌托邦本身招致的？抑或是理想主义的产物？顺便补充一句：在今天需要公正与正义感匮乏的时代，正如不公正与无秩序并非理性主义本身造成的一样，具有理想主义色彩的"积极的自由"道路难道就忍心割舍吗？

　　最后，笔者想要再度重申的是：斗士与卫士好像足球场上的前锋与后卫的设定。不难理解，在走向现代的自由主义方阵里，无论哪一方的缺失都是不可思议的。

第三章

激进意义下的精神类型

　　20世纪中国的激进主义是思想文化史上一道亮丽的风景。它在"革命"链条上的戎马倥偬为其历史的定位找到了得势的砝码。无论是文化上的激进主义，还是政治上的激进主义，都有着极其浪漫的理想主义色彩。如何理解昔日或可能发生的"激进"，则是每一位人文工作者必须面对的思想现实。我们选择的谭嗣同、章炳麟、李大钊即是其中的精神代表。

第一节　"恨铁不成钢"

　　也许，选择谭嗣同作为本章的第一位激进人物有些越位，但是必须看到，当20世纪末学术界对激进主义者的批判与检讨达到了历史的"空前"时，笔者以为有必要将这位人们公认的激进鼻祖首先亮相。更何况谭嗣同是一位对20世纪思想界产生过强烈影响的人物呢？

一、"世家子弟之桀骜者"

　　谭嗣同（1865—1898），字复生，号壮飞。湖南浏阳人。他本是19世纪末年的著名人物，笔者之所以将其收入20世纪的思想文化人物中，根本原因还在于他对20世纪的深远影响。他的精神与意志已经成为一个超越时空、跨越世纪的代名词。谭氏出生于北京宣武门外，父亲谭继洵以进士身份而为官京都，家境优裕。因此，他从小就受到了良好的家庭教育。

青少年时期的谭嗣同和其他同时代的人一样，饱受私人塾师的教育。不过，他的老师不光只有"文"，而且还有"武"在。这对他日后文武双全能力的形成起到了至关重要的作用。一是"文师"欧阳中鹄。欧阳先生是现代中国著名戏剧作家欧阳予倩的祖父，与谭继洵交情甚深。这位老先生挂在嘴边上的两个人物——一个是中国衡阳的王夫之，另一个是美国的开国元勋华盛顿。"师之所在，道之所存。"王夫之的强烈的爱国民族意识牢牢地烙在了谭嗣同幼小的心灵里，与此同时，来自西方文化背景下的华盛顿的自由民主思想也在谭嗣同的脑海里落定。另一位特为习武而拜的名师则是保镖出身的白正谊。白氏虽然行伍气质，没有高深的文化装点，但是他那侠胆义气以及嫉恶如仇的性情却给谭嗣同留下了不可磨灭的印象。白正谊文化圈里名不见经传，但是在江湖上却是赫赫有名。他就是铁骨铮铮的侠士"大刀王五"。欧阳予倩曾这样回忆他幼年所见："他于文事之暇，喜观技击，会骑马，会舞剑。我曾见他蹲在地上，叫两个人紧握他的辫根，一翻身站起来，那两个人都跌一跤。"大刀王五的"武道"性情赋予了他浓郁的浪漫情怀。

1883 年，谭嗣同与长沙人李闰完婚。自此，谭嗣同便开始了长达十年的漫游生涯。奉父亲之命参与南北科举省试固然是他游学经历中的一个重要内容。但是"行万里路，破万卷书"的传统士大夫情节在他身上得以生动地再现。他所到之处，广交天下侠义志士，观察风俗民情，终而发出了经国济世的感慨："风景不殊，山河顿异；城郭犹是，人民复非。"[①] 十年磨一剑。饱读诗书的谭嗣同不但有了坚实的古代思想文化基础，而且也涉猎了西方资产阶级的政治、经济、哲学、文化著作。洋务运动的失败、甲午战争的惨痛等一系列国事民瘼的刺激使他很快悟出了一条自我认定的真理：西方的道路为我们提供了蓝本，我们没有别的选择。于是，在一封《报贝元征》的信中，他明确提出了强国富民的"变法"主张。

转眼之间，他便到了"而立之年"。孔子曰："三十而立。"为了使铁肩担负起"士不可不谓任重而道远"的重任，他毅然以"壮飞"自命，

---

① 谭嗣同：《三十自述》。

用以勖勉干一番大事的雄心。1895 年，当他在湖南闻知康有为联合一千多名参加京师会试的举人上书呼吁"变法"的消息时，他情绪十分激动，挥墨写下了充满悲苦豪情的《感事诗》："世间无物抵春愁，合向苍冥一哭休；四万万人齐下泪，天涯何处是神州？"为神州同胞的悲惨命运挥泪，为中华民族的前途担忧，谭嗣同再也无法沉默下去了。他发文章，写书信，办演讲，目的只有一个——那就是宣传维新、救亡之道。此时，领导"公车上书"的维新人士康有为正在京、沪两地运筹"强学会"，积极为变法寻求立足点。带着对康有为的仰慕之情，他不惜长途跋涉，以投师问路。在见到康氏的大弟子梁启超后，谭嗣同为之一振，他为中国能有这样的时代巨子而兴奋不已，从此"感动大喜跃，自称私淑弟子"。1896 年，他的父亲为其捐了一个知府。在南京候补期间，他潜心研究佛学，"未尝与俗吏一相接"，并时时与江浙、上海的一批仁人志士"商量学术，讨论天下事"。这一时期，南京的"测量学会"、上海的"戒缠足会"，都是他积极参与运筹的结果。值得一提的是，他的五万字的理论代表《仁学》也是这一时期完成的。谭嗣同的哲学、政治、经济思想尽在其中。康、梁的思想固然对其有很大影响，但是就其激进程度而言，则是两位先驱所不曾有的。譬如说康氏的"君民同治"在谭氏那里就变成了"民治"。著者遇难后，《仁学》在日本刊行，对二十世纪的革命家陈天华、邹容、秋瑾、徐锡麟都产生过重要影响。

理论的成熟过程是漫长的。1897 年，谭嗣同在时不我待的心理促使下开始走上实践的道路。为了将维新变法的思想用诸社会，他毅然自南京弃官回到长沙，与湖南巡抚陈宝箴、按察史黄遵宪等人共同创办时务学堂。蔡锷等一批具有民主思想的战士就出自他们的培养之下。一时间，湖南的维新气氛成为中国最浓烈的省份。尤其是《湘学新报》与《湘报》的出版，更是给变法思想的传播"火上浇油"。即使是在顽固势力疯狂压制的时候，谭嗣同也矢志不移。他曾这样劝说借口离任的梁启超道："平日互相劝勉者，全在杀身灭族四字，岂临小小利害而变其心乎？"[1] 1898 年 6月 11 日，光绪皇帝接受康有为等人的建议，决定颁布《明定国是诏》，以

---

[1] 梁启超：《谭嗣同传》。

示变法的决心。谭嗣同受大学士徐致靖的举荐亦在皇帝的召见之列。大病在床的谭氏两个月抱病入觐。他以才智被破格提升为军机大臣的助理，与杨锐等人同在军机处办理新政事宜。当变法的诏书一道一道颁发下去之后，被触动利益的慈禧太后便开始了带有血腥味道的预谋。毕竟，光绪只是一个没有实权的皇帝，在顽固派的左右下他几乎无能为力。当"朕位几不保"时，他曾指望维新派人士的辅佐，但这只能是杯水车薪。9 月 21日，慈禧的坐殿意味着百日维新的失败。22 日，谭氏将自己的时文送至在日本大使馆避难的梁启超说："不有行者，无以图将来；不有死者，无以酬圣主。"即使是在危在旦夕的日子里，谭氏也未曾忘记设法营救光绪，目的还是为了再图未来。面对友人的劝说，他十分平静地对答道："各国变法无不从流血而成，今中国未闻有因变法而流血者，此国之所以不昌也。有之，请自嗣同始！"

6 月 28 日，谭嗣同以 33 岁的年龄走完了他的一生。在殉道前，他在监牢的墙壁上题有一首："望门投止思张俭，忍死须臾待杜根。我自横刀向天笑，去留肝胆两昆仑。"三天后的血染菜市口为这位"无用武之地"的英雄立下了思想与精神的丰碑。

二、谭嗣同：诗意浪漫的"激进"

谭嗣同的思想核心主见于他的名著《仁学》中。《仁学》作为一个名著出现不是因为它有十分精到或说深刻的理论性与周密的逻辑性。如果我们硬要把谭氏看成是一位伟大的思想家与哲学家，这多少有些过誉。就谭嗣同的思想而言，他的成功显然是其富有胆识的精神"超越"，而非思想的成熟。事实上，我们看到的谭氏思想带有明显的诗意、浪漫气质，而性情的率直与激进则将其包揽与圆融百家的杂说掩没了。

打开《仁学》，我们从中提炼出来的极富思想锐气的内容就是"冲决网罗"的意识。在世纪之交的维新思潮里，"冲决网罗"乃是那一时代的最强音。在中国历代的思想家中，不乏代圣贤立说、为贤哲注解的大师，也不乏立意进取让思想禁锢网开一面的思想家。但是像谭嗣同这般赤膊上阵的"改良"者却是寥若晨星。他在"自叙"中说：

吾自少至壮，偏遭纲伦之厄，涵泳其苦，殆非生人所能任受，濒死累矣，而卒不死，由是益轻其生命，以为块然躯壳，除利人之外，复何足惜，深念高望，私怀墨子摩顶放踵之志矣。……以吾之遭，置之婆娑世界中犹海之一涓滴耳，其苦何可胜道？……网罗重重，与虚空而无极。初当冲决利禄之网罗，此冲决俗学若考据若词章之网罗，此冲决全球群学之网罗，次冲决君主之网罗，次冲决伦常之网罗，次冲决天之网罗，次冲决全球群教之网罗，终将冲决佛法之网罗。然其能冲决，亦自无网罗。真无网罗，乃可言冲决。故冲决网罗者，即是未尝冲决网罗。循环无端，道通为一。凡诵吾书，皆可于斯二语领之矣。①

谭氏这段话里的每一句都有"可圈可点"之处。譬如他的一切"利人"思想正是他"铁肩担道义"的思想基础；他那"网罗重重，与虚空而无极"的思想透露出"事事有矛盾，时时有矛盾"的倾向；"首冲"与"次冲"的秩序则暴露出他强烈的佛教信仰色彩；无所谓"冲决"与有所谓"冲决"则是他思想严重吊诡的裸露；"循环无端，道通为一"既是他进行激进改良的理论依据，同时也是他一元论意识的渊薮。

要弄清楚谭嗣同"仁学"的来龙去脉以及与激进精神的关系，就必须从当"仁"不让，从说"仁"开始。"仁"本来是中国古代哲学大范畴里的一个概念。深一层说，它又属于伦理学的范畴，尤其是在社会人文科学不断细化的今天。若是寻根问底，"仁"字与孔子的"仁义"之"仁"最为接近。但是，我们看到，在谭嗣同笔下，"仁学"之"仁"已经远远不是那么单纯的事了。它不但不只是孔子的那个"仁"字，而且是中国古代传统文化中各家的聚合。孔教、墨教、耶教以及其他尚未列出的教尽在其中。谭氏曾这样解释"仁"说："仁，从二从人，相偶之义也。元，从二从儿，儿，古人字，是亦仁也。无，（无）许说通元为无，是无亦从二从人，亦仁也。故言仁者不可不知元，而其功用可极于无。能为仁之元而神于无者有三：曰佛，曰孔，曰耶。"② 这里，我们的引用所关心的不是谭氏

---

① 石峻主编：《中国近代思想史参考资料简编》，生活·读书·新知三联书店 1957 年版，第499—500 页。

② 石峻主编：《中国近代思想史参考资料简编》，生活·读书·新知三联书店 1957 年版，第 499 页。

对"仁"的考释本身。就其对仁的解释而言，我以为，先生是在根据自己思想行动的需要，有意将"仁"的外延与内涵无限制地扩容。而且这种扩容已经超出了理论探讨自身。"仁"在这里成了无所不包的"万宝囊"。这个"万宝囊"要什么就有什么，完全可以按照自己的需要支配，在理论源泉上左右逢源、"呼风唤雨"，甚至有"放之四海"的设计。谭氏自己也承认，他的包罗万象除了上面提到的思想来源外，更有墨家的兼爱之"中介"作为核心。所以说，谭氏为了建构自我立论的哲学世界还是颇费苦心的——我们可以说他的思想没有逻辑的一贯性和体系化，但是却不可以轻言其肤浅。我个人以为，用"深刻的片面"来概括他一生的思想及其追求或许是较为客观的。

中国古代的学者所争大多是"名"与"实"。到了谭嗣同那里，也还是栩栩如生。为了说明其"仁"字并非是固有意义上的理念与知性，他在"名"的"实"化上可以说是费尽了思虑的心机，耗尽了诡辩的才能。在"正名"的过程中，谭氏充分显示了他特有的思辨性。就以他的"名存实亡"的诡辩为例吧："二三豪俊，亦时切亡教之忧，吾则窃不谓然。何者？教无可亡也。教而亡，必其教之本不足存，亡亦何恨。教之至者，极其量不过亡其名耳。其实固莫能亡矣。名非圣人之所争，圣人亦名也。圣人之名若姓，皆名也。即吾人言仁言学，皆名也。名则无与于存亡。呼马，马应之可也。呼牛，牛应之可也。道在屎溺，佛法是干屎橛，无不可也。何者？皆名也，其实固莫能亡矣。惟有其实而不克传其实，使人反瞀于名实之为苦。"① 这里总算可以理解了：鉴于人们所见的"实"不过是"教"之"名"，因此没有必要担心有"实"之"教"的销声匿迹。在谭氏看来，由于人们对"名"的趋之若鹜，结果造成了"实"的忽略与"忘却"。而"仁学"的目的就是为了消解这些不必要的悖论及其痛苦而来的。"仁学"虽有名，但这只是为说明问题而虚设的假"名"。

就此而言，《仁学》的片面零碎与逻辑不成体系之缺失就是可以理解的了。

为了"正名"的方便，谭氏拉出了两个令学者们必须费尽心思去想的

---

① 谭嗣同：《仁学》，石峻主编：《中国近代思想史参考资料简编》，生活·读书·新知三联书店1959 年版，第 500 页。

概念——"以太"和"通"——来为他那个"名实"一体的"仁"服务。何谓"以太"呢？本来，"以太"是英文单词"ether"的音译。它在西方属于物理学中使用频率较高的一个核心概念。意指一种无所不在的假定物质存在，19世纪的物理学家把它说成是光波和其他物质形态传播的媒介。这样一个新名词的出现在西方也曾产生过巨大的影响，"以太"一度获得了解释自然界一切现象的物质化名分。物质的与精神的"世界"都在"以太"的名目下生成。这对理解谭氏的援引太重要了。那么，究竟谭氏的理解又是怎样一个说法呢？在《以太说》的结尾处，他如此点拨道："是何也？是盖遍法界、虚空界、众生界，有至大、至精微、无所不胶粘、不贯洽、不管络而充满之一物焉。目不得而色，耳不得而声，口鼻不得而嗅味，无以名之，名之曰：'以太'。其显于用也，为浪、为力、为质点、为脑气。法界由是生，虚空由是立，众生由是出。无形焉，而为万物之所丽；无心焉，而为万心之所感，精而言之，夫亦曰'仁'而已矣。"① 这里，"仁"具有了两重性，它兼顾了"以太"的物质性，同时又将中国传统话语中的"气"等精神、情感、思想概念相挂牵，于是就有了物、神圆融之一体化和神秘化"以太"的诞生。在中国古代哲学里，诸如"以太"的这类拥有"吸力"的灵物极其缺乏，所以谭氏只好到西方去找。而且在"以太"的形而上色彩上又涂抹了一层形而下色彩。谭氏用他那宗教的心灵去感悟"以太"说："墨谓之'兼爱'，佛谓之'性'，谓之'慈悲'，耶谓之'灵魂'，谓之'爱人如己'，'视敌为友'。"儒学中的"仁"、"元"、"性"也尽在其中。总之，"以太"的主观能动性达到了史无前例的地步。

这一切，都是在为打通通向激进改良的道路而作铺垫。

必须看到，要打通"仁"的关节，并非一个"以太"就能毕其功。于是，谭氏找来了"通"。"通"在这里被谭嗣同当成是理解"仁"的关键。何以如此？原来，"通"同样是建立在支持"仁"的圆融性基础上的。只有有了"通"，世界之原始物质组成的万物统一体才有了着落。事实上，"通"一经谭氏所援用，也就无所谓不通了。在中国特定的汉语情

---

① 谭嗣同：《以太说》，石峻主编：《中国近代思想史资料简编》，生活·读书·新知三联书店1959年版，第527页。

境下，"通"具有连接、来往，整个、全部的含义。就谭氏在《仁学》中的论述来看，它意指各种事物之间的渗透、连接、融合、贯连。著者在其作品中这样述说了"通"的重要性："仁以通为第一义。以太也，电也，心力也，皆指出所以通之具。"又说："通之义，以'道通为一'为最浑活。"具体到"通"的意义，谭氏如是说："通有四义：中外通，多取其义于'春秋'，以太平世远近大小若一故也；上下通，男女内外通，多取其义于'易'，以阳下阴吉，阴下阳吝，泰否之类故也；人我通，多取其义于佛经，以无人相无我相故也。"① 谭氏力求世界范围的"通"。他认为不通的原因主要是"名"杂作祟，为此，必须首先从正名开始梳理。在关于"仁"的界说中，谭氏列举了 27 条，其中有两个子项是说"仁通"问题的："仁亦名也，然不可以名名也。恶名名者故恶名，知恶名几无仁学。不识仁故为名乱，乱于名故不通。"为何那么多有关"通"的是非单单从"名"说起呢？原来，谭氏认为"名"乃是造成"天有十日，人有十等"尊卑等级的逻辑起点。"名教"三纲五常之伦理之所以钳制国人几千年，根本原因就在于"名"带来的"对待"、"分别"。于是我们看到，谭氏在"分别"与"对待"上大做文章，甚至将"名"说成本来就是虚幻之物。他曾应用孔子"性相近，习相远"的说法把"名"招致的祸害予以阐释："当夫生民之初，不闻何一人出而偏执一义，习之数千年，遂确然定为善恶之名。甚矣众生之颠倒也，反谓不颠倒者颠倒。颠倒生分别，分别生名。颠倒故分别亦颠倒，谓不颠倒者颠倒，故名亦颠倒。颠倒，习也，非性也。"② 颠倒黑白、混淆是非的原因则在执著于长短、多寡、大小、久暂之"分别"，"分别"的原因又在于将天地、万物、人我本应为一体的客观"对待"出令人眼花缭乱的"名"。这就是要把恶"名"清除、正法的正当理由。

　　社会的苦难与罪恶由于有了"名"，于是产生了不通带来的痛苦。从百家学说集大成而抽象出的"通感"给了谭氏巨大的思想动力。因此，他

---

　　① 谭嗣同：《仁学》，石峻主编：《中国近代思想史资料简编》，生活·读书·新知三联书店 1959 年版，第 501 页。

　　② 谭嗣同：《仁学》，石峻主编：《中国近代思想史资料简编》，生活·读书·新知三联书店 1959 年版，第 512 页。

的思辨远远没有停滞于"名"、"分别"、"对待"上，而是更进一步以"现身说法"讲述立于天地之间的"我"。鉴于"名"、"分别"、"对待"种种人为之思尽是"我"之所为，所以"解铃还须系铃人"。谭氏如同教主一般地述说了"我"字经：

> 今夫我又何以知有我也？比于非我而知之。然而非我既已非我矣，又何以知有我？迨乎我知有我，则固已逝之我也。一身而有四体五官之分，四体五官而有筋骨血肉之分，筋骨血肉又各有无数之分，每分之支点又各有无数之分。穷其数，可由一而万万也。今试言某者是我，谓有一是我，余皆非我，则我当分裂；谓皆是我，则有万万我，而我又当分裂。由胚胎以至老死，由气质流质以成定质，由肤寸之形以抵七尺之干，又由体魄以终于溃烂朽化，转朽变为他物。其数亦由一而变万万也。试言某者是我，谓有一是我，余皆非我，则我当分裂；谓皆是我，则有万万我，而我又当分裂。我之往来奔走也，昨日南而今日北。谓我在北，则昨南之我何在？谓我去南，则今北之我又非终于不去。确指南者是我，北者是我，不能也。①

这段话里的佛教色彩是显而易见的。"我"与"非我"的诡辩也不乏神秘主义的成分。谭氏的意思是明确的，也是事先将"主题"设计好了的：既然"我"是在与"非我"的比较中产生的，那么"我"的自觉感知性就值得怀疑。此外，还由于"我"是被分裂，更重要的是处在不停地绝对"运动"中，即使是"我"有能力感知却也会因为"运动"的缘故而失去意义。从时空角度探讨"我"之难以感知，谭氏有了"南"与"北"、"昨日"与"今日"的相对主义"对待"与"分别"。进化论以及佛教中生生不息的新陈代谢规律让谭嗣同有了将"我"说成是幻觉的足够理由。由此，"名"不过是"实之宾"的结论自然而然地出来了。谭嗣同根据这一原理开出的救世药方是："无对待然后平等"和"无无然后平等"。同样是受进化论和佛教思想的影响，谭氏抛出了"颠倒循环"、"循环无端"等与"循环往复，以至无穷"的逻辑推导。这也是"通"的立

---

① 石峻主编：《中国近代思想史参考资料简编》，生活·读书·新知三联书店1957年版，第515页。

足点之所在。

　　除去自我、泯灭平等。谭嗣同的思想动机迫使他不得不在"仁"、"通"之间寻求一体化的哲学依据。在他眼里，"通"成了如同电线一般的四通八达之信息终端。谭氏一再申明，世界上各种事物都不是孤立的，而是息息相关的。在他的《仁学》世界里，诸如"牵一发而全身动"、"相维系不散去"、"互相吸引不散去"、"异域如一身"等等"说法"已经将"仁通"的本意淋漓尽致地表现了出来。在"一"与"多"、"殊"与"同"、"单"与"复"之间，虽然谭氏也不否认同一中有众多，但是对众多中有同一却是他的思想归宿。那"百则不复一，而不害其为一"、"殊则不复同，而不害其为同"的辨析，有谁还不能够读懂？强调物种的统一性而化解或说模糊物种之间的个性、独立及其互动，这就是"仁"的全部。

　　回顾以下谭嗣同关于纲常名教之"黑暗否塞，无复人理"的论述就不难理解他的"仁"之"学"了。

　　他曾将如此之伦常的"惨祸烈毒"说成是"独夫民贼"们喜闻乐道的"秘诀"。在这一意义上，他的激进精神与批判态度超过了同时期的任何一位思想家。他十分痛心地说："俗学陋行，动言名教，敬若天命而不敢渝，畏若国宪而不敢议。嗟乎！以名为教，则其教已为实之宾，而绝非实也。又况名者，由人创造，上以制其下而不能不奉之，则数千年来，三纲五伦之惨祸烈毒由是酷焉矣。君以名桎臣，官以名扼民，父以名压子，夫以名困妻，兄弟朋友各挟一名相抗拒，而仁尚有少存焉者得乎？"① 一言以蔽之，这种"上制下"格局的要义还在于"广立名为钳制之器"的"设计"。鲁迅先生针对名教的杀人本质也有过极其精辟的论述："我们自己早已布置妥帖了，有贵贱，有大小，有上下。自己被人凌虐，但也可以凌虐别人；自己被人吃，但也可以吃别人。一级一级驭制着，不得动弹，也不能动弹了。"② 从破译"名"的视角去建树"仁学"，并作为"冲决网罗"的理论根据，充分显示了谭嗣同对资产阶级自由、平等理想的向往与追求。

　　对这位执著的理想主义者来说，他并非不知道理想与现实的差距。因

① 谭嗣同：《谭嗣同全集》，中华书局1981年版，第299页。
② 鲁迅：《灯下漫笔》，《鲁迅全集》第1卷，人民文学出版社1981年版，第215—216页。

此也才有了"心力最大者，无不可为"的灵魂自由设计。谭氏的"心力"意志论有着神秘的精神能动色彩。如果稍不小心，就会走向另一个极端，陷入"不怕做不到，就怕想不到"的幻想泥淖。这也是我们为什么要在下文继续挖潜谭嗣同"心力"论之中西背景的原因。

三、两难：殉道者的悲患与乐观

在一般人眼里，"好死不如赖活着"成了箴言。而如果我们就"生与死"究竟哪一个选择更快乐这句话探问谭嗣同，那可能就不是可以用语言表述得了的。如上所述，《仁学》的社会担待已经远远超出它自身所具备的文化及其承诺。学术界对其激进性情的评价已经屡见不鲜，这里我们所要解决的是，当我们感知到谭氏"仁学"之热血沸腾让康有为的"大同"说也为之逊色后，究竟是怎样的思想路径使然呢？

在谭嗣同的"仁学"世界里，与政治文化立场密切相关的两对思想意念至关重要，那就是"动"与"静"、"俭"与"奢"。就谭氏的文化选择来看，谭氏主"动"、倡"奢"斥"静"、反"俭"。在他那里，世界因"以太"之"微生灭"而"动"，而"日新"，因此高明的治理国家者就应顺着这个"动"的规律来施政。谭氏借孔子的"学术香火"点燃自己的思路："子在川上曰：'逝者如斯夫，不舍昼夜！'"昼夜即川之理，川即昼夜之形。前者逝而后者不舍，乍以为前，又以居乎后，卒不能割而断之曰，孰前孰后也。[1] 问题的关键在于，如果我们不能顺应"动"之历史轨道，就随时有可能因不和事宜而面临困境："前者未忌，而后者沓至。终至接应不暇，而卒于无一能应，不亦悲乎！"[2] 针对中国传统文化中主"静"与"俭"的鼻祖老子，他毫不留情地将其说成是乱"实"的祸根："李耳之术乱中国也，柔静其易知矣。若夫力足以杀尽地球含生之类，胥天地鬼神之沦陷于不仁，而卒无一人能少知其非者，则曰俭。"[3] 主"静"的劣根在于，统治者"不过力制四万万人之动，縶其手足，涂塞其耳目，尽驱以入契乎一定不移之乡愿格式"。如此长远束缚国人的手脚，岂不就

---

① 石峻主编：《中国近代思想史参考资料简编》，生活·读书·新知三联书店 1957 年版，第 514 页。
② 石峻主编：《中国近代思想史参考资料简编》，生活·读书·新知三联书店 1957 年版，第 516 页。
③ 石峻主编：《中国近代思想史参考资料简编》，生活·读书·新知三联书店 1957 年版，第 516 页。

有"国将不国"的厄运？值得注意的是，如果说柔静的劣根容易为人觉察的话，那么最为可怕的就是那种颇似优点而实为害人匪浅的"宗俭"误导了。在中国传统文化的格局里，"俭"从来都是作为美德加以颂扬的优秀品质。而与它作为对立物存在的"奢"则是人们一直反对的行为。"勤俭节约光荣"、"铺张浪费可耻"的标语一度还曾是当代中国人家喻户晓的口头禅。殊不知，中国近代已经有一位先驱振振有词地向公众声明了自己的观点：求富是国民之大命，尚俭则是遏制生命发展、使国民陷于不利地位的罪魁。

　　谭氏的主"动"思想在"五四"时期一批激进主义者关于东西文明的比较中得到了"复制"和再现。李大钊、杜亚泉、陈独秀等先驱将"动"与"静"予以了充分的辨析，较之谭嗣同的"开创"可谓"后来居上"。陈独秀就曾在《东西民族根本思想之差异》中这样评点道："西洋民族性，恶侮辱，宁斗死；东洋民族性，恶斗死，宁侮辱。民族而具如斯卑劣无耻之根性，尚有何等颜面，高谈礼教文明而不羞愧！"[1] 李大钊也对此做了极为深入的探讨，他在《东西文明根本之异点》中开宗明义，直接点出了两种文明的性情气质："东西文明有根本不同之点，即东洋文明主静，西洋文明主动是也。"[2] 但是，一个不容否认的事实是，谭氏的"奢"、"俭"之辨却是独树一帜，没有泛化的思想标签。我们看到，即使是"五四"时期那位激进主义的"总司令"也还未能舍俭求奢。他在《我之爱国主义》里还将"俭"这一"老生之常谈"的提法说成是"救国之要道"。他说："奢侈之为害，自个人言之，贪食渔色，戕害其生，奢以伤廉，堕落人格。吾见夫世之倒行逆施者，非必皆丧心病狂，恒以生活习于奢华，不得不捐耻昧心，自趋于陷阱。自国家社会言之，俗尚奢侈，国力虚耗。在昔罗马、西班牙之末路，可为殷鉴。消费之额，不可超过生产，已为经济学之定则。况近世工商业兴，以机械代人力，资本之功用，卓越前世。国民而无储蓄心，浪费资财于不生产之用途，则产业凋敝，国力衰微，可力而俟……人人节衣省食，以为国民兴产殖业之基金，爱国君子，

---

[1]　陈独秀：《陈独秀文章选编》上册，生活·读书·新知三联书店1984年版，第97页。
[2]　李大钊：《李大钊文集》上册，人民出版社1984年版，第557页。

何忍而不出此?"① 由此而言,谭氏的"动"与"奢"之联袂推出,还是有其自觉的逻辑背景的。

谭嗣同的"独标异见"从本质意义上说还是与他要维新变法、从名教入手推翻天子权威、求取平等的思想息息相关的。在他看来,"俭"与"静"即是君主站在自我的视角上所设定的思维圈套,目的是让人们形成消极的世界观,在四平八稳的小农经济上"寿终正寝"。而"动"与"奢"的意念里则蕴涵有浓厚的进取意趣。惟其如此,社会才会有生生不息的朝气,不断前行的动力。为此,打破君权制度、大兴民权就有了坚实的理论基础。然而,在谭嗣同的理论设计上,我们时时感觉到他思想的不祥之预兆,那就是"九九归一跟我走"的"一体化"倾向。从这个"一"到另一个"一",谭氏在不知不觉中迈向了思维的怪圈。从上面的论述不难发现,他的"通"在中间起了很大的作用。"通"——这一对"仁"的变通字眼已经揭示了一体性的源头,接踵而来的宇宙运转的变化合一、"我"与"非我"生命的一体、"生死如一"等等始终如"一"的"一"字,则将大千世界的纷纷攘攘化约为一个混沌的机体。谭嗣同的玄想在绕了一个大圈之后又回到了"天人合一"的"近水楼台"之中。在"仁"的字符里,客观世界的一切戏剧性变化尽在这极具包容性的超越性中介下,而且,这一切的变化从此也都有了一个"放之四海"的标尺。

要想对先生的思想渊源问个为什么,首先要拉来作陪的就是他的同乡王夫之(船山)先生。谭氏自己也承认,他是受了明清之际的思想家王夫之和黄宗羲的影响而摆正了"君民"的位置。在晚明,湖南衡阳的王夫之因既不赞成"程朱"的二元论也不同意"陆王"学派的"唯心"论,而接受了宋代理学家张载的一元论学说。张氏的学说以"气"为基石,信仰"天人合一"的传统。在"气"的一元论意义上,王夫之与张载的玄想可以说一脉相承。在张载的"共同体"观念里,人类和世界上的万物组成了一个和谐统一的浑圆,所谓生死不过是形式的转化而已。值得一提的是,王氏的道德能动主义与"心力"主张在张载的哲学世界里是不占主要位置的。当然,在谭氏的玄想世界中,我们还不能忽略的是他那带有神秘主义

---

① 陈独秀:《陈独秀文章选编》上册,生活·读书·新知三联书店1984年版,第133页。

色彩思想来源的"兼容并包"——佛教中的菩萨，儒教中的圣人，道家的侠客以及基督教里的传教士。恰恰是这样的思想来源给谭氏的"知行"带来了无穷的困惑，或许这也是他生前为了急忙上路而没有顾及的。

　　我们曾将谭嗣同定位为一个"知行合一"的浪漫主义者。但是他"知"的激进与"行"的改良却在理想与现实的矛盾交织中为后人留下了一个永久的话题。"仁学"的原初动议一开始就为他日后的激进埋下了吊诡的种子。"仁"是收拢、包容一切的媒体，又成了放射一切的媒体。这种带有明显"伸缩"性的玄想最后连"智慧生于仁"的大胆判断都出来了。由此以来，自然也会牵连到"通"、"气"等一体化的模糊说法。这些说法本身就意味着思想魅力的淡化。如果不是与他的"走向十字架的真"结合，那么它就完全有可能埋没在历史的废墟里。把不该模糊的彼此独立、相互对待的东西一律地用"平等"的方式加以消泯，势必造成各式各样的错位，甚至会带来意想不到的恶平等的产生，尽管当时谭嗣同不会看到，也不可能看到。正是在这些零碎、断片式的思想串联中，谭氏的理论思考显得漏洞百出。他是一位一心一意要"冲破网罗"的汉子，但信誓旦旦的号角却为号角的信誓旦旦所延误。他那"故冲决网罗者，即是未尝冲决网罗"的吊诡与其说是陷入了"相对主义"的泥淖，毋宁说是他"有心杀贼，无力回天"感喟的真实写照。他以"仁学"的神秘理论大谈推翻君主特权的合理性，但是当他受光绪帝之召进京而倍觉绝处逢生时，谭嗣同很快又觉得变法维新必须依靠光绪帝的力量。"仁"在他眼里不但是"智慧"、"心力"，而且还是对片面美德——"忠"的有力批判武器。谭氏将"忠"拆分为"中"和"心"，意思是"把心放在中间"，以示"公正的互惠"。但是具体到行动上，谭氏却忘记了他的论点，竟大公无私般地"以死酬圣主"。在"一体化"思想使他有了面向世界的开阔胸怀后，出于对传统中国文化积淀的忧愤以及改革尾大不掉的痛心，他对外来侵略政策也并不表格外的惊奇。谭氏不但以"门户开放"相标榜，而且有"仁义之师"的称谓。① 但他对亡国、亡教、亡种的现实更是忧心如焚。先生讲"动"是为了唤起积极的进取雄心，尽快地改变现实，说"奢"则

―――――――――――

　　① 谭嗣同：《谭嗣同全集》，中华书局1981年版，第61—63页。

表明他不怕牺牲的意志，倡"民权"则在于激活民众不畏强权的精神。凡此种种，都足以说明他那自下而上的激进思路膨胀的厉害。然而，在严酷的现实面前他只能在艰难中跋涉着与理想相悖的渐进坎途。当他以"死得其所，快哉快哉"的英雄人格为理想而献身时，他的"知"与"行"在不和谐中达到了"知行合一"的境界。

第二节 学问家与革命家

"邹容吾小弟，被发下瀛洲。快剪刀除辫，干牛肉作糇。英雄一入狱，天地亦悲秋。临命须掺手，乾坤只两头。"这是20世纪初年章炳麟被囚禁时赠给邹容的一首诗。透过这首诗的思想内涵与斗争意气，我们不难理解鲁迅先生为何甚为推崇其诗其人。

一、双重角色的扮演者

章炳麟（1869—1936）初名学乘，后改名炳麟，字枚叔。章氏出生于浙江余杭一个书香旧家。他的祖父、父亲都是学有所成的士大夫。在这样的家庭中长大，耳濡目染的熏陶就足以令其夫子味道十足。再加上浙东地区具有悠久的人文学术传统，尤其是忠于明室的著述甚多，这样就对日后形成章氏"所向披靡"的排满思想起到了积极的作用。此外，浙东文人爱将学术理论运用于实践的偏好——"经世致用"的思想更是强化了他的学以致用意识。不过，我们看到的章炳麟在青少年时期倒是一位曾经迷恋于汉学的"好古"之人。二十岁那年，他在杭州著名的"诂经精舍"（儒学书院）求学期间一下子钻进了"考据学"的"象牙之塔"。当时书院的主持者是章炳麟父亲的朋友俞樾——一位享有盛誉的汉学大师。就这样，章炳麟早年就集有两种迥然不同的治学路径于一身：讲求学术应远离政治而作为纯粹的学理追求的路径使他成为一位根基深厚的学问家，而强调学术经世致用实践功能的思路则又将他塑造成为一位叱咤风云的革命家。

章炳麟生活的年代正值中华民族多难之秋。太平天国革命失败后，资产阶级的力量随着民族资本主义的发展而逐渐抬头。多难之秋的国运使这样一位关心国事民瘼的热血青年为了自我坚信的真理而不顾一切。在"诂经精舍"的熏陶也令其终生难忘俞樾先生的师恩，但由于章氏对"汉学家"的倾向性意见，这就使他早在 1896 年就不受俞老先生的欢迎了。1902 年的《献本师》明确表达了自己推崇汉学奠基人顾炎武将学术与政治密切融合的治学理路这一举动则促使师生两人的决裂。光绪二十一年（1895），章氏在"公车上书"之爱国行为的感召下毅然加入上海强学会。1897 年，他成为改良派机关刊物《时务报》的编辑和撰稿人。他的才华与锐气赢得了同人谭嗣同的赞誉。谭氏在"致汪康年梁启超"的信中称赞他说："读其文，真巨子也。"并以"司马相如"相称谓。带着"经世致用"的思想，外祖父朱有虔少年时期的教诲犹在耳边：雍正年间曾静、吕留良的文字狱他不曾忘记，"夷夏之防，同于君臣之义"的道理他也牢牢铭记。与此同时，先生也还受到了严复翻译的《天演论》等书籍中进化论思想的影响。于是，一方面，王夫之、顾炎武的言行都在他的血液里涌动；另一方面，他又从进化论的角度大谈特谈民族民主革命排满的正当性与合理性。恰恰在这里，他与康梁等改良派人士"论起学派，辄如冰炭"。很快先生与《时务报》分道扬镳。1898 年春，告别改良派的章炳麟经夏曾佑介绍入张之洞幕办《正学报》。很快又因讥讽张氏的《劝学篇》而遭排挤。在这一时期，他的代表作《訄书》以及发表于《清议报》上的《视天论》与《菌论》分别从不同的角度对大自然中的生命现象做了富有见地的分析。尤其是对"群"这一思想界普遍关注命题的阐发，标志着他经世思想的日趋成熟，也预示着他将要造极于革命之上。1900 年 7 月，先生在上海参与唐才常召开的"张园国会"。他以剪掉辫子为志，表示坚决不再与"一面排满，一面勤王"的改良主义为伍。1901 年，先生在《正仇满论》中提出了革命就是排满的主张。从此，他走上了义无反顾的反清道路。

1902 年，章炳麟再度赴日。他一改前次赴日不同意孙中山主张暴力的主张，接受了孙的民族民主革命思想。4 月 26 日，在征得孙中山的同意后，他与同人于东京举行"支那亡国二百四十二年纪念会"。由于日本警察的阻止，后来改在横滨补行纪念式。世纪初的几年，他不但强化了《訄书》、《客帝匡谬》中的革命理论，而且为邹容的《革命军》作序，发表

《驳康有为论革命书》。在对自己改良主义思想进行梳理的过程中，他还以雄辩的立论对"君主立宪"、保皇的主张进行了有力的鞭笞。章氏向往西方欧美民主革命的思想激荡了革命派的性情，当时《苏报》为配合《革命军》的出版连续刊登一系列鼓吹革命的文章。这些活动使清政府一度十分惶恐。为此清政府与英国列强勾结将其监禁在上海的英租界。这就是震惊中外的"苏报案"。在狱中，他并没有因为身陷囹圄而自甘消沉，而是积极与外界保持密切的联系，于1904年，他同蔡元培、陶成章等人发起了激进的革命组织光复会。

1906年，章炳麟先生出狱后第三次赴日，受到了以孙中山为首的革命派的热烈欢迎。此时中国资产阶级革命形势有了长足的发展。他在留学生欢迎会上致辞："不料监禁三年以后，再到此地，留学界中助我张目的人，较前增加百倍。才晓得人心进化是实有的。"① 在革命形势的鼓舞下，先生毅然参加同盟会，并担任该会机关刊物《民报》的主笔。他在《民报》上发表的《革命之道德》、《箴新党论》、《排满平议》等充满了革命豪情的文论俨然一篇篇气势恢弘的宣言书，在革命党人以及社会上产生了强烈的反响。章氏强烈排满思想的形成与发展除了与青少年时期所受的教育有关外，其日后在"艰难困苦的漩涡"中度日也是不断激发他激烈革命的因素。作为清朝的逃犯，他"被七次查拿，六次都拿不到，到第七次方才拿到。"② 这无疑对形成鲜明的革命个性有重大的影响。1908年，当清廷通过日本政府迫使《民报》停刊时，先生亲至警视厅据理力争，充分表现出一位革命者不畏强暴的气节。也就是在这次赴日之后，章氏开始对宗教特别是大乘佛教发生兴趣。从此，他丰富的思想内涵里又多了一分神秘的色彩。之后，先生与孙中山领导的同盟会之间间隙渐大，终至破裂。1911年武昌起义爆发后，革命立场并未改变的章氏在观念上则鼓吹"革命军起，革命党消"。宋教仁被刺后，因策动讨袁而遭软禁。五四新文化运动期间，以讲学为业的他为保存国粹而反对新文化运动，更反对孙中山的联俄、联共、扶助农工三大政策及国共合作。九一八事变发生后，他力主抗日。晚年设立国学讲习所，提倡尊孔读经。由一位叱咤风云的革命家走进一个

① 章太炎：《演说录》，《民报》1906年第6号。
② 章太炎：《演说录》，《民报》1906年第6号。

"用自己所手造和别人所帮造的墙"。

二、章炳麟:"用国粹激动种姓"

就学问家与革命家身份的嫁接来看,"用国粹激动种姓"这句话颇能说明问题。究竟是学问拉动了革命还是革命升华了学问呢?对这一问题的回答已经远远超出了研究章太炎本身的意义。

"用国粹激动种姓"这句话的原典出自1906年章太炎先生第三次赴日在东京留学生欢迎会上的致辞。监狱中的非人待遇使他坚信:要真正实现革命的目标就必须:"第一是用宗教发起信心,增进国民的道德;第二是用国粹激动种姓,增进爱国的热肠。"① 关于这"第一"我们将置于后述,关键要解决的是"国粹"与"爱国"的关系及其意义。

关于章氏学术与政治圆融的思想形成,我们上面已经有所涉及。众所周知,就先生的治学路径来看,他明显受到了《日知录》作者顾炎武先生以及王夫之影响。反清排满、"夷夏之防"的思想多"伏根于此"。② 先生曾经回忆道:"余成童时,尝闻外祖父朱左卿先生言:'清初王船山尝云,国之变革不足患,而胡人之入主中夏则可耻。'排满之思想,遂酝酿于胸中。"③ 在王夫之那里,一姓的灭亡无关紧要,而民族的兴衰却重于泰山。他甚至认为失位于贼臣事小,亡国于异族事大。这位极端的民族主义者如是表述说:民族的权位"可禅可继可革,而不可使异类间之"。(王夫之:《黄书·原极》)"天下之大防二:华夏夷狄也,君子小人也。"④ 如此这般的"夷夏大防"可以说是"刀枪不入"、"不折不扣"了。王氏的思想正乃章氏"革命就是排满"的理论依据。章太炎曾一语道破自己的革命归宿:"今人人切齿于满洲,而思顺天以革命者。"⑤ 综观章氏思想的核心,"革命"就是"光复"的等同词,也是"排满立夏"的同义语。这里章氏的"革命"也就有了与其他革命先驱不同的含义。就以他同时代的先驱邹容、孙中山而言,前者在《革命军》中对"革命"的界定是:"革命者,

---

① 章太炎:《演说录》,《民报》1906年第6号。
② 朱希祖:《本师章太炎先生口授少年事迹笔记》,《制言》第25期。
③ 章太炎:《民国光复》,参见汤志钧编:《章太炎年谱长编》,中华书局1979年版,第6页。
④ 王夫之:《读通鉴论》卷14。
⑤ 汤志钧编:《时论选集》第1卷,上册第94页。

由野蛮而进文明者也。革命者，除奴隶而为主人者也。"这种革命不再是野蛮的作乱，而是追求人权的"民主"行为；后者则这样述说革命的目的是要打倒"中国数千年来"的"君主专制政体"。他将"民族"与"民主"乃至"民生"结合起来，意在为建立一个现代国家而奋斗。但是，这一切在章太炎那里却显得如同粗茶淡饭：中国的问题不是族内的自我"改制"，而是取得统治权力的"光复"。这种民族的复活与邹容、孙中山的英法式革命更接近于希腊、意大利式的复兴。不过，如果我们将章氏的排满思想理解为不分青红皂白的将异族斩尽杀绝的话，那我们就大错特错了。事实上，章太炎的"光复"思路无非只是实现让"华夏"占据统治地位，至于满族之类作为华夏国家中的一个有机组成部分则是他不排斥的："排满洲者，排其皇室也，排其官吏也，排其士卒也……非排一切满人。"① 尽管如此，我们对他的大汉族主义思想还是不能低估的。换言之，即使是反对外来列强的侵略也必须从驱逐满族开始。他在《訄书》中说过："满洲弗逐，欲士之爱国，民之敌忾，不可得也，浸微浸削，亦终为欧美之陪隶已矣。"② 如果说章氏在明清之际思想家影响下的"说教"只是一种直率的革命性情反映，属于思想判断的范畴，那么我们说他从进化论视角出发对华夏"国粹"的情有独钟，则是他激发同人起而排满的逻辑说明。他说："草木如薺之求明，如痿之思起，久之而机械日生，刻意思之趋于近似，而其形亦遂从之而变，出于是有蜃蛤水母。彼又求明，则递为甲节，为脊骨，复自鱼以至鸟兽而为猿狙猩狒，以至为人。此所谓随序之相理也。"③ 从微小的细菌入手去探讨人类进化的"历史"，由生物进化图式落实到人类文明的演化，章氏把世界上的民族划分为"文明"与"野蛮"两类。他以"化有早晚而部族殊，性有文犷而戎夏殊"为由展开自我的论题：

> 余以所闻名家者流，斥天下之中央，则燕之北、越之南是已。……如欧美者，则越海而皆为中国。其与吾华夏黄白之异，而皆为有德慧术之谋。是故古者称欧洲曰大秦明其同于中国，异

---

① 章太炎：《章太炎全集》第 4 卷，上海人民出版社 1985 年版，第 268—269 页。
② 章太炎：《章太炎全集》第 3 卷，上海人民出版社 1985 年版，第 120 页。
③ 章太炎：《章太炎政论选集》上册，中华书局 1977 年版，第 131—132 页。

于荤鬻、貊戎之残忍。彼其地非无戎狄也。处冰海者，则有哀斯
基穆人。烬瑞西、普鲁士而有之者，则尝有北狄。扰希腊及于雅
典者，则尝有黑拉古利夷族。夫孰谓大地神皋之无戎狄？而特不
得以是楔白人耳。戎狄之生，欧、美、亚一也。①

　　先生给欧美生蕃、亚洲戎狄下的结论是："其化皆晚，其性皆犷。"②
鉴于他们都还不曾从动物的状态中完全蜕化出来，所以"其种族不足民，
其酋豪不足君。"③ 让这样一个野蛮无知的少数民族统治一个文明有智的民
族岂不是舍本求末？这就是章炳麟的"行动哲学"！

　　以往学术界对章氏这段思想的"定论"大都是以"唯物主义"的标
签封顶。笔者以为总有不宜之处。事实上，章氏的"国粹"立论中心都是
围绕一个带有种族性质的民族主义展开的。具体地说，他的思想内核乃是
建立在反满立场上的革命道德观念。我们看到，在他笔下，与其说是在研
究学问，毋宁说是在为排满的民族革命寻找理论依据。他的立论哲学只有
一个动机，那就是实践的需要。先生立足于"国粹"的"文化优则统"
的逻辑构成正乃其"激动种姓"的本质所在。"国粹"本是从日本舶来的
一个词汇，留学日本的莘莘学子深受 19 世纪末盛行于那里的思想回潮之
影响。作为一个革命家的章太炎，之所以在 20 世纪初年积极投入"恢复
国粹"的运动，除了是对西方文化冲击的一个回应，根本原因还在于他不
愿丧失自己的"中心统治论"。为此，当许多人在强大西方文明的攻势下
怀疑自己的文明传统时，章氏却非常自信地声明："有人因为我们与西方
文化的差异而羞愧，我恰恰为此感到自豪。"④ 这里他强调文化的优越性的
目的则在于培养民族自豪感与爱国心。他说："民族主义如稼穑然，要以
史籍所载人物、制度、地理、风俗之类为之灌溉，则蔚然以兴矣。不然，
徒知主义之可贵，而不知民族之可爱，吾恐其渐萎黄矣。"⑤ 正如庄稼的茁
壮成长要靠灌溉培育一样，国人爱国主义的情感也是这样冶炼成的。只有

---

①　章太炎：《章太炎全集》第 3 卷，上海人民出版社 1985 年版，第 166 页。
②　章太炎：《章太炎全集》第 3 卷，上海人民出版社 1985 年版，第 167 页。
③　章太炎：《章太炎全集》第 3 卷，上海人民出版社 1985 年版，第 167 页。
④　杨天石：《论辛亥革命前的国粹主义思潮》，《中国近三百年学术思想论集》之五，第 37 页。
⑤　章太炎：《章太炎全集》第 4 卷，上海人民出版社 1985 年版，第 370 页。

他们对自己祖国的辉煌灿烂有所了解，才会激发出这种可能性。鉴于此，后来他对"国粹"的肯定程度就有了"全盘"的味道。譬如在《演说录》中将语言文字、典章制度、事迹人物的相提并论就已经乱谱了。

不难理解，一位欲用"国粹"消除民族自卑虚无感、张扬爱国爱种思想的民族主义者也只能做这样的选择。

从章氏信奉"崇孔而内讧息"的论述来看，他对野蛮夷狄满族的僭越"中夏之共主"之位充满了义愤。毕竟，华夏之族是文化悠久的民族。这种僭越不但不能给中国带来文明富强，而且还会招致国家整个的覆灭。可以说是"成事不足，败事有余"。因此，为了从外国列强的压迫下解脱，就必须先从已经做了走狗的满清政府进行破围。章氏的这一论点上面我们已经有所交代，问题是如何理解人们称之为"超越种族"之狭隘排满意识的民族主义呢？换句话说，一个野蛮愚昧的民族不能统治另一个文明慧术的民族，如果让一个文明慧术的民族统治另一个文明慧术的民族可不可以呢？

章氏在他的得意之作《訄书》里这样说过："异种者，虽传铜瑁至于亿万世，而不得抚其民。"[1] 同是在《訄书》中的《原人》章节里，章氏进一步声明："安论其戎狄与贵种哉？其拒之一也矣。"[2] 显然，这里的"异族"戎狄与欧美民族皆在其中。在此，抵抗压迫成了最为关键的原始动议。最简单明了的说法则是，无论是被压迫者地位如何，也无论压迫者对象为谁——哪里有压迫哪里就有反抗，而且也必须反抗。《訄书》的"訄"即反映了这一意识的由来。《说文》里这样解释说："訄，迫也。"清代大学问家段玉裁注解道："今俗谓逼迫人有所为曰訄。"作者自己的注解又如何呢？章氏按道："迮鞠迫言。"意思是说穷蹙的历史环境迫使他说出了自己非说不可的话。理解了"訄"，会更有助于我们对章氏民族主义思想发展的认识。《五无论》有言曰：

> 是故随顺有边，既执着国家矣，则亦不得不执著民族主义。
> 然而其中有广大者。吾曹所执，非对于汉族而已。其他之弱民

---

[1] 章太炎：《章太炎全集》第3卷，上海人民出版社1985年版，第167页。
[2] 章太炎：《章太炎全集》第3卷，上海人民出版社1985年版，第167页。

族，有被征服于他之强民族，而盗窃其政柄，奴虏其人民者，苟有余力，必当一匡而恢复之。呜呼！印度、缅甸灭于英，越南灭于法，辩慧慈良之种，扫地尽矣！故吾族也，则当返；非吾族也，孰有圣哲旧帮而忍使遗民陷为台隶？欲圆满民族主义者，则当推我赤心救彼同病，令得处于完全独立之地。有效巨憨麦坚尼之术，假为援手，借以开疆者，著之法律，有诛无赦。①

这种复仇式的"圆满民族主义"理论建立在反抗和讨伐暴力压迫的道德基础上，所以行动起来"振振有词"。为了实现这一高尚圆满的民族主义，太炎先生与日本的幸德秋水、印度志士保什以及同盟会重要成员张继等人，于 1907 年 4 月在东京发起了一个旨在用于弱小民族互保的"亚洲和亲会"。亚洲和亲会包括了缅甸、马来亚与朝鲜等国家的革命志士。太炎先生在他亲自起草的《亚洲和亲会约章》中写道："以反对帝国主义，而自保其邦族"为宗旨，唤起"一切亚洲民族，有抱独立主义者，愿步玉趾，共结誓盟。"② 应该说，章氏的民族主义思想有了新的发展。

回眸先生的民族主义思想发展，他经历了三个精神里程。在戊戌改良时期，先生认为出于对付西方列强的需要，汉满之间的"九世之仇"可以苟且缓行，否则就会有自相残杀、两败俱伤的悲剧发生。这即是著名的"客帝"情结。戊戌变法失败后，刚刚跨进 20 世纪门槛的他一改前倾，继"客帝诓谬"之后，诸如《正仇满论》、《排满平议》等火药味十足的檄文层出不穷，文章以自信的民族情绪申明："非种不去，良种不滋。败群不除，善群不殖。自非躬执大慧以扫除其教家污俗，而望禹域之自完，岂可得乎？"③ 将满洲当局视之为"贱族"、"非族"和"败群"，号召同胞以革命的铁帚"扫除"之，足见章氏之猛勇与执著。1906 年从英国租界监狱被释放是他民族主义思想发展的第三个阶段。这时的他已经对英帝国主义有了相当的认识。于是他的民族主义矛头开始了新的转向。"仇满"的情绪在"排满"与"反帝"的砝码之间找到了定位。这里，我们关心的不是他的民族主义思想发展，而是要问：除了现实中清朝政府与帝国主义勾

---

①　章太炎：《章太炎全集》第 4 卷，上海人民出版社 1985 年版，第 430 页。
②　陶冶公：《亚洲和亲会约章》抄件，转引自《章太炎年谱长编》上册，第 243 页。
③　《国民报》第 4 期，1901 年 8 月。

结对先生的刺激，章氏的转向或说发展在理论上有什么思想依据呢？

我们说，从复仇意识发展到民族联合对抗列强的思想，西方民主开放思想固然有不少启发，但最重要的还是来自于传统文化中的"群"之古典理论在起作用。如果说在此之前的反满主义也是以"群"学做理论基础的话，那么我们说至少他不是一个好的"群"学理解者。与康有为、谭嗣同等变法时期的思想先驱不同的是，章氏的兴趣不在孔子，也不在孟子身上，而是独自推崇荀子的思想。在章太炎那里，荀子思想的魅力不在于其符合社会进化的世界图景，而是因为其能够"应付"迫在眉睫的民族危机。荀子曾为"群"说理道：人比不过牛的力气，也比不过马的速度，但人却是牛马的主人。何故？荀子给出的答案是：人具有"群"的社会功能。沿着这条思路，章氏进一步注意到群体关系的发达还是蜜蜂这类小动物得以成事的原因。在他眼里，狮子等孤行动物由于缺乏群只能力，所以才落得个濒于绝种的境地。① 关于"群"之思想的讨论，改良派可以说是仁者见仁、智者见智。诸如梁启超、严复等人的论述也同样是出于民族危机所作出的反应，到了章氏这里，既然种族之间的竞争与冲突决定着各自的命运，那么就必须认识到："一人际遇，非能自主，合群图事，则成败视其所措。故一人有命，而国家无命。"② 这与孙中山、梁启超、严复们所谓的国家自由与个人自由的关系如出一辙，不过，这里我们要指出的是，章氏的"群"之思想带有更多的道德意义，不似前者那样具有强烈的价值功能色彩。

正是在这个意义上评价章太炎的民族主义思想，我们认为在他激进革命思想里，终极关怀的价值意义单薄，而道德情感色彩相对浓厚。及此，想来读者一定可以理解笔者为什么将章氏的"思想"（而不是"学问"）拿来与"革命"比附了。或许，正是这种道德情感色彩的浓厚促使我们的革命家走入了"心"的精神园地。

三、"依自不依他"

1903 年的"苏报案"发生后，鉴于强烈的社会舆论压力，1904 年的

---

① 章太炎：《章太炎政论选集》，中华书局 1977 年版，第 137—139 页。
② 章太炎：《章太炎政论选集》，中华书局 1977 年版，第 142—143 页。

"额外公堂"不得不宣布改判为"邹容监禁二年，章炳麟三年，罚做苦工，限满释放，驱逐出境"。① 在上海的提蓝桥监狱，章炳麟受尽了非人的折磨，每餐只能吃"粥一盂，豆三粒"，寒冷的冬天也只有一毡御寒。章氏甚至与邹容唱和了《绝命词》，"近死之心不复阳"就是当时心境的真实反映。正是在这种困厄万分的环境中，本与佛学无缘的他为了求得精神的超度而研读起《瑜伽师地论》、《成唯识论》等佛教著作。先生在"自定年谱"1904 年的一款中形容自己的兴致说："晨夜研诵，乃悟大乘教义。"在《赠大将军邹容君墓表》中描述其意义功能时说："学此可以解三年之忧。"② 在牢狱中的沧桑磨难，邹容死于非命的 20 岁，革命者的沉沦与变节无不深深刺激着章氏的心灵："经涉人事，忧患渐多，目之所睹，耳之所闻，坏植散群，四海皆是，追怀往诰，惕然在心。"于是乎发出了这样的感慨："道德堕废者，革命不成之源。"③ 1907 年，章氏因与革命党人的派系之争，情绪低落到了极点："睹国事愈坏，党人无远略，则大愤，思适印度浮屠。"④ 凡此种种，不但足以使章氏佛味的来由以及对思想转向的影响真相大白，而且也对他情感起伏状态给予了一个切实的说明。

　　这样说也许太突兀，不过有一点可以肯定，章氏的"依自不依他"与他在监狱中的磨炼和佛缘密切相关。只是在进入本论之前需要提前指出的是，他的这一哲学思想同样是为强化革命意志而设计的政治理论，而非有意将革命者引入歧途或说倒退的精神麻醉剂。当然，这里我们并不排除他善良之动机流于歧途的可能性。

　　就在革命形势处于"山雨欲来风满楼"的关口，章炳麟则发表了《俱分进化论》、《无神论》、《建立宗教论》、《人我无论》等一系列引起后人争议的文章。今天看来，如果与《革命之道德》等前文结合起来读，其中的"微言大义"就不是什么"索解为难"之命题了。首先，"依自不依他"是作为一种观念工具而存在的革命催化剂。它在实质上是吸收佛教"人无我"、破除"我见"的结果。章氏在《人无我论》中说："闵末俗之

---

①　《辛亥革命》第 1 卷，第 443 页。
②　章太炎：《章太炎政论集》，中华书局 1977 年版，第 794 页。
③　章太炎：《章太炎全集》第 4 卷，上海人民出版社 1985 年版，第 284 页。
④　黄侃：《太炎先生行事》。

沉沦，悲民德之堕废，皆以我见缠缚。"为此只有摆脱身外的一切名利思想才能焕发内在的革命激情而不畏牺牲。这一宗教意识的"阿赖耶识"逻辑非常明了：

> 非说无生，则不能去畏死心；非破我所，则不能去拜金心；
> 非说平等，则不能去奴隶心；非示众生皆佛，则不能去退屈心；
> 非举三轮清净，则不能去德色心。①

章氏的"建立宗教论"早在他刚出狱到日本的演说中就见端倪了："我们今日想要实行革命，提倡民权，若夹杂一点富贵利禄心，就像微虫霉菌，可以残害全身。"② 树立高尚的革命理想，用"无我"的观念去激发人的意志在初衷意义上无可非议，但在哲学理念上说，意志上的充分自由以及与外界完全脱离，甚至"四大皆空"的思想更容易将他人引向消极的泥淖。殊不知他的《五无论》中将人视之为"万恶之元恶"已经与"落得六根清净"的遁世不远了。

值得一提的是，虽然章氏思想中的推"心"意识很浓，而且不乏神秘的宗教色彩，但是他自我的革命意志却从未因此消泯过，更何况他的哲学体系的建立不只是以宗教为支柱的，它是吸收中外思想大家的结果。我们看到，为了找到适应中国当时革命需要的理论，太炎先生在监狱习得法相宗与禅宗的思辨哲学后将它们与中西方哲学学说圆融成了新的价值意义。他说："近来康德、索宾霍尔（叔本华）诸公在世界上称为哲学之圣。康德所说（十二范畴）纯是（相分）的道理。索宾霍尔所说的（世界成立全由盲动）也就是（十二缘生）的道理。"③ 这是唯识论宇宙观念。所谓康德的十二范畴纯是相分的道理无非就是强调主观悟性的自我创造，排除客观事物所起的作用；所谓索宾霍尔的"世界成立全由盲动"思想也离不开"实体即是意志"的理路。他之所以对这一命题执著如一，其根本原因还在于先生于《答铁铮》中的表述："明之末世，与满洲对抗，百折不回者，非耽悦禅观之士，即姚江学派之徒。日本维新，亦由王学为其先导。

---

① 章太炎：《章太炎全集》第4卷，上海人民出版社1985年版，第418页。
② 章太炎：《演说录》，《民报》1906年第6号。
③ 章太炎：《演说录》，《民报》1906年第6号。

王学岂有他长？亦曰自尊无畏而已。其义理高远者，大抵本之佛乘，而普教国人则不过斩截数语，此即禅宗之长技也。"① 的确，古代哲学家王守仁就有如此之"心"。为了充分说明这一问题——"砍头只当风吹帽"，他又借用了佛教里的"损减执"与"增益执"两个概念来让人们相信外在世界只是一种幻觉。前者是说世人对客观与主观妄加区别现象；后者是说人们认为世界上还有不以人的意志为转移的实体。这些都是他要破除的对象。进而言之，他又将"法执"和"我执"廉价地租赁了过来。"我执"就是把自己的主观意念当做实有，为此必须首先予以破除："此识是真，此我是幻，执此幻者以为本体，是第一倒见也。"② "识"是宇宙的本原，不曾有什么真实的外在世界，按照这个思路，"法执"固然也在破除之列："此心是真，此质是幻，执此幻者以为本体，是第二倒见也。"③ 其实，章氏的神秘理论与中国古代哲学的"心外无物"并无二致。这从他对庄子的借鉴中也不难窥见一斑。

　　先生对《齐物论》的注解也是颇能说明问题的样本，与《人无我论》、《五无论》中的思想息息相通。《齐物论释定本》看中的显然是无差异的平等思想。而"丧失自我"的议论又正是这一思想的反映。恰恰在这里，"《齐物》大旨，多契佛经。"然而后面的句子也不可不引："独此一解，字未二百，大小乘中皆所未有。"究竟哪个字对先生如此重要呢？请看："此乃所谓卮言"。"《释义》引《字略》云：'卮，圆酒器也。'是取圆义，有犹言圆言尔。"④ 看来，章氏的圆融思想并不比谭嗣同来得单薄。其实，他那"境缘心生，心仗境起"的"心""境"说无不带有"卮言"之义理。他说：

　　　　类与不类，相与为类，则与彼无以异矣。虽然，请尝言之。
　　有始也者，有未始有始也者，有未始有夫未始有始也者。有有也
　　者，有无也者，有未始有无也者，有未始有夫未始有无也者。俄
　　而有无矣，而未知有无之果孰有孰无也。今我则已有谓矣，而未

————————

① 《民报》第 14 号。
② 章太炎：《建立宗教论》。
③ 章太炎：《建立宗教论》。
④ 刘梦溪主编：《中国现代学术经典——章太炎卷》，河北教育出版社 1996 年版，第 430 页。

知吾所谓之其果有谓乎，其果无谓乎？天下莫大于秋毫之末，而大山为小；莫寿乎殇子，而彭祖为天。天地与我并生，而万物与我为一，既已为一矣，且得有言乎？①

这种无所谓生死，无所谓大小，始即是终终即是始，有即是没有，没有即是有的"思辨"真是一股禅意漾心头啊！这种"物化"之运动转化说不能不令我们想起谭嗣同的生生不息的"轮回"说。"铁肩道义"下的革命真情让先驱者别无选择。

不过，我们这里还是要指出他的要害处。章氏的"五无"很容易滑向离革命愈来愈远的"心境"。他的"无待"之绝对化的平等思想不但有可能"走火"于恶平等，而且很有可能"入魔"于反智化的"好了歌"的境地："落了个白茫茫大地真干净"。好在章氏本人没有陷入不能自拔的沼泽，但是谁又能保证受这种思想熏染的人不会流于消极退缩的"无为而无不为"的幽静呢？就是在他的《革命道德说》中我们已经能从他的道德情怀里发现这一触角神经的隐隐作痛。一方面，他信奉道德对革命的意义与作用；另一方面，他又认为道德与权利、地位、知识成反比。他说："知识愈进，权位愈大，则离于道德也愈远。"② 这不但暴露了他这种革命道德的反智化倾向，更重要的是透露出一个思想吊诡的信息。这与谭嗣同的"冲决网罗即是未冲决网罗"的思想在形式上如出一辙。既然道德与革命需求之间如此"异构"，那么又该如何是好呢？

毕竟，谭嗣同离去得太早，未能完成自己思想的体系。倒是章太炎先生有了《俱分进化论》作为自己的体系的挡箭牌。为了给先生的体系做一些圆润，我们发现他思想理路中还有"柳暗花明又一村"的希望。笔者以为，这种发现是对以往所谓章氏思想转向退缩、消极的一个反证。这里，我们注意的是先生关于"苦"与"乐"的辩证思考。在他那里，人类文明进化的过程也是乐与苦与日俱增的历程。低级的动物乐少苦亦少，高级的动物——人——乐多苦亦多。他以鱼、鸟的苦乐与人的苦乐做了比照说，人"始徒以形质现前为乐，其后则又出于形质之外，有温饱而思土

---

① 刘梦溪主编《中国现代学术经典——章太炎卷》，河北教育出版社 1996 年版，第 432 页。
② 章太炎：《革命道德论》。

地，由土地而思钱帛，由钱帛而思高官厚禄。"① 这非常符合西方著名心理学家马斯洛的人的需要层次的划分。他说：

> 求土地者，求钱帛者，求高官厚禄者，非直奔走喘息面目而
> 鬐黑而已，非含垢忍辱，则不可得。今夫动物之情虽异，而其喜
> 自尊贵，不欲为外物所陵籍者，则动物之同情也。必不得已，而
> 至于含垢忍辱，答我詈我辗我践我，以主人臧获之分待我，我犹
> 鞠躬磬折以承受之，此其为苦，盖一切生物所未有也。②

这里，章氏的"善恶苦乐进化论"是想说不求进化呢，还是不必担心进化过程中痛苦的伴随呢？窃以为，这仍是他革命道德理论中不可或缺的一个有机组成部分。这一对人性恶的体认及其发挥充满着价值意义。有人类就必然有争斗；有争斗，就必然有痛苦。随着人类争斗的愈演愈烈，大可不必因此因噎废食，甚至害怕争斗、躲避痛苦。先生在《五无论》中如是说："故知淫云杀云，皆人之根性也。若人性果不好杀者，何以勇果刚毅等名，至今不为恶词，而以之为美德。观其所美，则人性大可见矣。"总之，章太炎是踏着人性本恶的道路走向无差别、无我的理想世界的；而这正与谭嗣同以及以后的李大钊的"大同"、"统一"理想理路都是有一定区别的。至于先生晚年的种种"既离民众，渐入颓唐"③ 的表现也是不足以此为由的。如果说笔者有什么担心的话，激进意义下的代价倒是应该考虑的一个问题。在某种意义上说，唯革命主义给中国留下的遗憾是有目共睹的。太炎先生的反智与民粹倾向锋芒尽管是"小荷才露尖尖角"，但在中国革命历史上造成的影响却是不可低估的。也许下一章李大钊的激进能提供给我们更多的思考。

第三节　深情的历史选择

李大钊，一个在中国思想史上不曾犯过"错误"的主角就是一位非常

---

① 章太炎：《俱分进化论》。
② 章太炎：《俱分进化论》。
③ 鲁迅：《关于太炎先生二、三事》。

值得注意的人物。与章炳麟文化上的保守与政治上的激进不同，他无论是在文化上还是在政治上都堪称激进主义的典型。

一、书生革命家的情怀

李大钊，字守常，河北乐亭县人，生于 1889 年 10 月 29 日。他自幼父母双亡，与年迈的祖父相依为命。家境贫寒的他从小就饱尝了磨难的滋味。1905 年，16 岁的他凭着自己几年私塾的经文教育，参加了一次科举考试。很快，随着新学堂的设立，李大钊考入了永平府中学。这时的李大钊已经对国破家亡有了深刻的体认。甲午战争的失败以及世纪初年《辛丑条约》的签订，催发了他藏在心灵深处的民族情感。两年后，有"感于国势陵夷，慨然起研究政治，以期挽救民族，振奋国群之思想"。① 他直奔天津报考了自己喜欢的专业。当时，天津有三所学校可供他挑选。一是北洋军医学校，二是长芦银行专修所，三是北洋法政专门学校。大钊先生之所以选择这个专业，原因是"军医非我所喜，银行亦非我素志，故皆决然弃之，而入政法"。目的是"随政治知识之日进，而再建中国之思潮，亦日益腾高。"② 辛亥革命发生前后，他跟随当时的地理教师白雅雨参加了京津同盟会，并兴致勃勃地策划了第二十镇新军举行的滦州起义。这一时期，他曾担任北洋政法学会会刊《言治》的编辑主任，正式开始了他一生中的言论活动。虽然当时的那个杂志具有支持袁世凯的倾向，但李大钊文章中透露出拥有浓烈燕赵悲歌气息的"感慨悲风"、"哀民生之多艰"的内容却令人刮目相看。1913 年 4 月发表的《大哀篇》以及之后的《是非篇》不但表现了先生"忧黎元"的心态，也显示了他对"残毁学术"、"陵轧黔首"之"君祸"的愤慨，与戊戌先驱谭嗣同的"君主之祸"说十分接近。与此同时，这一时期发表的《隐忧篇》、《论民权之旁落》也流露出李对民国民主理想的忧患意识。不过，此时李氏思想的核心属于内省、"悔悟"、"忏悔"型的心灵"悔改"者，这种传统意义下的"心"意与谭嗣同的"心力"并无二致。"五四"新文化运动之初，李氏之所以参与了启蒙国民的思想大合唱，在某种程度上是这一基因在起作用。

---

① 李大钊：《狱中自述》，《李大钊文集》下册。
② 李大钊：《狱中自述》，《李大钊文集》下册。

1913 年冬，先生于法政学校毕业之际有朋友资助东渡日本，进入早稻田大学研修政治学本科专业。三年的留学生活使他在眼界开阔后忧患意识更加浓重。在得风气之先的日本，他接触到了各种主义与思潮。这时他对原来自己称之为"枭雄"的袁世凯开始了新的认识。尤其是与章士钊的接触及其影响，已经使他对自己先前的思想做了反悔。他在《甲寅》杂志上的《风俗》一文则是由内向外转的标志。在《政治对抗力之养成》中，他超然于各个党派的纷争之外，提出了具有多元思想的"调和"论点。1915 年，日本向中国提出的"二十一条"令李大钊忍无可忍，从此开始了坚决的反袁斗争。《警告全国父老书》、《国民之薪胆》意味着李氏思想的觉醒，而对友人陈独秀的《爱国心与自觉心》的批评之文《厌世心与自觉心》则说明了他已经立于更高的层次关心国事民瘼。与陈氏的悲切义愤相比较，李氏在义愤之中多了一些乐观与自觉。他针对陈独秀的消极指点道："不宜因其国家之不足爱，遂致断念于国家而不可爱。更不宜以吾民从未享有可爱之国家，遂乃自暴自弃，以侪于无国之民，自居为无建可爱之国之能力者也。"① 就个人的性情气质而言，陈氏和他一样，都是对政治抱有极大热情且富有革命激情的斗士，但是李大钊的平和、稳健与陈独秀情感波动的频率、幅度形成了鲜明的反差。

1916 年春末，李大钊回国。在上海逗留期间，他为日本留学生创办的《民彝》杂志撰写了《民彝与政治》一文。这篇文章标志着李氏思想进至了又一个新的阶段。同时。这个时期的"飞跃"为他日后从事新文化运动以及建党打下了坚实的思想理论基础。在此之前，李氏为反驳袁世凯的外国顾问古德诺与有贺长雄的"国情论"曾发表了《国情》。他在承认了东方社会的国情特征后，十分尖锐地指出：中国专制的历史漫长，惯性甚大，稍有变革便会带来秩序的混乱，这是一个不容讳言的事实。但是这也决不足以作为中国不可实现民主共和的理由，更不可以因此将中国专制的传统固定化。为此，《民彝与政治》针对"国家之叛逆，国民之公敌"的倒行逆施而进行了有的放矢的口诛笔伐。该文将"民"确立为政治的主体，提出了唯民主义的命题。既然"民"是政治之本，是立国的主体，那

---

① 李大钊：《李大钊文集》上册，人民出版社 1984 年版，第 29 页。

么统治者就应该顺应"以民为天"的自然"规律"。如果统治者违反了这个规律，甚至南辕北辙，那人民就有必要"置之死地而后生"。言下之意，面对专制统治袁世凯之流设置的"网罗"，国人需要起而"冲决"，以"确立自主之人格"。带着既定的思想基因，李大钊于该年6月赶赴北京，准备以《晨钟报》为阵地系统表述自己的观点。然而，不足一个月的实践表明，这里并非"英雄用武之地"。他又到了《甲寅》日报。最终又因章士钊对李大钊言辞激烈的担心中途作罢。辗转之间，时间已经是1918年的春天，李大钊继章士钊后任担任了北京大学图书馆主任一职，接着便与来北大任文科学长的《新青年》主编陈独秀有了他一生中最为默契、也是最为辉煌的演出。这一时期，李氏的《青春》在进化论理论的蒸腾下散发着活泼健壮的精神活力。在与鲁迅、陈独秀等人一样相信人类的未来总胜于今日的同时，李氏将历史与未来的契合点都放在了"现在"，具有强烈的现实意识。而且在"新陈代谢"的自然法则中，他与陈氏的由破而立、不破不立的思想逻辑形成了对比。如果说《民彝与政治》重在"破"，那么《青春》的意义就是在"立"。其思想的意义还在于，李氏的"过去"（旧）与"未来"（新）如"舟车之两轮"、"鸟之双翼"，是一种从"白发"中"轮回"出"青春"的创造性转化。这是一种怎样的转化呢？在李氏眼里，由"对抗"到"流转"再到"代谢"即是通途。[①] 1917年，他在《暴力与革命》中申明，如果需要，他的带有调和倾向的"急进"与"缓进"之牵制也不排除武装暴力的实行。

　　1918年，政治嗅觉非常敏感的李大钊开始了对俄国十月革命的介绍。这时的他成了青年学生主办的杂志《国民》的导师，为推动五四运动的发生发展培养了积极活跃的分子。尤其是《庶民的胜利》与《我的马克思主义观》等文的发表，为中共的成立酿造了浓厚的思想氛围。李氏是中共早期的理论家，1921年中共成立后，他号召青年学生深入基层、乡村、矿山，希望"到民间去"与劳工阶级"打成一气"[②]。与章太炎相似，他的激进中饱蘸着浓重的民粹主义血液。1927年，这位马克思主义理论家被军阀张作霖杀害并因此赢得了中共以及国人的尊敬。

---

① 李大钊：《李大钊文集》上册，人民出版社1984年版，第599页。
② 李大钊：《李大钊文集》下册，人民出版社1984年版，第146页。

二、李大钊："调和"的价值意义

在一般人看来，李大钊的精神世界里最为充实的东西无非是对社会主义的深情历史选择。而且，沿着这条思路，很容易将先驱的思想化约。问题的关键在于，在李大钊热衷集体主义、社会主义之"一力的独行"革命哲学之前，他的激进民主主义思想中时时显现出"温和"的色彩。这种"温和"的意义就在于，它在中国近现代思想文化历史上独树一帜，闪耀着多元的火花。从李大钊的个案里寻求现代性是一个非常值得的视角。

对于李大钊，人们最熟悉的一个命题莫过于：他经历了从资产阶级民主主义者到无产阶级社会主义者转变的精神历程。然而学术界对其"转变"的思想依据一直缺乏较为深入的分析。我个人以为，如果要考察中国知识分子是如何从传统中走出而对社会主义一往情深的，不能不读李大钊。下面笔者将从读者也许并不熟悉的命题——民国初年的"调和论"开始寻找李大钊的感觉。关于民国初年调和论兴起的历史背景，我不欲在此做更多的叙述。很显然，这是民国成立后不久就陷入南北府院之争的结果。文人墨客从来就是政治命题背景下的理论根据寻求者。应该说，这是继民国以来袁世凯策划的"国情说"之争之后的又一次政治味极浓的思想话题。李大钊的"调和"之论当然即是这场大讨论留下的余音。自1916年至1918年，李大钊反复思索着文化的走向与出路，"调和"一词一度成为他笔下使用率最为频繁的词汇。其实这一思考正是政治模式在文化中的折射。我们发现，无论是文化上的"调和"还是政治上的"调和"，思路都万变不离其宗：

> 东西文化之互争雄长，历史上之遗迹，已数见不鲜。将来两种文明，果常在冲突轧轹之中，抑有融会调和之日，或一种文明竟为其他所征服，此皆未决之问题。以余言之，宇宙大化之进行，全赖有二种之世界观，鼓取而前，即静的与动的、保守与进步是也。东洋文明与西洋文明，实为世界进步之二大机轴，正如车之两轮、鸟之双翼，缺一不可。而此二大精神之自身，又必须

时时调和、时时融会，以创造新生命，而演进于无疆。①

这是李氏不"挟种族之见，以自高而卑人"的"平情论之"，带有很强的理性成分。在《调和之美》的"审美"中，在《辟伪调和》的"驳论"里，在《调和之法则》的"设计"中，在《调和眷言》的"主张"里，大钊先生的立论都不曾离开"并立"、"竞存"的意念。如果用我们日常使用的"调和"之意来附会都是无法解读的。综合先生的"调和"理路，它的意义体现在以下四个方面：（1）"肇于两让，保于两存"；（2）"新旧之质性本非绝异"；（3）唯有双方，而无"第三者"；（4）涵纳有容的并举精神。在李氏那里，太激进了，就会出现一方"吃掉"另一方的惨剧；太保守了，又会因为传统势力太重而"沦于腐败"。为此，找到一种维持"竞立"格局的文化资源乃是当务之急。他反复述说"竞立对抗为并驾齐驱"之势的优长，目的只有一个——避免两种势力的复合为"一"。"旧"、"缓进"、"古"、"保守"代表的是"秩序"；"新"、"急进"、"今"、"进步"则意味着发展。怎样处理稳定与发展的关系是李大钊议论的中心，这也是每一位立足于现实的仁人志士所不能不关注的焦点时代课题。即使是在《东西文明根本之异点》的文化比较里也没有忘记这一"能量守恒"定律。进化规则是竞争的规则，没有竞争也就失去了前进的动力，缺少了动力只能是社会活力的式微。他说："人类社会，繁矣颐矣。挈其纲领，亦有二种倾向，相反而实相成，以为演进之原。譬如马之两缰，部勒人群，使轨于进化之途。以年龄言，则有青年与老人；以精神言，则有进步与保守。他如思想也，主义也，有社会主义则有个人主义，有传袭主义则有实验主义，有惰性则有强力。"② 如果不是西方文化冲击下的"开放"，又焉能有如此了然的辩证？在中国几千年"大一统"僵直思维模式的操纵下，一元文化模式不正是在"吃掉"和取代的形式更替下饮鸩式微的吗？以多元并存代替一元独尊（事实上是多元文化对一元的兼并）的文化与政治设计堪称独辟蹊径。漫长的极端权威主义的"吃掉"悲剧就在于：一方往往会在以"进步"面目出现的情况下激进得天翻地覆，

---

① 李大钊：《李大钊文集》上册，人民出版社1984年版，第550页。
② 李大钊：《李大钊文集》上册，人民出版社1984年版，第555页。

可一旦打倒了另一方之后就会很快发展成为唯我独尊的"自大狂"。就此而言，新权威主义与旧权威主义确如李大钊说的那样"所秉持之质性本无绝异"！以激进主义与保守主义的两个文化派别为例，又有哪一方不宣称真理只在自己手里？这里可怕的不是我们错觉上两派以上的对峙抗衡，而中心问题还是怎样防止两者的极端化。防微杜渐就是要有一个牵制约束对方的文化资源。在对方各自不能为自己提供自我约束的文化资源的情况下，只有从对方身上去寻找。历史的教训是沉痛的，如果按每一方标榜的都能为自身提供适度的约束资源的话，结果只能导致流血政变、武装镇压的穷途。为此，李大钊在力倡对新旧、"急缓"、"东西"一视同仁的同时，也用历史的教训告诫后人："欧洲中世纪时代，保守主义与传袭主义之势力过重，其结果则沦于腐败。法兰西革命时代，则进步主义，趋于极端，不能制止，其结果处于爆发。是皆不能使二力有空间的交互动作之结果，以致反动相寻，不能并立于空间，则求代兴于时间。"① 他将这一"调和"理论用诸中西文化的"对话"与政治势力的相互牵制上，正乃对一元独尊的反动。在哲学意义上，它非常符合文化之间的"不可通约性"（incommensurability）法则。"不可通约性"本是从数学上借用的一个概念，意思是指两者之间缺乏"共同的量度"，即中介。不难理解，如同球赛需要一个双方共执的判罚准则以决胜负一样。既然文化间的较量不具备这个条件，那么政治上两者之间的对话也难以有"客观公正"的"第三者"出现。即使有，也是一种表里不一的"伪调和"者。对此，李大钊清醒地指出："苟不自昧其执性者，则其政治信念，必于进步保守之中择一以适其性之所近，更无纯为第三执性可以存于二者之外者，即无纯为第三之政治信念可以游移于二者之间者。"② 伪调和乃是卑鄙无耻之政客惯用的手法。一位西方哲人早就警告过世人："偏见比无知离真理更远。"于是，严防第三者"插足"的设计在李氏笔下熠熠生辉。

"调和"不患对立，而患"折中"。"调和"的归宿是"两存"，因此力倡涵纳"有容"的精神。在李氏那里，两者以上的调和"并立"则双美，单一则两伤。这正如"1"的一亿次方仍在原点一样，唯有以二元为

① 李大钊：《李大钊文集》上册，人民出版社 1984 年版，第 556 页。
② 李大钊：《李大钊文集》上册，人民出版社 1984 年版，第 503 页。

起点的"多元"才会给社会带来生机与希望。

梳理李氏思想的理论源泉不难发现，他一方面深受传统文化的熏陶，另一方面进化论等西方思潮又时时触动着他的智慧。就传统的思想渊源而言，他与自己推崇的前驱谭嗣同、章炳麟等人有着相通的血脉。谭氏的"天地往来"、"不生不灭"等转换轮回的之充满激进而又不能完全放开的观念，章氏的"苦乐共生"之"俱分进化"思想无不在"进化"的外衣下烙下了传统的印记。如果说推崇"心力"是他们共同的特征，那么传统思想里的老庄成分则成了他们的共执。"福祸相依"的转化观、"一阴一阳之谓道"的天地论……《易经》的辩证与"心"的力学尽在其中。李氏"调和论"中讲求的"对抗"、"并立"、"共进"无不展示出这样一个深刻的内涵。在这里，既有道德的容纳、宽厚，又有理性的辩证："自舆氏有言：'以力服人者，非心服也。'服人且不可，况治国乎？而今之为治理者，辄欲滥施其力，以图苟安；受治者亦知求所以对抗，以维两力之平。"① 李氏意在挖掘传统中的积极因子以"养成"良好的政治模式。不过，先生在"和"的同时并不为"庸"，在"调"的过程中亦不"中"。事实上，他对中西"周而复始"的进化观有自己新的理解，是一种"打通"后的生命轮回观念。如果我们根据以上关于对抗的分析以及新旧相依的研究就得出了无所谓良莠的"相对"论，那就可悲透了。我们看到，李氏的强调"车有两轮，鸟有双翼"，只不过是为了让新的事物更踏实地进步。"欲速则不达"，李大钊对这一辩证法思想心领神会，弄巧成拙才是他最大的担心。1918 年 5 月发表的《新的！旧的！》一文可以佐证。他在这篇关于新旧的文章里，"种种联想"可以说是非常具体的，单就"民国"与"清室"、信仰"自由"与规定"尊孔"的权衡已经能说明问题，更何况先生在文章最后还有这样的呐喊：

> 因此我很盼望我们青年打起精神，于政治、社会、文学、思想种种方面开辟一条新径路，创造一种新生活，以包容覆载那些残废颓败的老人，不但使他们不妨害文明的进步，且使他们也享享新文明的幸福，尝尝新生活的趣味，就像在北京建造电车轨

---

① 李大钊：《李大钊文集》上册，人民出版社 1984 年版，第 97 页。

道，输运从前那些乘驮轿、骡车、人力车的人一般。打破矛盾生
活，脱去二重负担，这全是我们新青年的责任，看我们新青年的
创造能力如何？

　　进！进！进！新青年！①

　　与谭氏、章氏的"轮回"（带有佛教成分）一样，李氏的"相牵相
挽"在思想倾向上显然是偏袒"新"。不然，这种"相牵相挽"究竟还有
什么意义？

　　也正是这一"新"的含义使他在中西之间加上了"俄"这样一位
"第三者"，于是他原有的"调和"格局也就不能不打破了。

三、"一力之独行"

　　李大钊是一位坚信"新陈代谢"法则的进化论者，希望自己的祖国如
一轮红日一样从陈旧的窠臼里脱颖而出是他的夙愿。为此，他在走向现代
的道路上表现出的"道义"感十分突出。初始，他也和其他先驱一样，曾
对左右中国大局的权势者抱有一定的幻想，希望借此力量在不付出太大代
价的情况下将民族引向美丽的国度。众所周知，反"一力之独行"、谋
"各个之并立"曾是李氏的价值趋向，他还是"调和论"的力倡者。可就
在这些立场付梓的同时，李氏又以"无可奈何"的理由"食言"。他在
《暴力与革命》中一方面承认"革命固不能产出良政治"，最好的办法是
不用暴力手段而达到美好的目的。然而，他又清醒地告诫国人，在一种非
人的暴力统治下生活，如果一味地担心代价问题，一味地忍受暴力的摧
残，又何时是一个苦难的尽头呢？针对梁启超辈对革命者的一再非难，李
氏为自己即将"出手"的"一力之独行"的拳头辩护说："盖革命恒为暴
力之结果，暴力实为革命之造因；革命虽不必尽为暴力之反响，而暴力之
反响则必为革命；革命固不能产出良政治，而恶政之结果必召革命。故反
对革命者当先反对暴力，当先排斥强力为暴之政治。"② 在"和平"的方
式下能解决问题当然是上策，但也绝对不排除革命动武的可能性。不言而

---

　　① 李大钊：《李大钊文集》上册，人民出版社1984年版，第540页。
　　② 李大钊：《李大钊文集》上册，人民出版社1984年版，第525页。

喻，李氏离"革命"的"合力"思想已经不远矣。

就在李大钊发表那篇名为《暴力与革命》的文章不到一个月，俄国爆发了震惊世界的十月革命。这个对中国人民命运产生着举足轻重作用的事件（至少是对20世纪）很快被这位"桐叶落而天下惊秋，听鹃声而知气运"的嗅觉敏感人士所瞄准，李大钊像"飞毛腿"导弹一样，紧紧抱住了"赤旗"。1918年7月，抱着对自由向往的兴奋，他在《言治》上发表了《法俄革命之比较观》，毫不掩饰地亮出了自己"革命"的底牌："吾人对于俄罗斯今日之事变，唯有翘首以迎其世界的新文明之曙光，倾耳以迎其建于自由、人道上之新俄罗斯之消息，而求所以适应此世界的新潮流，勿徒以其目前一时之乱象遂遽为之悲观也。"① 李氏自以为找到了舍此其谁的真理，而且对俄罗斯的由乱而治充满信心。在他看来，中国目前的情景也应该采取这种"长痛不如短痛"的方式"快刀斩乱麻"，痛快淋漓地解决问题。在通常意义说，对一位哲学先驱，这一膨胀很可能就是他思想威力的式微。请看："人道的钟声响了！自由的曙光现了！试看将来的环球，必是赤旗的世界！"② 俨然一位预言家！遗憾的是直到现在，他的预言中有一半尚属于遥远而美丽的乌托邦。至少，未来的世界原来并不如他想象的那样简单。

李氏热衷革命的性情终于在1919年"爆发"："一九一四年以来世界大战的血、一九一七年俄国革命的血、一九一八年德奥革命的血，好比作一场大洪水——诺亚以后最大的洪水——洗来洗去，洗出一个新纪元来。这个新纪元带来新生活、新文明、新世界，和一九一四以前的生活、文明、世界，大不相同，仿佛隔几世纪一样。"③ 这时的李氏已经将"社会主义的道理"扛在了自己的"铁肩"上。及此，他的理论武器也由过去的对抗"进化"论转化为争斗"阶级"论。在"竞争"的链条上，李大钊走到了一个新的阶段：

> 现在的世界，黑暗到了极点。我们为继续人类的历史，当然
> 要起一个大变化。这个大变化，就是诺亚以后的大洪水，把从前

① 李大钊：《李大钊文集》上册，人民出版社1984年版，第575页。
② 李大钊：《李大钊文集》上册，人民出版社1984年版，第603页。
③ 李大钊：《李大钊文集》下册，人民出版社1984年版，第606—607页。

阶级竞争的世界洗得干干净净，洗出一个崭新光明的互助的世界
来。这最后的阶级竞争，是阶级社会自灭的途辙，必须经过的，
必不能避免的。①

将阶级争斗作为取得自由的手段当然就要有暴力革命的发生，而眼前
的这一切又都要求自己躬行以前自己曾经反对过的一切。诸如"一力的独
行"，"好同恶异"等等"专制"的后遗症。他在"问题与主义之争"中
将这一观点表述得相当透彻，大有将众人拧成一股的味道。

他的道路是要"根本解决"，而且是合情合理的"解决"，先生不紧
不慢地假设道："若在没有组织没有生机的社会，一切机能，都已闭止，
任你有什么工具，都没有你使用他做工的机会。这个时候，恐怕必须有一
个根本解决，才有把一个一个的具体问题都解决了的希望。"② 而这个"根
本解决"的道路又必须建立在这一理论基础上："我们想要解决一个问题，
应该设法使他成了社会上多数人共同的问题。要想使一个社会问题，成了
社会上多数人共同的问题，应该使这社会上可以共同解决这个那个社会问
题的多数人，先有一个共同趋向的理想、主义，作他们实验自己生活上满
意不满意的尺度（即是一种工具）。"③ 此时，"散沙的自由"与"各个的
并立"完全不能适应"趋同"的需要，为此他提出了"世界大同"式的
"人类联合"策略，目的是来个整体性的"翻身"。

从我们对李氏思想发展的线索来看，有两点最为值得注意：一是对
"人"——大众的器重，这是他后来唯民主义与民粹主义思想的基础；二
是从"调和"进化论到"争斗"阶级论的并不轻松的过渡。

就李大钊一贯的思想脉络来看，他的民本思想不是五四时期的专利。
早在 1916 年的《民彝》创刊号上李氏就捷足先登，以《民彝与政治》为
题将他理解的现代西方民主政治与中国"民为本，君为轻"的传统紧密地
拧在了一起。与其接受其他西方思想的方式一样，李氏首先立足于传统文
化的兴奋点上"引经据典"。他在四书五经里左右逢源，《诗经》中"大
雅"恰恰有其需要的"烝民"："天生烝民，有物有则。民之秉彝，好是

---

① 李大钊：《李大钊文集》下册，人民出版社 1984 年版，第 17—18 页。
② 李大钊：《李大钊文集》下册，人民出版社 1984 年版，第 37 页。
③ 李大钊：《李大钊文集》下册，人民出版社 1984 年版，第 32 页。

懿德。"单就"彝"字的考证他就颇费心机地"说文解字":

> 诠"彝"之义，古有殊训。一训器：宗彝者宗庙之常器也。古代宗法社会时代，即祭即政。盖政莫始于宗庙，器亦莫重于宗彝也。故称其重者以概其余而为百器之总名。
>
> 彝亦训常，《书·洪范》云："彝伦攸叙。"彝伦者，伦常也，又与夷通用。老子云："大道甚夷，而民好径。"夷，平也。为治理之道不尚振奇幽远之理，但求平易近人，以布帛菽粟之常，与众共由。
>
> 《书》曰："永弼乃后于彝宪。"民彝者，民宪之基础也。①

李氏的"知识考古"万变不离其宗，他为民本找到了充足的原始依据：民彝是天意的再现，是不可逆转的历史发展规律。他从"器"、"常"、"宪"三个字入手解析，将主权在民、民是政治主体的道理进行了多维的阐发。最后的结论是："民彝者，可以创造历史，而历史者，不可以束制民彝。"显然，这里的"民"还带有反封建意义的"自我"、"各个"成分。不过，尽管此时李大钊"民彝"的理论生成还是针对封建专制主义的，但是在向"民"的一边倒倾向上却为后来进至"一力之独行"的群众运动埋下了伏笔。

事实上，李氏的"民彝"离"民意"已经不远了。

从"散沙之自由"到"一力之独行"，李大钊有着与鲁迅先生一样的思想痛苦经历。摆脱奴役之路是需要"各个之并立"的"个人本位主义"，可是理想与现实不是一回事。鲁迅的"说法"又何尝不可当做李氏的心声："总之，思想一自由，能力就要减少，民族就站不住，他的自身也站不住了！现在思想自由和生存还有冲突，这是知识阶级本身的缺点。"② 承认这么一个事实，就不能不在"大众化"过程中实现自己的目标。而且，继民彝到民意的滑翔之后，由"民意"到"民粹"的诱惑力也不可小觑。读解以下文字就可见一斑了：

> 在都市里漂泊的青年朋友呵！你们要晓得：都市上有许多罪

---

① 李大钊：《李大钊文集》上册，人民出版社 1984 年版，第 153—157 页。
② 鲁迅：《鲁迅全集》第 8 卷，人民文学出版社 1981 年版，第 190 页。

恶，乡村里有许多幸福；都市的生活，黑暗一方面多，乡村的生活，光明一方面多；都市上的生活，几乎是鬼的生活，乡村中的活动，全是人的活动；都市的空气污浊，乡村的空气清洁。你们为何不赶紧收拾行装，清洁旅债，还归你们的乡土？你们在都市上天天向那虚伪凉薄的社会求点恩惠，万一那点恩惠天幸到手，究竟是幸福，还是苦痛？尚是一个疑问。曾何如早早回到乡里，把自己的生活弄简单些，劳心也好，劳力也好，种菜也好，耕田也好，当小学教师也好，一日把八小时作些与人有益、与己有益的工活，那其余的工夫，都去作开发农村、改善农民生活的事业，一面劳作，一面和劳作的伴侣在笑语间商量人生向上的道理。只要知识阶级加入了劳工团体，那劳工团体就有了光明；只要青年多多的还了农村，那农村的生活就有改进的希望；只要农村生活有了改进的效果，那社会组织就有进步了，那些掠夺农工、欺骗农民的强盗，就该销声匿迹了。

青年呵！速向农村去吧！日出而作，日入而息，耕田而食，凿井而饮。那些终年在田野工作的父老妇孺，都是你们的同心伴侣，那炊烟锄影、鸡犬相闻的境界，才是你们安身立命的地方呵！①

"农村"成了带有浓烈"乌托邦"色彩的地方。思想的"悔改"改出了可以"大有作为"的广阔天地。这预示着意志论影响下的唯民主义时代的来临。

另一个转化也值得论证。过去文化界同人说起"世界观"的转变多以抛弃前者接受后者作为"进步"的表现。其实，这是自相矛盾的表现，因为这些人恰恰把任何事物之间都是有联系的这一层给忽视了。就李大钊思想的"进步"来说，我认为他在这方面有一个创造性的转化。

就李氏的理论背景而言，他在"进化论"与"阶级论"的思想格局里容易找到打通的润滑剂。一是两者都有手段与目的的对立、统一的双重因素。在前者，"竞争"是手段，生存与进化是目的；在后者，"争斗"

---

① 李大钊：《李大钊文集》上册，人民出版社1984年版，第651—652页。

（"阶级竞争"、"战争"）是手段，"互助"、"大同"是目的。相形之下，除却前者目标感较弱，是一种非自觉的进化外，在手段与目的的逻辑构成上堪称殊途同归。将"斗争"与"互助"置于进化的层次来说，它们在手段和目的上都有较强的自觉意识。因此，五四时期的两位先觉从进化论进至阶级论就不那么突兀。二是两者都强调对抗、竞斗，尤其是注重性质截然不同双方的同时存在。李大钊 1916 年在其论文里曾这样反复述说"群演之道"："一成一毁者，天之道也。一阴一阳者，易之道也。"① 接着他还曾将"二体以上，互争为存"的思想扩展为："乾坤，一战局也。阴阳，一战象也。"② 这位以鸟之双翼、车之双轮作譬喻的"互为抵抗"专家很快于 1919 年找到了"阶级社会自灭的途径"——"阶级斗争"。

一方面要博爱——让世界充满爱，而另一方面又要激起仇恨满腔——以"唤起百万工农齐踊跃"。这个艰难的选择他无法回避："人类应该相爱互助，可能以互助而生存，而进化；不可依战争而生存，不能以战争而进化。"与此同时又坚信"这最后的阶级竞争，是改造社会组织的手段。"③ 李氏究竟是怎样将两者统一起来的呢？先驱内心的矛盾痛苦也许并不像我们想象的那么轻松。好在他以人道主义为跳板站稳了脚跟。这位中国第一位马克思主义者有意无意地为自己的转变打了个化约式的圆场。他在一篇"集大成"的文章里专门论述了自己所做的两方面的理解。他说："与这'互助论'仿佛相反的，还有那'阶级竞争'（'class struggle'）说。"注意，"仿佛"的使用很是到位，原来，李氏"一直"认为两者并不"相反"，而是"相承"。接下来的话语很能说明问题："所谓阶级就是经济利害相反的阶级。具体讲出来，地主、资本家是有生产手段的阶级，工人、农夫是没有生产手段的阶级。在原始社会，经济上的技术不发达，一个人的劳动只能自给，并无余裕，所以不发生阶级。后来技术日精，经济上发展日进，一个人的劳动渐有余裕。这个余裕，就是剩余劳动。剩余劳动，渐次增加持有生产手段的起来乘机夺取，遂造成阶级对立的社会。到了生产力非常发展的时候，与现在的社会组织不适应，最后的阶级争斗，就造

---

① 李大钊：《李大钊文集》上册，人民出版社 1984 年版，第 197 页。
② 李大钊：《李大钊文集》上册，人民出版社 1984 年版，第 372 页。
③ 李大钊：《李大钊文集》下册，人民出版社 1984 年版，第 18 页。

成了改造社会、消泯阶级的最后手段。"① 很显然，为了消泯斗争而斗争，这就是李氏新理论逻辑的全部。

上面引述的《阶级竞争与互助》一文发表于 1919 年 7 月 6 日的《每周评论》。我觉得这是研究李大钊思想转变不可不读的一篇重要文章。读解李文不难发现，李大钊的"互助"以及"大同"理想起源于人道主义，而其"阶级竞争"的归宿点也是肇始于人道主义。在该文一开始，李氏就在西方思想家那里挖掘"互助"的爱心根据："Ruskin 说过：'竞争的法则，常是死亡的法则。协和的法则，常是生存法则。'Willem Morris 也说：'有友谊是天堂，没有友谊是地狱'。这都是互助的理想。"哲人认定"协和与友谊，就是人类社会生活的普遍法则"。而社会主义则是符合这一伦理法则的"主义"——"协和、友谊、互助、博爱的精神"。这种精神也"就是把家族的精神推及于四海，推及于人类全体的生活的精神"。沿着这一思路，最终的结论是"人类的进化，是由个人主义向协和与平等的方面走的一个长路程"。他说：

> 这最后的阶级竞争，是改造社会组织的手段。这互助的原理，是改造人类精神的信条。我们主张物心两面的改造，灵肉一致的改造。
>
> 总结一句话：我信人类不是争斗着、掠夺着生活的，总应该是互助着、友爱着生活的。阶级的竞争，快要息了。互助的光明，快要现了。我们可以觉悟了。②

斗争的目的是为了"友爱"生活的到来。这是不得不采取的"最后"手段。至此，我们对李大钊的理解就不应该有什么障碍了。如果有什么要追究的，那就是他文中的"物心两面的改造"之说。

关于"心的改造"我们并不陌生，因为在李氏早期的文章里诸如"精神"、"意志"、"意念"、"悔改"等方面的论述即是他的心力意志的表现。"互助的原理"也正是他以往心力思想顺理成章的发展。而"物的改造"则是新的历史进程中的新学说。这即是以阶级斗争的方法实现经济利益分

---

① 李大钊：《李大钊文集》下册，人民出版社 1984 年版，第 17—18 页。
② 李大钊：《李大钊文集》下册，人民出版社 1984 年版，第 18—19 页。

配的合理化。在李氏那里，"物心两面的改造"即是客观世界的改造与自我心性的改造。不过，在提倡并驾齐驱之共同"改造"的同时，先驱还是倾向于"经济"范畴里的争斗优先的原则。这在哲学上也非常符合物质与意识的关系之辩证法。后来，李大钊的这一两面改造思想被他的追随者毛泽东所接受并发展，毛在《实践论》里所说的"改造客观世界的同时，也改造自己的主观世界"的说法与李的思路如出一辙。但是作为社会主义前辈的李氏率先遇到了毛后来也遇到的问题。这就是，从他接受的唯物史观来看，社会主义革命的条件还不足以支持他的"经济变动"论点。他在《唯物史观在现代史学上的价值》里已经强烈地感受到经济条件的特殊性，于是他便开始用拔高意识对物质的反作用的办法来弥补"物的改造"的局限性——把有限、被动甚至看似"怯懦无能的人生观"转化为无限的、主动的"发奋有为的人生观"。在这里，谭嗣同等先辈的心力"艺术"得到了活生生的再现。

"物质"总是有限的，而且条件是具体可见的；而"心力"则是"无限"的，而且在理论上可以不受时空的限制。中国有句古话叫"吹破牛皮不用报税"就是对这种人的无奈之词。在"心力"的作用下，什么权威、实际都将化作乌有。既然"雄心壮志冲云天"，那么哪里还有办不到的事？这样的朝气、如此的锐力对需要流血牺牲的革命事业无疑是雪中送炭。对谭嗣同，"砍头只当风吹帽"；对李大钊，"只要主义真"自然就是十分容易理解的大事业情结。

李氏的这一大事业情结之理论能量的渊源颇有谭嗣同、章炳麟等先驱的宗教轮回信仰。不过，他之精神圣火的点燃主要不是佛教教义，而是中国传统里的神秘文化成分。《庄子》、《易经》以及其他大思想家"天问"式的拷打、基督教里的耐苦精神令其顿生百折不回之志：

> 青年锐进分子，尘尘刹刹，立于旋转簸扬循环无端之大洪流中，宜有江流不转之精神，屹然独立之气魄，冲荡其潮流，抵拒其势力，以其不变应其变，以其同操其异，以其周执其易，以其无持其有，以其绝对统其相对，以其空驭其色，以其平等律其差别，故能以宇宙之生涯为自我之生涯，以宇宙之青春为自我之青春。宇宙无尽，即青春无尽，即自我无尽。此之精神，即生死骨

肉、回天再造之精神。此之气魄，即慷慨悲壮、拔山盖世之气魄也。惟真知爱青春者，乃能识宇宙有无尽之青春。惟真能识宇宙有无尽之青春，乃能具此种精神与气魄。惟真有此种精神与气魄者，乃能永享宇宙无尽之青春。①

这种神秘的色彩几乎可以说与佛法相近了。但其中的关键或说主题词还在于"无限的青春"之运用。无始无终、无限无极的思路已经将自我膨胀到了"宇宙即我"、"我即宇宙"的无以复加的地步。而伴随着自我的这种膨胀，个性却恰恰打了个反差。从个体的有限走到全体的无限，这个过程模糊了一个重要的命题：个体一投入整体的洪流就会力大无比、气魄无限。可若是冷静地想一想，就个人的实际能量而言，无论你在什么环境里，作为人的能量基本上是守恒的。也许，一个人受到启发、教育、宣传后精神会不一样，但即使如此，还是不可把个人的"心力"（心理能量）神化。

尽管李氏等先驱在"以心力挽劫难"的设计中给中国 20 世纪的历史留下了风流的足迹，但是他们的命题在革命及其流传的岁月里时时面临着被后人复制的危机。

第四节　拒绝平庸：对激进主义检讨的再检讨

20 世纪对激进主义的检讨是一而再、再而三的举动，套用一位后现代主义大师的话：批判激进主义已经成为一种"时尚"，一种思想的时尚。恕我直言，"时尚"离平庸已经不远了。说穿了，知识分子的定位问题——在时代中心的意义上，究竟应该扮演什么角色——应该是一个首先解决的话题。

一、"自我"膨胀：另一种意义上的"精神胜利法"

在我们论述的三位先驱中，尽管他们的思想与激情都带有明显的西方

---

① 李大钊：《李大钊文集》上册，人民出版社 1984 年版，第 196—197 页。

刺激成分，但如果透过历史的表象，在很大程度上，他们又都是传统文化的资深守护或说依赖者。传统文化如同生物母体里的基因一样流淌在他们的血液中。

谭嗣同的慷慨悲歌，李大钊的英勇就义，章太炎的曲折磨难向我们展示了一个深刻的内涵，传统士大夫的贤达心态始终在他们心中占据着神圣的位置。"穷则独善其身，达则兼济天下"固然是知识分子出入自如的圆滑型门票，但是对于处于动荡时代的他们来说，"两耳不闻窗外事，一心只读圣贤书"则有一种生命轻于鸿毛的自我谴责。来自灵魂深处的拷问促使他们奉行"风声、雨声、读书声声声入耳，家事、国事、天下事事事关心"的积极态度。顾炎武的生命历程给了他们无上的精神力量。神秘而又神圣的使命资源时时鞭策着他们以社会与时代的中心人物自居：既然我们是社会的主角与主人，我们就有一种义不容辞的责任和义务肩负起重任。于是我们看到，在谭氏那里："我自横刀向天笑，去留肝胆两昆仑"；在李氏的精神世界里："铁肩担道义，妙手著文章"；即使是地道文士出身的章氏在狱中的誓词也足以"动天地"："临命须掺手，乾坤只两头。"带着这一入世报国的豪情壮志，他们会义无反顾地直面血淋淋的人生、恶辣辣的社会，而且大义凛然、视死如归。

谭嗣同在血染菜市口之前就已经尽情挥洒了英雄气："冲决网罗"，冲破一切的网罗，将所有的束缚都统统打破。整体主义的解决方案在他身上得到了充分的体现。他这一思想的传承不光是李大钊一个，只是在李氏的精神世界里表现得较为充分而已。请看《新青年》2卷1号上《青春》的"自觉"："总之，青年之自觉，一在冲决过去历史之网罗，破坏陈腐学说之图圄，勿令僵尸枯骨，束缚现在活泼泼地之我，进而纵现在青春之我，扑杀过去青春之我，促今日青春之我，禅让明日青春之我。一在脱绝浮世虚伪之机械生活，以特立独行之我，立于行健不息之大机轴。祖裼裸裎，去来无挂，全其优美高尚之天，不仅以今日青春之我，追杀今日白首之我，并宜以今日青春之我，豫杀来日白首之我，此固人生唯一之蕲向，青年唯一之责任矣。"① 与谭嗣同创建的"以太"的概念——将自我与宇宙

---

① 李大钊：《李大钊文集》上册，人民出版社1984年版，第205页。

合一的一体化思路一脉相传，这就是万物"浑然一体"、无所谓有无生死、永远不息的"流转"观。

根据这一"万物流转"法则，谭氏将轮回的生命现象看成了一个无存亡的"物质不灭定律"。他以"微生灭"的"变易"原理阐释时间的连贯性，并因此得出了"有过去，有未来，无现在，过去未来皆现在"的结论。他说：

> 不生不灭乌乎出？曰出于微生灭。此非佛说之微生灭也，乃以太中自有之微生灭焉。……时时投胎，时时住胎，时时出世，时时出家，时时成道，时时降魔，时时转法轮，时时涅槃。一刹那间，已有无量佛生灭，已有无量众生生灭，已有无量世界法界生灭。求之过去，生灭无始；求之未来，生灭无终；求之现在，生灭息息，过乎前而未尝或住。是故轮回者，不于生死而始有也，彼特大轮回耳。无时不生死，即无时非轮回。自有一出一处，一行一止，一语一默，一思一寂，一听一视，一饮一食，一梦一醒，一气缕，一血轮，彼去而此来，此连而彼断，去者死，来者又生，连者生，断者又死。何所为而生，何所为而死，乃终无能出于生死轮回之外，可哀矣哉！由念念相续而造之使成也。例乎此，则大轮回亦必念念所造成。佛故说三界唯心，又说一切唯心所造，人之能出大轮回与否，则于其细轮回而知之矣。细轮回不已，则生死终不得息，以太之微生灭亦不得息。[①]

上引这段话不但对了解谭氏"心力"思想大有裨益，而且也是解读中国近代思想史不可不读的断章。由此，我们可以将谭氏及其"同人"的救亡逻辑看个大致。不难发现，无论承认不承认自己的佛学立场，他们都已经将传统文化的老庄、"周易"学说与佛祖挂上了钩。

与谭氏的这一流畅不息的"现在"观相吻合，李氏在谈古论"今"的《"今"》文里公然申明自己赞成永不消失的"无限"观："有的哲学家说，时间但有'过去'与'未来'，并无'现在'。有的又说，'过去'、

---

① 谭嗣同：《仁学》，石峻主编：《中国近代思想史参考资料简编》，生活·读书·新知三联书店1959年版，第512—513页。

'未来'皆是'现在'。我以为'过去未来皆是现在'的话到有些道理。"
何以要将过去、未来都拉回到现在呢？用李氏的话即是"昨日不能唤回
来，明天还不确实"。李氏的这种"现实"感无疑是强而又强的。可是问
题又远非如此简单。正是在这个看似"现实"的论题背后却带有极其强烈
的理想浪漫色彩。注重现实者恰恰跑到了现实的反面。既然"我"是永不
消失的，那么就有一片云的潇洒与自在，即使是付出再大的代价也仍是一
种潇洒与自在的方式。与《青春》中表达的"宇宙即我，我即宇宙"的
观念相呼应，李大钊于《"今"》中将谭氏无限膨胀的自我"复制"了
下来：

> 吾人在世，不可厌"今"而徒回思"过去"，梦想"将来"，
> 以耗误"现在"的努力。又不可以"今"自足，毫不拿出"现
> 在"的努力，谋"将来"的发展。宜善用"今"，以努力为"将
> 来"之创造。由"今"所造的功蘖，永久不灭。故人生本务，在
> 随实在之进行，为后人造大功德，供永远的"我"享受，扩张，
> 传袭，至无穷极，以达"宇宙即我，我即宇宙"之究竟。①

这种思想背景下的"自我"已经是一种变异了的"非我"：儿女情全
无，风云气十足。精神状态有飘飘然到不食人间烟火的味道。对革命诗
人，可以"仙然而去"；对革命者，"舍得一身剐"。

自我无限膨胀的意义就在于，"牺牲"在这里已经变成一件非常轻松
的事。诸如财富、遗产等都是"身外之物"。在他们眼里不是得不到承认
就是一种累赘。在谭氏那里，对"俭"的批判与对"奢"的倡导则已说
明他对精神原动力是多么器重，而对停留在原有的基础上的享乐又是对之
不屑一顾。一切为了创造，一切为了发展，一切为了流转，这才是真正的
历史。对李氏来说，虽然他没有对俭奢发表意见，但从他对"优于权富"
之浪费青春态度的嗤之以鼻就可以发现其价值趋向。他取"耶经"中"富
人之欲入天国，犹之骆驼潜身于针孔"的圣言"以喻重荷之与青春不并
存"。② 这种立足于意识范畴的精神法则，在我看来，与阿Q式的"精神

---

① 李大钊：《李大钊文集》上册，人民出版社 1984 年版，第 535 页。
② 李大钊：《李大钊文集》上册，人民出版社 1984 年版，第 204 页。

胜利法"本是同根生，在根源上也不越小农经济的温床之滋生。只是需要说明的是，这一"精神胜利法"的运作方式与阿Q的有所不同而已。20世纪的知识分子的特殊就在这里。

对谭嗣同来说，中国社会不够富强、物质条件极差的原因是因为"俭"在作祟；而在李大钊看来，中国目前的经济条件还不足以按照马克思所说的经济斗争手段来让社会"现代"，为此目前的办法只有采取非物的"心力"战略。条条道路通罗马，谭氏与李氏的不同视角并没有影响他们走到一个路子上。于是前者在注重以改变观念走向现代的路径上提出了"以心力挽劫运"的命题。在客观条件不成熟的情况下求诸"心的力量"，这是近现代知识者的一个共性，毕竟，"心的力量"至少可以满足或说支持通向"无限"的平台。正如我们看到的那样，后者在提出"物的改造"与"心的改造"的同时，最终还是倾斜了"心"的悔悟。这进一步说明，李氏在对物质条件无奈的同时，也自觉不自觉地受到了传统文化的影响。即使在接受马克思的唯物史观后，他仍担心人们对这一思想的"误解"："以为社会的进步只靠物质上自然的变动，不须人类的活动，而坐等新境遇的到来。"在李氏的心里，互助、创造、大同等内容体现的都是一种博爱、人道精神。从伦理的角度出发，他认为将这些精神因子传播到世界的每一个角落就可以改变世界。殊不知，这种"解释"世界的东西已经"越位"了。

与谭嗣同、李大钊的精神世界极其相似的章太炎先生又有着怎样的一种历史情怀呢？众所周知，"革命道德"的音符一直是回荡在章氏精神世界里的一个突出的主旋律。而这一主旋律的最高调还数革命家的"心术"。所谓革命家的心术，无非就是怎样培养其百折不回、视死如归的革命豪情问题。章氏这一思想的张扬势必造成众人的不理解。毕竟，特立独行的人总难免有脱轨之处。于是也就有"章疯子"的绰号。其实，"章疯子"所倡导的也不过是功名利禄、艰难困苦"于我若浮云"的主张。他对谭嗣同等戊戌君子"卓厉敢死"的道德可以说推崇备至；对那些"没于利禄"、耽于家什等身外之物者则忧虑重重，并认为这乃是"革命不成之原"。① 不

---

① 章太炎：《章太炎全集》第4卷，上海人民出版社1985年版，第279—280页。

言而喻，章氏的道德观念已经成为革命取胜的"法宝"。在他看来，如果说这种革命道德是一种病——神经病——的话，那么他宁愿这种病传染流行给四万万同胞，以达到挽救民族危亡的目的。他认为中国之所以"亡国灭种之根基"就在于"道德衰亡"。为此他在自己创建的"道德说"里将"固坚厉、重然诺、轻生死"作为最根本的准则。依据这一道德不道德标尺的确立，他在《箴新党论》中就毫不客气地将"渴慕利禄"、"醉心权利"、"哗世取宠"者统统叱责为无节操、无道德的不可救药之辈。而他的"用宗教发起信心"、"用国粹激动种姓"的实验也正乃其拯救道德而开的处方。

《人无我论》已经将章氏引进了一个"物心"浑然一体的境界。"依自不依他"命题的提出则标志着他将"心术"发挥到了尽头。这里，他那来自佛学的"境缘心生"、"人无我"的教义与儒学意义下的"心学"以及庄子的《齐物论》里的"丧失自我"观念演绎综合出了一个章氏之"道"。章太炎在《建立宗教论》里有关"识"与"本体"的较量和谭氏、李氏的"我"之膨胀十分相像。他说："宇宙本非实有，要待意想安立为有，若众生意想尽归灭于绝，谁知有宇宙者？""自我"与"宇宙"之间的转换关系其实是古代"心外无物"主张的再说，只不过是在古代思想家的基础上加上了数学的逻辑："所谓无量者，谓其至大无外，至长无际耳。然至大者极于无量，而取最小之微尘递分析之，其小亦无有量。"就这样，"自我"之"心"冠冕堂皇地把纷繁广漠的客观世界给吞并了。

从谭氏、章氏、李氏分别所处的戊戌、辛亥、五四三个阶段来看，他们的自我膨胀或说无限大原理的生成固然各有其历史背景。但总的来说，他们还是中国小农国情与文化传统熏染的结果。对于前者，它在"因果链"意义上又构成了后者的原因，现实的"无能为力"促使他们寻求"实在的玄想"以解决中华民族的现代出路问题。对于后者，在思想史意义上，它将是我们所要破译的观念之谜。

二、"个性"消泯：以"心"入世的乌托邦

谁都不能否认，先驱者在救亡道路上执著追求的真诚精神是他们一贯的情怀。从他们以时代中心为己任并围绕这个课题所做的艰难选择中，我

们能时时感受到每一位巨子的情真意切。由于时代条件的限制，我们的急进者不约而同地走向了"心学"的路径。众所周知，在以儒学为中心的传统文化里，在中国哲学思想发展的漫长历史上曾经形成了两大思想路径：一是以程朱为代表的"理学"传统，一是以陆王为宗师的"心学"传统。对谭氏、章氏与李氏来说，似乎"心学"或说接近"心学"的传统更适合时代使命的口味。

还是让我们从谭嗣同的"心力"开始诠释本文的论题。在那本代表著《仁学》里，谭氏的"仁"之概念与外延已经带有明显的圆融成分，既可以是"爱"，也可以是"智慧"，甚至可以将带有物性色彩极浓的"以太"也"心化"。"仁"的无所不能是谭氏自觉对"天人合一"观念的创造性转化，完全是为了自己服务于现实的需要而设计的。他曾是自己的同乡王夫之的忠实追随者，对"道器"、"心物"也有一定的思辨，可是从"理势合一"而来的哲学思辨在他这里则化为模糊"物心"的一元论说。本来，变法之前的他也是一位讲求"实在"的实行者，至少这可以是对付顽固派"道"的一种策略。然而，中国传统文化中"道"的神秘博大却让这位想以"形而下"发难的理想主义者甘拜了"下风"。在思维不易展开、论说不得力的情形下，他"不得不"转向"心力"。除却对付"道亦不变"的原因，这也是谭氏实践落空的结果。1896年，他在上海、南京、北京等地的实地考察使他对中国国情大为失望。"所愿皆空，一无可冀"的结论使他的满腔热情一落千丈，从此开始思索"心的力量"。这时的哲学思考是：尽管人有力所不能及之事，但是可以做到心之无所不能。心力，可以与天对立，可以与地比拟，天地之间的万物皆可"随心所欲"。他还在西方科学的灵妙里找到了"心"之能量无限性的证据。这样，《仁学》其实也就成了一部论述人心辐射学的专著。

与谭氏的思想集中于专著《仁学》不同，李大钊的"心"之理论散见于他的不同时期文章里。值得一提的是，李氏在思想流程的演变过程中表现出了与谭氏极其相似的脉络。无论是从古代的哲学影响还是从西方哲学包括马克思的影响来看，他对"精神现象是物质的反映"都是认同的。从"物心两面的改造"的命题来看，李大钊向精神力学之说的转变也是对客观情势的一种无奈反应。客观世界做不到的事情可以置换在主观世界里完成。在"灵肉一致"的改造达不到时，传统的反观自我、求诸内心的方式就有了寄托。"心"的改造是"悔悟"，再加上柏格森生命哲学的激发，李氏的自由意志思想就有了具体的内涵：前期膨胀起来的"自我无尽"、"回天再造"之精神与接受"唯物史观"后的以"感情"、"思想"动力并行不悖，力求个人主体与集体主体的统一。在李氏的心目中，乘机而起悔改的"心力"作用无与伦比，所谓"一念之悔，万劫都销"。① 沿着这一思路，即使是在运用"唯物"观念解释社会时也还没有"唯物"。在明知"物质"条件不许可的情况下，他便急不可耐地拔高了意识对物质的反作用。他说："有些人误解了唯物史观，以为社会的进步只靠物质上自然的变动，勿须人类的活动，而坐等新境遇的到来。因而一般批评唯物史观的人，亦有以此为口实，便说这种定命（听天由命）的人生观，是唯物史观留下的恶影响。这都是大错特错，唯物史观及于人生的影响乃适居其反。"② 是"误解"还是再创造呢？也许这只有当事人清楚。不过有一点是肯定的，那就是不赞成"自然"的渐进进化原理，而主张"人为"的超前"精神解放"。③ 这一充满信任、同情、爱意的精神辐射一旦形成，世界就将变成美好的乐园。其实，李氏那以人道主义为跳板的社会主义互助伦理也正是他"心"之不断改造思想的延续。与谭嗣同、章炳麟一样，先生也没有想到那美好的设计会在不自觉中走向自己的反面。

相对于谭氏、李氏之立足于传统、"持佛门忏悔之功，遵耶教复活之义"，章太炎的"心力"功夫毫不逊色，而且有"有过之而无不及"的造诣。比较谭李曾经闪念的"物心两面的改造"，章氏从以"以太"为核心的物化思想转化到纯然的"心化"思路，其言更富有文化底蕴。从中我们不但能领悟到他的天真与真诚，而且也不难发现他所说的"识"等感觉、意识范畴的概念有着深深的传统的情怀。在章氏那里，"存在就是被感知"的哲学命题是王守仁"心学"命题的再现，更是极富穿透力之传统文化思维模式的拷贝。④ 当然在老庄思想以及陆王的传袭之外，西方哲学家康德、

---

① 李大钊：《李大钊文集》上册，人民出版社1984年版，第175页。
② 李大钊：《李大钊文集》下册，人民出版社1984年版，第365页。
③ 李大钊：《李大钊文集》下册，人民出版社1984年版，第211页。
④ 比如王守仁说："天没有我的灵明谁去仰他高？地没有我的灵明谁去附他深？"见《传习录下》。

叔本华、贝克莱等人的意志论思想也多有侵入，于是在中西文化的交融中，章氏的"依自不依他"摆出一副俨然不可侵犯的神圣样子，没有"有他"的余地。

尽管三位先驱身上潜藏着极其浓厚的佛说庄学，充满了形而下的"道"气，但是他们对援引的文化资源选择时又是持极为慎重的态度的。例如，他们的佛道无一例外的都是"大乘"。这种"度人"的信念与"小乘"的"度己"形成了鲜明的对比。再如，他们为了避免陷于佛说的忏悔、自省意识不能自拔，每每将之与基督教的复活、超越精神相提并论，从而将"心力之学"涂上了一层积极向上、锐意进取的浪漫色彩。应该说，近代知识先驱将"心"与"入世"的结合是一个创举，也是特定近代动荡历史现实的必然结果。

然而，必须指出的是，这种以"心"牵动"物"的改造世界方式又是值得防范的文化资源。固然，人的主观能动性不可否认，但是过分或人为地"拔苗助长"则又会带来"信天游"式的脱缰狂奔甚至是不负责任或者无法负责的乌托邦情结。对充满理想、激情、憧憬的激进主义者来说，他们善良、美好、真诚的愿望以及为此付出的努力与代价本身无可非议。问题在于，一旦这一乌托邦情结的奢望与"企图会使自由变为放纵，使权威变成暴政。"[1] 天真的先驱者往往走向自己不曾料想的反面，这才是历史的悲剧因素。这正如西格蒙·鲍曼（Zygmunt Bauman）所说的那样："和所有别的乌托邦一样，都有一个令人懊恼的特点，即它只是停留在可能范围内时才振奋人心。一旦它宣布自己大功告成，已成为经验性的现实，它也就立即失去了创造力。"[2] 但是，这绝不是我们一股脑否认所有理想主义、激进主义及其乌托邦设计的理由。因为，我们没有理由再犯一概而论的错误。毕竟，前"乌托邦"与后"乌托邦"、前"激进"与后"激进"在本质意义上是不可同日而语的。

由此说来，我们对与乌托邦意识极其暧昧的"心学"之潜在的滑坡危险做一分析还是非常必要的。理由是：它最大的危险莫过于，在以"人"为本的设计里不自觉地消泯了人的个性，完全走向自己的反面。

---

[1]　Krishan Kumar, Utopia and Anti Utopia in Modern Tunes. Oxford：Basil Blackwell, 1987, p. 101.

[2]　转引自张隆溪《乌托邦：观念与实践》，《读书》1998 年第 12 期。

三、"心不从心"：另一种逃避

当善良的愿望从"自我的膨胀"开始而在"个性的泯灭"中结束时，我们发现，这也是一种逃避，无论先驱者意识还是没有意识到。

毋庸讳言，在三位先驱的思想境界里，有关道德的说教占有一定的比重。显然，这与他们注重心性之学有一定的关系。在谭氏的逻辑构成里，与其说他的牺牲是以身殉国，毋宁说是以身殉道；与其说他的死是出于对光绪个人的"忠"（事实上这也是一种道德），毋宁说是对中国传统文化中的道德信念的履行与实践。写于21岁的《治言》已经流露出对道德衰颓的担忧与不满。根据他的"历史让渡论"划分，尧以后是"道道之世"，再后来的中间阶段是道德掺杂的不纯时期，而到现在则是令人不安的堪忧时期。与这三个时期相对应的是"忠"（忠诚）、"质"（无有外饰的地道之质）、"文"（教养），按照历史循环的法则，谭氏认为当下即将启动新一轮"忠"的周始。从道德观念审视社会，而且尤为看重"忠"的意念，他顺承了孟子的"浩然之气"的"养气"说——一种立意于道德修养的精神指向。在他看来，有了这样的"养气"，方可以"修身"、"齐家"、"治国"、"平天下"。就在谭氏牺牲近十年之际，章氏的"革命道德说"远远超出了前者的声音。他认为，对革命事业形成最大威胁的东西不是别的，就是道德的堕落。一盘散沙式的"不群"弊端固然是其着力批评的对象，但是他也没有忽视对利禄之心、趋名若鹜的鞭挞。"名利于我若浮云"夫子之道在章氏笔下开始复活。在民德极度衰颓之际，他为建立一种立竿见影的道德（宗教）极尽摇唇鼓舌之能事。就这样，谭章两人将"心力"的哲学落在了道德的实处。

在我们论述的三位先驱中，李大钊的道德观念最为引人注意。如果以道与义的标准看，那么我们说李氏的"义"气更为浓厚些。之所以这样说，是因为通过三位先驱的比较，我们发现李大钊不只是一位以道德救世的革命者，更重要的是一位道德理想王国的设计者与献身者。

他始终是一位道德情怀浓厚而且以道德尺度做抉择的汉子。早在1913年《言治》上发表的《暗杀与群德》、《朱舜水之海天鸿爪》等文章就已经表现出对"德"的关注。他之所以纪念朱舜水，就是因为想通过这位先哲的事迹重振道德的雄风，挽回"人心颓废之风"。其实，李氏对朱氏的评价重点还在先哲那种至死不渝的光复之志。对时局来说，朱氏这样的民族英雄真乃太需要了。在李氏眼里，吴樾、徐锡麟等革命家的"暗杀"之举是一种至高无上的"义"举。"铁肩担道义"的道德英雄观始终是他不折不扣的"心力"精神策源地。"五四"之后的思想转变也不曾动摇。《阶级竞争与互助》、《物质变动与道德变动》都不遗余力地为伦理道德立命。不过，这里的道德已经不是一般意义上的道德，而是一种用诸激活民意与民力的生命现象。在李大钊看来，如果这种伦理道德不与民众结合起来，那它就是一个没有着落的虚设。所以他说："我们今日所需要的道德，不是神的道德、宗教的道德、古典的道德、阶级的道德、私营的道德、占据的道德；乃是人的道德、美化的道德、实用的道德、大同的道德、互助的道德、创造的道德！"① 究竟是什么一种道德呢？原来，他讲的是普遍的、动力的、实践的道德。一言以蔽之，是要转换成能量道德。

先驱们也许并不是不知道，靠一个两个人的道德并不足以解决问题。那只能是"独善其身"的自我设计。于是，将道德"普度"，辐射到人人身上就可以在强大的民意中实现自我的意志。说穿了，自我膨胀的过程也就是道德泛化的过程。人人的善，积聚成为一个无限的大善，连成浑圆的一体。这就不是"人人皆可为尧舜"问题，而是"人人必须为尧舜"的问题。在很短的时间内这样做能够吗？先驱哲人只能"权且当作"其能！至少，他们找到了道德的合力。

既然道德不振是社会罪恶的根源，那就有必要从道德振作开始。唤起百万工农齐"道德"是当务之急，更何况下层工农的道德本来就比上层来得可靠呢？果不其然，向下寻求道德的力量在三位先驱身上得到了同样的表现。不过，必须加以说明的是，由于他们"心学"逻辑的各有不同，因此在民粹倾向的一致上又有不同的归宿。

以谭氏为例，撇开他的"君民"观点不论，就其对君权的理解而言，他与康梁等人将君权绝对化的观点也大相径庭。"君"是独夫民贼，是"乡愿"、"大盗"。"民"才是值得教化、信赖的有德之众。为此，他一改

---

① 李大钊：《李大钊文集》下册，人民出版社1984年版，第152页。

夫子贤士之论说："'达者（当官的）兼善天下'，不知穷者亦能兼善天下，且比达者力量更大。"① 依下不依上的思路自然与他"心力"之说息息相关，但是他对"心力"肯定的同时也不是没有怀疑。在他报国无门、困惑万端之际，光绪的召见使他看到了比"心力"更重要的东西。对此，我们没有必要对他的"忠君"思想看得太重。从谭氏最后"有心杀贼，无力回天"的感叹里，我们所能领悟的是：假如有比"心力"更可靠的"现实"，他也就不会有此下场。激进、冒进的心理因素使他有一种恨不能"立等可取"的收获。结果，他只能在"左顾右盼"中演完悲剧的角色。笔者对他的评价是：尽管谭氏在"心力"问题上有民粹的倾向，但这只是一个端倪。如果历史可以假设的话，那么不死的谭氏所处的时期以及他的思想构成尚不足以使他成为一个十足的民粹主义者。当然，这并不排除随着时间的推移，他有可能成为一位社会主义或无政府主义暴力手段的追随者。

　　章氏以道德判断为主的思想逻辑同样使他难与"新党"为伍。在《箴新党论》里，他早已经把那些自私自利宗派小集团道德丑化得一文不名。在后来的文字生涯中，只要一有机会，他都会对上层的道德堕落现象予以不留情面的抨击。《革命道德说》甚至得出了这样的结论：社会集团的地位与教育程度愈高，其道德水平亦就愈低。章氏对道德的提倡带有明显的苛求成分。不过，他的道德感觉在很大程度上有一种对革命党的感情用事因素。因此武昌起义爆发后，他喊出了："革命军起，革命党消"的口号。这，在某种意义上说，一方面有进一步呼唤民间道德英雄的趋势，另一方面也告诉人们不必为他的民粹思想杞人忧天。太炎先生晚年被鲁迅概括为"既离民众，渐如颓唐"，这即是历史的真相。比起谭、李的破坏意识与建设意识，章氏的思想更多的是"面壁"意义上的化解意识，从他教之其他两位的"心"学之纯化的程度看，他有理由"离众"。

　　这回该说到以"民彝"、"民意"为天的大钊先生了。我以为，李氏是三位中间将道德情怀与民粹倾向结合得最自然的一个。在他看来，"民彝"就是"天意"，是一种顺应天理的自然规则，不可逆转。违反了这一

---

　　① 谭嗣同：《谭嗣同全集》，中华书局 1981 年版，第 32 页。

规则即是最大的不道德。而目前"有德"的表现就是将以打通"人间相互的好意隔绝"，建立一个"精神解放"的社会。① 按照他的自我膨胀法，李氏的道德主义将民粹思想发挥到了一个新的极致。请看他的"到农村去"的号召："我们青年应该到农村去，拿出当年俄罗斯青年在俄罗斯农村宣传运动的精神，来做开发农村的事，是万不容缓的。我们中国是一个农国，大多数的劳工阶级就是农民。他们若是不解放，就是我们全体国民不解放，他们的痛苦，就是我们国民全体的痛苦；他们的愚暗，就是我们国民全体的愚暗；他们生活的利病，就是我们政治全体的利病。"（《青年与农村》）这里，一切的鼓动都是在打通堵塞、消除隔阂的道德名义下进行的，而且自我的道德水准也可以在膨胀中"放置四海"。于是，个人的性情也就慢慢在与农民打成一片、连成一体、消泯差异的过程中化做了充满浪漫和诗意的彩虹。

归根结底，本来直面现实的动机却在"其修远兮"的上下求索中走向了自己的反面。也许，先驱者自己并没有认识到这是逃避现实的另一种形态。即是说，在一定的历史条件下"预支"非现实的东西，同样会远离现实，甚至造成可怕的后果。谭氏、李氏的"就义"弥补了两人的"逃避"意义，成为后人赞赏的"义"举。虽则如此，我们只能说他们两位的"物心"两面之二元性起了一定的作用。但是，20 世纪的精神遗产绝不可简单地用"义"与"不义"的标准来衡量。

这里，我们并没有贬低激进主义先驱的意思。在当今呼唤理想主义的时代，当表深切的敬意。毕竟，历史上的坎坷与灾害并不能归咎于理想与激进本身。

---

① 李大钊：《李大钊文集》下册，人民出版社 1984 年版，第 211 页。

第四章

保守主义：另一种文化资源

在20世纪中国思想文化的舞台上，再也没有比保守主义名声更为狼藉的了。这一方面固然与其对垒的激进主义的占据上风密切相关，而另一方面，也是最为关键的一个方面：保守主义以捍卫既定的"权威"与"秩序"为鹄的，在心理上给人留下了"可憎"的面目。尤其是当以"新"的大纛出现的激进主义成为新权威主义而给人留下"可爱"的印象时，保守主义即使"有理"也说不清了。正是为了说明笔者所要立意的命题，所以我遴选的辜鸿铭、杜亚泉、王国维就不是从"顺手"角度着手的——他们是能够激活当代国民精神灵魂的"国宝"。

第一节　拯救与逍遥：文化功夫释义

虽然从辜鸿铭开始论述文化保守主义不是一个明智的选择，但却是一个必要的定位。就中国大陆文化界的情形而言，对辜鸿铭的认识可能大多都在"逸事"之中。如果有人提及辜氏，可能也是一笑了之，似乎不值得一辩或无可理喻。这，无疑是辜鸿铭的悲哀。然而，在"笑"辜氏的同时，我们什么时候才能抛开"逸事"，严肃而又认真地面对辜鸿铭呢？或许，这就是笔者率先思考辜氏的理由。

一、"文化怪杰"

一提到中国近代文化史上的怪杰，人们必然首先想到辜鸿铭。以"怪"出名，而且怪得出奇的典故莫过于他那关于"茶壶茶杯"之论。大意是说：他在为中国传统的一夫多妻制辩护的时候说——男人好比茶壶，女人如同茶杯。世上只见一个茶壶配好几个茶杯，而没有见过一只茶杯配好几个茶壶的。

1857 年，辜鸿铭祖籍福建同安，生于马来亚槟榔屿的一个华侨世家。他名汤生，自幼受到了家庭的教育，对中国文化有了一定的了解，但不知是血缘的关系还是气质的缘故，并非耳濡目染的他对中国传统有一种自来的亲和性。13 岁那年，他随养父（一个苏格兰人）到了欧洲。英、德、法、意等国家的游历过程使他对西方文化与民俗有了相当深入的了解。在那样一个时代，作为一个中国人，能对西方世界有如此多的了解，真可以说是"西洋通"了。为此，他后来在回国后曾为张之洞担任了很长时间的洋文案。原来，保守主义者也可以是西方文化熏陶或说刺激下的产儿。

21 岁那年，辜氏获得了爱丁堡大学的文学硕士。之后又有一段德国莱比锡与法国巴黎的学习经历。当时欧洲浪漫主义思潮对他有一定的影响。29 岁回国之时，正值中国遭受西方列强蹂躏的当口。他的民族自尊心受到了前所未有的打击，自此文化保守主义的思想基调基本形成。清朝末年，他曾官至外务部郎中，擢左丞。光绪二十七年，中国与八国联军战败，签订了丧权辱国的《辛丑条约》。此情此景，辜氏将自己一年来发表在横滨《日本邮报》上的英文政论编辑成了《尊王篇——一个中国人对义和团运动和欧洲文明的看法》(*Papers from a Viceroy's Yaman*)。从此，辜鸿铭在外国人心目中可以说大名鼎鼎了。然而，他似乎在中国士大夫眼里还是名不见经传。何以故？原来中国人骂洋鬼子、骂列强的文论多了，谁稀罕呢！可是，他又为何在被骂的洋鬼子眼里意趣盎然呢？原来，他的骂法很是新鲜，颇有章法。这，就得力于他的西洋文化背景了。在那个年代，有几个人能像他这么幸运而周游世界呢？在他笔下，西方汉学家的不是他照例要骂，传教士的虚伪自然不在话下，更可气的是，在西方焚烧科学家的教士竟然在中国担当起了科学的使者。难怪外国佬对这位中国怪杰也不能不刮目相看了。

民国成立后，他的英文新著《The Story of a Chinese Oxford Movement》（《清流传》）在上海发行。不久，一位在青岛传教的敏锐人士 Richard Wilhelm 将辜氏的两本书合成为《为中国反对欧洲观念而辩护：批判论文》在德国出版。这本书几乎让德国的新康德主义者们欣喜不已。于是他在国内的小有名气与在国外的大有名气形成了鲜明的对比。1914 至 1918 年的第一次世界大战期间，由于他担任五国银行团的翻译，所以有机会和欧美人士谈论战争的前景，不料其间应邀发表的演说《中国人的精神》（*The Spirit of the Chinese People*）在北京刊行后更是影响倍增。此时的辜鸿铭想回到自己原来无名的时期都已经很难了。

辜氏在西方人眼中声誉之响，名头之隆，这在近代中国无人可比：

> 俄国的托尔斯泰对其抵御现代物质主义大为赞赏；
> 法国的罗曼·罗兰说："在西方是很有名的"；
> 英国作家毛姆：中国孔子学说的最大权威与声高望重的哲学家；
> 瑞典的勃兰兑斯："卓越的中国学者"；
> ……

不可思议的影响不仅给他在西方带来了不可思议的名声，而且第二次世界大战期间近邻日本也曾掀起过一个不大不小的"辜鸿铭热"。1916年，应邀从德国回国任北京大学校长的蔡元培将辜氏聘请到了英文系任教。于是又成了"北大顶古怪的人物"。"精通西学而极端保守"也成了辜氏的代名词。

在"兼容并包"的自由主义教育宗旨下，蔡氏的北大就有了两个截然不同的文化阵营：一是以陈独秀、胡适为首领的新派，一是辜鸿铭、刘师培为首的旧派。激进主义与保守主义分别以《新青年》与《东方杂志》为阵地展开了激烈的论争。如果不是辜鸿铭的名字列在了张勋导演的"十二天复辟丑剧"的内阁名单上，或许他的名声在中国文化人眼里还不致那般狼狈。1918 年，因《东方杂志》转载了日本《东亚之光》上一篇介绍关于辜氏在西方影响的文章《中西文明之评判》，导致了《新青年》主编陈独秀的"质问"。《质问〈东方杂志〉记者》一文将康有为、辜鸿铭、张勋视为同类，而当杜亚泉发表《答〈新青年杂志〉记者之质问》以攻代守时，陈氏再度出击，以《再质问〈东方杂志〉记者》为题，对辜氏思想进行批评。这，即是发生在"五四"时期的"东西方文化论战"。也许是由于"五四"激进人物的原因——被钉在"复辟"柱子上——使他在国内无限寂寞，这恰好与他在西方的走俏形成了鲜明的对比。与此同时，这也从另一个侧面说明，不同文化背景下的人文关怀也是不可强求一致的。就辜鸿铭本身反观辜鸿铭现象，我们更应该保持对辜氏的一份清醒。

1924 至 1927 年，辜氏在日本讲学三年，回国后曾经答应赴山东大学任教，但不曾就职就因染上时疫而逝，终年 72 岁。

二、辜鸿铭："富于想象的理性"

除了"怪"的说法以外，辜鸿铭的思想文化命题就是世人加给他的文化保守主义。对辜鸿铭本人来说，这个名称尽管不太好听但也并不冤枉他的"作为"：他保守得可以。在中国近现代思想文化历史上，他是当之无愧的正宗保守一族。在此，笔者十分欣赏他对中国文化精神之要义——"富于想象的理性"的概括，与此同时，笔者又对他以"富于想象的理性"之思维方法对中西文化的比较不能不表示遗憾。

人类失去理性不行，没有想象力也不可思议。但是人类文明的发展与完善又不是"理性"与"想象力"的简单相加，而是一种有机的整合。辜鸿铭那"富于想象的理性"就是从他对中国文明的强烈认同感开始的，而这种认同感的具体表现则是他对西方物质文明的鄙视。在第一次世界大战的历史背景下，辜氏替外国人体验了西方物质文明在东方精神文明面前的"自"愧弗如。在这里，无论是激进主义者还是保守主义者，他们对中西文明的比较在大义上并没有什么不同。李大钊、陈独秀也好，杜亚泉、王国维、辜鸿铭也好，他们都在物质与精神、动与静、金钱与道德等等方面做了大致相同的判别。只是他们的视角不一，由此就有了截然不同的观点。比如，辜鸿铭在中西比较中就对中国固有的"道德力"给予了至高无上的评价。西方武力主义、军国主义、金钱主义正是眼前战争的根源。为此，我们就不能以物质生产的水平做标准来衡定一个社会是否进步。在辜氏看来，西方社会也并不是没有道德约束力，只是由于他们的道德力量来源于信奉"性本恶"的基督教的缘故才导致了战争的失控。"性本恶"的结果相信物力，这就失去了对道德本身资源的开发利用，而这时的中国在西方相信物质力量的同时一直在发展自己的道德心力，于是中西文明的不同昭然若揭。在他的文化视野里，人类文明进步的历程一直伴随着"道德力"的约束。一旦失去这种约束，罪恶将由此产生。过去西方的"道德力"自基督教的文化源泉里汲取，而今天西方的基督教已经不能承担起这一责任，"作为一种道德力量已经失去了效用。因缺乏一种有效的道德力去控制和约束人们的情欲，于是欧洲人民又不得不重新采用物质力量来维持社会秩序，恰如卡莱尔一语道破的，目前的欧洲是'混乱加上一条来复枪'。这种为维持秩序而对物质力量的利用，导致了军国主义"。①如此以来，中西文化视野下的中国文明与人民就太可爱了。他们高尚的道德素养与和平天性使他们的性情在世界每个民族中都很少见："中国人性格和中国文明的三大特征，正是深沉、博大和淳朴。"除此之外，后来他又郑重其事地加上了"灵敏"一款，使中国的文明更有了切实的"想象的理性"特征。周游过世界而且对西方文明有极其精深了解的他比较说，美国人博大、淳朴但不深沉，英国人深沉、淳朴但不博大，德国人深沉、博大，却不淳朴。

而且，他坚信中国人的温柔敦厚与深沉博大之道德魅力在于"同情的力量"。其证据是语言、书法、儒学等心灵产品在世界上的独一无二。他以中国人使用毛笔为例，将柔软的线条变化与优美古雅的心灵联系在了一起。在辜氏看来，西方的自来水笔与鹅毛管不可与之相提并论。它们甚至无法领略或享受到这种精神文明的灵性。如此可爱的"良民的宗教"（The Religion Good－citizenship）而得不到世界的认可岂不是冤枉透顶？此情此景，他的良心与责任不允许他稍有怠慢。站在中国文明一边，他强烈地呼吁道："我倒愿意警告那些欧美人，不要去毁坏这笔文明的财富，不要去改变和糟蹋那真正的中国人。"② 因为现代精神的核心是"富于想象的理

---

① 辜鸿铭：《中国人的精神》，海南出版社 1996 年版，第 20 页。
② 辜鸿铭：《中国人的精神》，海南出版社 1994 年版，第 25 页。

性"（imaginative reason），而中国人的精神就是这想象的理性的代表，有鉴于此，西方人还在等什么？因为这"对于欧洲人民来说是何等的可贵！它是何等的可贵、何等的重要"！由此，西方人对中国文化的蔑视、侵略乃至"试图消灭"就是不可理解的，必须予以坚决的反对与制止。①

　　过去，我们谈论辜鸿铭的思想文化多以保守主义名之，而当笔者读到他的"想象的理性"的命题时，简直是吃了一惊。原来，辜氏的思想意识里还有那样强烈的现代感，这样的保守命题又有谁能够轻视呢？我希望诸位能和我个人一样去理解并欣赏下面一段辜氏的演讲词："我要告诫诸位，当你们思考我所试图解释的中国人的精神这一问题时，你们应该记住，他不是科学、哲学、神学或是任何一种'主义'……中国人的精神甚至也不是你们所说的大脑活动的产物。我要告诉你们，中国人的精神是一种心灵状态、一种灵魂趋向，你无法像学习速记世界语那样去把握它——简而言之，它是一种心境，或用诗的语句来说，一种恬静如沐天恩的心境。"② 应该说，辜氏对中西文明的把握在这里见了功底。从这里，我们至少可以感觉到，他的保守也许不是我们过去所想象的那么简单与愚昧。他对中国传统文化里缺乏科学的理念不但不是没有认识到，而且认识得相当深刻。众人的精神不是科学的精神而是心灵的产物，不是脑力思考的结果而是一种智慧型的悟性，他找到了问题的核心。即使是在现今的后现代主义的语境里看辜鸿铭的文化解读，也不失其价值意义。在工业社会以及后工业社会里，功利的理性对人文理性的排挤与强制已经是司空见惯的现象，以科学主义代替一切的偏执更是随处可见。辜鸿铭在铁血事实与代价面前目睹着一场无声的悲剧：理想与激进的文化名宿在熟视无睹地张扬着西方那"以战争为本位"之"动的文明"。《新青年》上的文章对军国、武力的推崇虽是"师夷之长技以制夷"的翻版，或说是对"以其人之道还治其人之身"文化要义的因袭，但是这样的功利性策略同样会让社会为此付出沉重的代价。这样，我们对当年辜氏与陈独秀辈的"提笔相向"就不难理解了。

　　当然，辜氏的观念里并不是没有值得商榷的东西，这也是我们下文所

　　① 辜鸿铭：《中国人的精神》，海南出版社 1994 年版，第 75 页。
　　② 辜鸿铭：《中国人的精神》，海南出版社 1994 年版，第 75—76 页。

要论述的问题。我们说，对中国文明的认同及其守成并没有什么不可思议的地方，也不失为一种文化路径的独到选择。但是，一般来说，偏执又非常容易显示出狭隘，这就是人们常说的"深刻的片面"。激进主义者们曾以这一片面赢得过无数的追随者，并因此名声鹊起。但是在今天激进主义的行情下跌的当口，我们切不可再犯当年已经犯过的错误。按照笔者一贯主张并坚持的互补观——"并立"的互补——对中国文明强调过了头，同样会在西方现代文明面前显得尴尬。譬如，他对东方文明的过度推崇使他忽视了缠足、纳妾、太监这些对人性具有摧残力的风俗制度。本来他是从保护人性的视角去谈论保护东方文明的重要性的，结果却走向了自己的反面。如果说辜氏的这些细节性的传奇权且可以作为笑谈的话，那么沿着他的笑谈很快就会走向致命的误导。他欲以中国文明来纠正西方文明的论述已经非常清晰地暴露了他的问题所在。他曾如是说过："今日欧洲文明的基本谬误，正根源于对人性的错误认识，即根源于对人性本恶的观念。因为这种错误的观念，欧洲的整个社会结构总要依赖于武力来维系。在欧洲，人们赖以维持社会秩序的有两种东西。一是宗教，再是法律，换言之，欧洲人民所以就范于秩序，主要依靠对上帝的敬畏和对法律的畏惧。这里畏惧本身就含有使用强权的意思。"[1] 撇开对上帝的敬畏属不属于使用强权问题，就其对法律的"使用强权"判定而言，就已经是对理性的一种亵渎。既然"神权"与"法律"都是"人权"的威胁，那么这一情形就应该受到必要的限制。他认为人是应该有恐惧的，但是他们恐惧的对象不应该是警察这类权威性的设置，而应该是自我的"良知"——即是廉耻观念。因为"一般的纠纷，依据礼义廉耻就可以解决，所以警察就用不着那么多。在这一点上，是值得欧洲人好好学习的。"[2] 这种通过"内圣"来治理国家的心态显然是从孔老夫子那里直接受的益。

顺着他那东西方文明根本差异之点走下去还会发现，辜氏的对中西的判别明显是有情感倾向的。对此，我们也毋庸讳言，先生在内心充满热情的同时也就失去了冷静的分析。众所周知，与伦理关系极其密切的政治是辜氏重点强调的内容之一，而且他对西方社会将金钱置于首位的做法大为

① 辜鸿铭：《中国人的精神》，海南出版社 1994 年版，第 23 页。
② 辜鸿铭：《中国人的精神》，海南出版社 1994 年版，第 215 页。

不满：在中国，人与人之间的关系是温情仁厚的伦理道德关系；在西方，人与人之间的关系则是建立在赤裸裸金钱之上的关系。辜氏说："如果金钱成为社会的基础，那么社会就有堕落到这种状态的危险。"① 金钱至上带来的危害首先表现在个人的社会生活方面：西方人何以贪得无厌呢？原因就在于他们不像东方人那样"知足常乐"，而是为钱所累。他用孔老夫子的话说："仁者以财发身，不仁者以身发财。"不言而喻，他深为东方人那种为了享受而创造财富的悠闲人道态度而自豪。的确，在近代中国以唯理性主义与唯科学主义为代表的思潮令我们付出了不必要的代价，对此的反省也是必要的，但是这里我们要问的是：在讲求人道、享受的同时，如果将物质极大地丰富起来，不是对人的关怀更有力量与价值吗？这样看来，以不满足为先决条件的追求又有什么不好呢？在清苦的环境中生活，在贫穷的条件下享乐，这是不是一种无奈式的自得其乐呢？这样的人权是不是更残酷了些？

"知足常乐"，不用科学理性去追求更大的快乐价值，不去从不同的差异中寻求内在的发展内驱力，这与中国人精神世界里的注重心灵教育、着重人的自我完善息息相关。在这一点上，辜鸿铭的发现是正确的而且是独具慧眼的。"想象的理性"将我们带入了诗意般的浪漫世界。问题是，我们传统里不乏智慧，而缺少科学；不乏灵气但缺乏创造。由此看来，对西方文化里法律、经济、民主、教育批评的太多并不是对"想象的理性"的最好的解释。在先生自以为找到救世良方——"义"和"礼"的时候，我们还是只能为他寻求意义的民族自尊而喝彩，在归根结底的意义上，辜氏的故事虽多，但终究还是在民族性与时代性十字架上失衡的守成主义者。

三、"守"出真性情

毕竟，辜鸿铭是一个有中国血统的人。一首歌曲里唱道："流在心里的血，澎湃着中华的声音……"即使是一个老夫子的形象，他的道德淑世哲学的精神底蕴里还是一片真诚。在西方文明的刺激下，他的文化选择以

---

① 辜鸿铭：《中国人的精神》，海南出版社1994年版，第214页。

自我的尊严在述说着中华民族的尊严。中华民族的尊严又在自觉不自觉地影响着他去发挥自我的尊严。在辜鸿铭那里，他个人尊严的发挥就是一种道义承诺，一种淑世的理想与情怀。就此，我们是该跳出辜鸿铭逸事的时候了。

我们过去对辜氏的"怪"津津乐道，也许，我们解读了他的《中国人的精神》后就不会再去只说"是什么"了，因为"为什么"比前者更值得我们去探寻。不过，"解铃还需系铃人"，我们的论述还得从他的最为尴尬的处境开始说起。1918 年前后，《新青年》同人对辜氏的点评可以说将他打入了世纪的冷宫。李大钊说："西洋文明是否偏于物质主义，宜否取东洋之理想主义以相调剂，此属别一问题。时至今日吾人所当努力者，惟在如何以吸取西洋文明之长以济吾东洋文明之穷，断不许以义和团的思想欲以吾陈死寂灭之气象腐化世界。"① 李氏的这段话虽是针对辜氏之文在国外的反响而言的，也同样是出于对文化保守主义的不满而发。陈独秀则在《质问〈东方杂志〉记者》的文章里将辜氏与康有为、张勋等而观之，更是把辜氏推向了不名的境地。② 很显然，文化激进主义者将辜氏当成了顽固、落后的遗老。诚然，从表面上看，辜氏确有"遗老"成分，但细说起来，他的"保守"远非"国粹"与"复古"的品性所能概括。就以《新青年》上对他的挞伐为例，辜氏当时不置一词，而在新文化运动发展到高潮的 1919 年却以英文在上海的《密勒氏远东评论》上发表《反对中国文学革命》、《留学生与文学革命》等文，对陈独秀、胡适们的"造孽"甚为不满。笔者以为，他的文化守成也许并不如陈氏们所想象的，在骨子里他的文化认同是一种情致，一种关怀，而少有功利和趋势的色彩。仅此一点，足以将辜氏的文化选择"留此存照"，当做一份思想史上的"备忘录"。

至此，笔者想抛开正文，从辜氏本人、同时代对手、国外研究者等三个方面的评论来个多维视野的透视。也许这样的叙述比正统的"八股"式论述更有意义。辜氏曾在北京大学课堂上一本正经地说："现在中国只有两个好人，一个是蔡元培，一个是我。因为蔡先生点了翰林之后不肯做官

① 辜鸿铭：《中国人的精神》，海南出版社 1994 年版，第 272 页。
② 《新青年》5 卷 3 号，1918 年 9 月。

就去革命，到现在还是革命。我呢？自从跟了张文襄做了前清的官以后，到现在还是保皇。"① 自命"好人"自有其自命的道理。他1924年在日本东京工商会馆的演讲也这样广而告之："因为常常批评西洋文明，所以有人说我是个攘夷论者，其实，我既不是攘夷论者，也不是那种排外思想家。我是希望东西方的长处结合在一起，从而消除东西界限，并以此作为今后最大奋斗目标的人。"② 自命归自命，"夫子自道"总让人有非历史的感觉，关键问题上还是得由"后人评说"。现在我们不妨看看胡适笔下的"辜鸿铭"：

> 现在的人看见辜鸿铭拖着辫子，谈着"春秋大义"，一定认为他是向来顽固的，却不知辜鸿铭当初是最先剪辫子的人。当他在壮年时，衙门里拜万寿，他却坐着不拜。后来人家说革命了，他忽然把辫子留起来。辛亥革命时，他的辫子还没有养全，他带着假发接的辫子，坐着马车乱跑，很出风头，这种心理很可研究，当初他是"立异以标高"，如今竟是"久假而不归"了。③

胡适的"考据癖"在这里发挥了作用，他的发现不无意义。

艾恺，一位研究中国文化保守主义的美国学者。他从辜鸿铭的学术背景出发给我们的思考提供了一个较为独特的视野。他说："他那么激进地偏袒中国文明的每一个方面，我想是由于他不寻常的背景，他是既非西方亦非东方的，或可以说绝非纯然是中国的，生在外国，受西方教育，只讲马马虎虎的北京话，和日本人结婚，没有中国的科举名位；辜氏乃一没有安全感的'外人'，他无疑被中国饱学之士视为外人，而看他不起。说不定辜氏始终想要证明他是真的中国人呢，他遂借对中国所有事物不分青红皂白的呵护支持来证明他非'假洋鬼子'。"④ 从辜氏当时个人的处境来看，这一评说有一定的参考价值。

上面我们对"我"、"你"、"他"的观点做了综合，由此而来的结论比任何一位都来得切实。因为艾恺的评说是一个"外人"的立场，胡适的

①　罗家伦：《回忆辜鸿铭先生》，载《文坛怪杰辜鸿铭》，岳麓书社1988年10月版。
②　辜鸿铭：《中国人的精神》，海南出版社1994年版，第208页。
③　《每周评论》，1919年8月3日。
④　《文化守成主义论》，台北时报文化出版事业有限公司1986年版，第175页。

论断是一个自我化的激进主义观点，辜氏自我的述说又让人捉摸不定。稍加分析不难发现，辜氏自陈并不"排外"，但他对西方文化向来鄙夷；胡适说他"久假而不归"，可他"真"的性情是爱标新立异；艾恺的证明"自我"观的问题在于——故事似乎对自己的履历颇为自豪，那"生在南洋，学在西洋，婚在东洋，仕在北洋"的自我诙谐岂有抑自之嫌？

总之，辜鸿铭在国外的火暴并不足以作为我们传统文化骄傲自大的理由。与此同时，这也并非是我们用来贬低辜氏的证据。因为在西方工业社会的背景下，功用理性对人文理性的践踏构成了西方人羡慕东方文化的内驱力，而辜鸿铭的道德淑世文化思想正好迎合了西方人的口味。欧洲的人文思潮以及托尔斯泰的泛爱理想恰与辜氏的"精神"相吻合，于是辜鸿铭的保守就有了足够的魅力。最后笔者要说的是，辜鸿铭的人文关怀——以"君子之道"淑世——尽管只能是一种美好的理想，但是在"多元"意义上，他的保守"守"出了真性情。"到现在还是保皇"的"夫子自道"，不就是认定"真理"后的一种高洁的操守职守吗？20 世纪末年"陈寅恪热"的出现，不就是呼唤这种已经失去的人文理想的明证吗？

第二节　"整合"：面对"迷乱之现代人心"

一、"东方之子"

杜亚泉（1873—1933），浙江上虞人，名炜孙，字秋帆。亚泉乃其号。文章署名多以伧父具。与其他同时代人诸如蔡元培、张元济等深受古典文化熏染的先驱一样，他自幼的私塾教育使他在光绪十五年达到了秀才的标准。之后，先生曾应乡试一次，不举。从此与科举分道扬镳。1894 年，甲午中日战争的失败给先生以强烈的刺激。于是，先生从积习多年的国学中走出来转习西学。出于急切的救亡热情，到 25 岁那年，杜氏已经自学了理化、植物、矿物等学科，而且对日文也已经略通。

戊戌变法失败后，蔡元培于家乡兴办绍兴中西学堂。杜亚泉以其新近吸纳的西学知识被聘为算学教员。新知的熏陶使他坚定了以教育事业救国的信心。带着这一夙愿，1900 年，先生以个人的名义创办了《亚泉杂志》以及亚泉学馆（亚泉二字为氩、线之省笔。第一个字表示化学惰性元素，第二个字表示几何学上的无面无体的两个"点"）。敢为人先的精神使他的举措在中国 20 世纪的元年可谓"鹤立鸡群"。为了进一步将自己启蒙的种子传播开来，先生不久又将学馆改名为普通学书室，发行编译、写作的史地、语文、算历等教科书。《亚泉学报》则改为《普通学报》，立意于科学知识的培养。应该说，杜亚泉的社会担待比起同时代的思想先驱毫不逊色。如果说此后"异军突起"的《新青年》也是"一枝独秀"的话，那么杜氏独立承诺、"引进"在前的社会担待也不能不说是一种传统道义精神的体现。

1904 年，杜氏应张元济、夏粹芳之邀主持商务印书馆理化部的编译工作。在西方学术与科学书籍的出版历史上，杜氏的贡献都记在了商务的功劳簿上。就在这一年，《东方杂志》同时创刊，但杜氏并没有想到，在七年后他一生所有的努力都写在了"东方"的文字里，而且成为一位寂寞多年的"东方之子"。亚泉先生的是是非非都要从这一"姻缘"说起了。入主《东方》之初，杜氏在上面发表的《物质进化论》与《伦理标准论》两篇文章就已经将自己的思想向公众来了个漫画式的"速写"。其中，充满启蒙意识的尖角时时可见，同时以"自由"思想为标准的端倪也屡见脱颖。

由于《东方》文字魅力在舆论界的鹊起，杜亚泉那驰笔纵横的文字也自然备受关注。杂志的性质毕竟不同于书籍。它信息快捷，读者面广，因此同样的文字是写在书里还是刊里效果可就大不一样了。杜亚泉身后的寂寞并不代表他在生前是一个甘于寂寞的人。事实上，他的所作所为已经充分显示了他的活跃性格与时代敏感。刚到杂志，他就对办刊的思路提出了自己的看法，同人对学习日本畅销杂志《太阳》版本以及风格的接受，使新包装后的《东方》"每况愈上"。再加上他针对时世的"民间"评论以及"在野"的独特见解，他很快成为一个游离或说超然于新旧之间的人物。1912 年，他的《减政主义》一文出台，就以这篇不为后人器重的文章为例，我们可以说出杜氏作为一位智者寂寞的理由，也可以由此理解蔡元培先生何以对其作出"以科学方法研求哲理，周详审慎，力避偏宕"

（蔡元培：《书杜亚泉先生遗事》）的评价。杜氏如是说："今各国政府组织繁复之官僚政治，视社会上一切事务均可包含于政治之内，政府无不可为之，亦不能为之。政权日重，政费日繁，政治机关之强大，实社会之忧也。"不过度的干涉，不但可以滋生活力，而且也不会导致由暧昧亲昵、近亲结婚导演的悲剧。"同姓繁衍，其种不蕃。"杜氏对政府干预教育的担心恐怕就不止是一个内行不内行的问题，对商业的包揽也就不止是一个"官倒"不官倒的问题（尽管目前大陆对此词已不再敏感）。在"自由"理念上，应该说杜氏是一位富有理性的思想先驱。

正是因为杜氏的思想具有矜持、守成的特性，所以在《东方杂志》上源源不断的200篇文章将杜氏扯进了"东西文化论战"的讼事中，而且在一不留心、"激起众怒"的情况下成为其中一方占主导地位的主角。众所周知，那位激进有余的《新青年》主编陈独秀是最为容不得诸如"调和"、缓进、协力这类名词的，于是在陈氏的强烈炮火牵动下，杜氏的代表作《迷乱之现代人心》被激进主义者们在"形式"上打得"落花流水"。在陈氏中西文明"绝对两样"、"断断不能相容"、"利刃断铁"等去一取一思维的指导下，杜氏的"统整"、"调剂"、"淬砺传统"思路哪有"自由"之地？回想历史，那已经是1918年春天的故事，时至1919年，当新文化运动人声鼎沸、进入高潮之际，中国的激进主义的跑马圈地渐成定局，被冠以"保守"名目的《东方杂志》在一边倒的呼声里只好改换门庭，主编杜氏也被迫辞去这一兼职，专任理化部主任。

此后的岁月，杜氏已经不再于文坛纵驰笔墨。不过，在他默默从事教育事业的晚年，亚泉先生并未改其初衷，仍坚持各种学说的折中调和观念。1932年，商务印书馆惨遭日寇轰击。在时局动荡的时刻，杜氏于回乡后的翌年病逝于家乡。"古来圣贤皆寂寞"，即是杜亚泉个人思想的写照。

二、杜亚泉：无法化约的"保守"

在中国20世纪的思潮中，激进主义的鹤立鸡群与独受恩宠不止是冷漠了保守主义的问题。可以这样说，就中外文明的历史来看，百年来对"保守"的鄙视与成见达到了登峰造极的地步。仿佛，多少年来一切的落后与错误都是"保守主义"者造成的。杜亚泉，就是这样一位被简单化处理而且一直遭受误解与排挤的人物。

在中国近代思想文化史上，关于中西文化的比较一直是一个热门的话题。而早在李大钊 1918 年 7 月发表《东西文明根本之异点》之前，杜亚泉已经在《东方杂志》刊登了《静的文明与动的文明》，与此相类的文章还有陈独秀 1915 年年底的《东西民族根本思想之差异》。自 1915 年到 1919 年前后，文化论战的群峰迭起，并形成了西化、本位与融合三种基本文化态度。与陈独秀之"取一去一"的文化态度不同，杜氏则是在以互补的心态面对世界潮流的同时，也对中国固有之文明予以了充分的肯定。陈氏对西方"动"文明的赞赏、对"静"的文明批评在前，杜氏的反调在后，于是两位影响甚大的杂志主编开始了固执己见的唇枪舌剑。杜氏在那篇文章里开宗明义，历数近年来国人对西洋文明的"无不效法"与"盲从"，并毫不讳言地亮出自己的底牌："盖吾人意见，以为西洋文明与吾国固有之文明，乃性质之异，而非程度之差；而吾国固有之文明，正足以救西洋文明之弊，济西洋文明之穷者。"① 因此，杜亚泉先生被戴上了"保守"的帽子。

的确，在思想情感或说态度上，杜氏是有自己的倾向的，而且十分明显。不过，必须明确的是，杜亚泉的保守并非不开放，也不是封闭僵化。他对西方文明也从未持一股脑排斥的态度。他在下文对中西文化的客观评价就显示出了特有的冷静："综而言之：则西洋社会，为动的社会；我国社会，为静的社会。由动的社会，发生动的文明；由静的社会，发生静的文明。两种文明，各现特殊之景趣与色彩。即动的文明，其都市的景趣，带繁复的色彩；而静的文明，具田野的景趣，带恬淡的色彩。"② 先生在文章开头的最后不是也说过"西洋文明浓郁如酒，吾国文明淡泊如水；西洋文明腴美如肉，吾国文明粗粝如蔬"的譬喻吗？究其实质，杜氏毕竟还不属于抵制外来文明的顽固僵化的封建遗老，他的最终目标也不过是让国人"对于此静的社会与静的文明，勿复厌弃，而一加咀嚼也。"③

归根结底，杜氏的文化选择宗旨是"调和"的关怀。关于"调和"，

---

① 蔡尚思主编：《中国现代思想史资料简编》第 1 卷，浙江人民出版社 1982 年版，第 336 页。
② 蔡尚思主编：《中国现代思想史资料简编》第 1 卷，浙江人民出版社 1982 年版，第 339 页。
③ 蔡尚思主编：《中国现代思想史资料简编》第 1 卷，浙江人民出版社 1982 年版，第 343 页。

我们在论述激进主义者李大钊的文化思想时已经给予了一定的关注。这里
必须重申的是，"调和"本是民国初年的一个流行的社会思潮。作为一个
时代思潮，处于前沿位置的思想先驱都给予了充分的注意，章士钊、李大
钊、杜亚泉等都从不同角度阐明了调和的必要性。同是"调和"，各人的
背景与思路又不尽相同。章士钊的忙于政界的奔走，杜氏的立意文化创造
与转化，李大钊与杜亚泉在"调和"的平台分别走向不同的阵营，给我们
以深刻的启示。对调和的分析切不可简单化约。这里，一个十分有趣的现
象是，李氏与杜氏曾经都是调和主义者，而他们一开始就不在同一个文化
载体，即使是在李氏成为新文化阵营里的重要一员后，他的调和思想还一
度出现在《新青年》杂志上，害得主编陈独秀只好在李氏的文章后面加圈
加点。看来，"调和论"的倡导是不分激进与保守的。值得说明的是，李
氏的调和开始是带有多元色彩，他讲求的是"对抗"、"并立"，而杜氏的
调和一开始就是一种融合、包容的整合方案。比起李大钊，杜氏的调和显
然少了一层对立色彩，他所有的关怀只是"统一"。

　　他在《战后东西文明之调和》一文里一语道破了何以调和的理由：
"平情而论，则东西洋之现代生活，皆不能认为圆满的生活，即东西洋现
代文明，皆不能许为模范的文明。而新文明之发生，亦因人心之觉悟，有
迫不及待之势。"[1] 只有人心觉悟，才能有新文明的诞生。关于觉悟，李大
钊、陈独秀等激进主义者都同样强调过它的重要性，而觉悟与觉悟又有所
不同。在陈氏尚武、尚力、进取求战的意念里，在李氏自我膨胀、讲求心
力意志的思想里，可以说"外出"的激情四溢。而杜氏的觉悟则是一种平
和求稳的理性思索："至西洋社会之道德，其优胜于东洋社会者，在于具
力行之精神，慈善团体之发达，协同事业之进步，固吾人之所羡慕者也。
然重力行而蔑视理性，与吾人之讲理性而不能力行者，又适成反对之对
象。吾人之道德，根本于理性，发于本心之明以求本心之安，由内出而不
由外出。"[2] 西洋的道德不是一无是处，中国的道德更是高出一筹。杜氏的
"觉悟"启蒙到这里并没有结束，他的结论是要告诉众人："就道德而言，

---

① 蔡尚思主编：《中国现代思想史资料简编》第 1 卷，浙江人民出版社 1982 年版，第 344 页。

② 蔡尚思主编：《中国现代思想史资料简编》第 1 卷，浙江人民出版社 1982 年版，第 346 页。

东洋社会，为精神薄弱，为麻痹状态；西洋社会为精神错乱，为狂躁状态。"① 杜氏以为，精神薄弱之再造完全可以通过引进西方的力行精神资源来加以强化，不过，切不可再度陷入由西方思想哲人诸如叔本华辈导演的西方式的"错乱"、"狂躁"。与此同时，对中西"经济"的对比同样反映了他思想的时代性、前瞻性，他说："就经济状态而言，东洋社会，为全体的贫血症；西洋社会，则局处的充血症。"② 先生甚至作出了大战以后西洋社会经济"必趋向于社会主义"的判断。如果站在李大钊、陈独秀的激进主义立场来看，杜亚泉的"保守"可就有些冤枉了。当杜氏将"经济"与"道德"的觉悟论述完毕之后，他在结尾处如此结束道："以彼之长，补我之短，对于此点，吾人固宜效法也。是故吾人之天职，在实现吾人之理想生活，即以科学的手段，实现吾人经济的目的；以力行的精神，实现吾人理性的道德。以主观言，为理想生活之实现；以客观言，即自由模范之表示也。"当杜氏以取长补短之见解大谈"新文明"的发生时，李大钊关于中西文明互为轩轾、难辨伯仲的互补观点也在"炮制"中，只是他在晚些时候才定准了在中西俄之间综合出"第三种"新文明的位。然而，李氏的综合在后来的"一力独行"里实现了自我的意愿，而杜氏则在固守文化圈的执著里完成了自己保守的使命。

随着时代的发展，当中西文化的冲突日渐白热化的紧要关头，杜氏在"迷乱之现代人心"面前很快抛出了意在"统整"社会秩序与人心的文化操作程序。在"国是之丧失"、"精神界之破产"等一系列问题面前，杜氏的道义与责任感急剧上升。他说："进化之规范，由分化与统整二者，互相调剂而成。现代思想，因发展而失其统一。就分化言，可谓之进步，就统整言，则为退步无疑。我国先民于思想之统整一方面，最为精神所集注。"③ 虽则如此，杜氏这时还是以"退步"自居的。在他看来，进化需要，主张"退步"之统整在社会进化过程中也是不可或缺的重要因素。应该看到，杜氏的"统整"绝不是完全回到祖宗的老法子里面去："夫先民精神上之产物留遗于吾人，吾人固当发挥而光大之，不宜仅以保守为能

---

① 蔡尚思主编：《中国现代思想史资料简编》第 1 卷，浙江人民出版社 1982 年版，第 347 页。
② 蔡尚思主编：《中国现代思想史资料简编》第 1 卷，浙江人民出版社 1982 年版，第 350 页。
③ 蔡尚思主编：《中国现代思想史资料简编》第 1 卷，浙江人民出版社 1982 年版，第 351 页。

事。故西洋学说之输入，夙为吾人所欢迎。"① 正是这篇《迷乱之现代人
心》挑起了"东西文化的论战"。陈独秀的《质问〈东方杂志〉记者》针
对伧父（杜亚泉）的说法发难道："倘力排异说，以保存固有之文明与国
基，能否使吾族适应于 20 世纪之生存而不消灭？"② 直到现在，中国也没
有因为保存"固有之文明与国基"而灭亡，可见这种灭亡与否的担心的确
是杞人忧天。不过，发展的快慢与否倒是一个较为切实的话题。回到杜亚
泉那里，他的思想主张里潜存的问题也许并不是陈氏所担心的固有文明与
国基的存在价值问题："统整"的良好愿望会不会在"过程"中走样才是
问题的关键。

三、"统整"：来自世纪末的初步评价

杜氏的开放、引进思想不但说明文化保守主义是西方文化刺激下的产
儿，同时也警告后人：如果把保守主义吃掉，也同样进入了文化发展与创
造的误区。

鉴于这里重点论述的是保守主义者杜氏的文化方案，所以我们还希望
将其初衷做进一步的说明。固然，我们不能否认杜氏的"调和"思想具有
开放、多元、理性的成分，但是也不能忽视，他的调和思想带有明显的
"折中"因素，与李大钊的"调和"之"并立"、不容有第三者的观点不
尽一致。杜氏的态度非常明确，在他那里，西洋文明犹如"满地散钱"，
与我们的文明绝对"凿枘"，因为——"吾固有文明之特长，即在于统整，
且经数千年之久，未受若何之摧毁，已示世人以文明统整之可以成功。今
后果能融合西洋思想，以统整世界文明，则非特吾人之自身，得赖意救
济，全世界之救济，亦在于是。"③ 杜氏说这段话的前提是在"竭力防遏西
洋学说之输入，不但势有所不能，抑亦无济于事"的认识状态下，因此这
也就成了激进主义者视为"迷乱"的理由。

这里我们批评的不是守成者的态度，而是他的同化、"会通"、"融
合"性质。也许，作为一位持论者，他本人在当下的情况下没有清醒地意

---

① 蔡尚思主编：《中国现代思想史资料简编》第 1 卷，浙江人民出版社 1982 年版，第 351 页。

② 陈独秀：《陈独秀文章选编》上册，生活·读书·新知三联书店 1984 年版，第 286 页。

③ 蔡尚思主编：《中国现代思想史资料简编》第 1 卷，浙江人民出版社 1982 年版，第 356 页。

识到问题的严重性，可是在杜氏的这一调和方案中隐藏着极其危险的思想"原则"。固然，杜氏的态度开放、多元、主动、理性，但是动机归动机，态度归态度，它们并不能代表一切。当年陈独秀这位激进主义态度的代表者就曾这样在《调和论与旧道德》中说："譬如货物买卖，讨价十元，还价三元，最后结果是五元。讨价若是五元，最后的结果，不过是二元五角。"他的同人李大钊、胡适等也持相同的态度。1919年，蒋梦麟在《晨报》上发表《新旧与调和》，含沙射影道："新思想是一个态度，这一态度是向那进化一方面走，抱这个态度的人视吾国向来的生活是不满的，向来的思想是不能得到知识上充分愉快的。"杜氏的回应也毫不示弱："态度非思想，思想非态度。"杜的意思是说，将人类的感情变为理性的统治者，这离军国主义的"文明论"已经不远了。在这个意义上论说杜亚泉，笔者就不能同意将调和主义与激进主义、保守主义的差别划在"多元"与"一元独断精神"的焦点上。[①]

　　这样引出一个论点仿佛有游离本论之嫌，不过借此将我们的问题进一步深化倒是一个不错的时机。高力克先生在那篇富有开创性的文章里有一段不乏见地但也有化约的概括："激进、保守、调和是民初思想界回应西潮的三种思想模式。调和论与激进主义、保守主义之最深刻的歧异，在于理性开放的多元主义精神。五四作为东西方文化交汇激荡的启蒙时代，是中国思想史上自春秋战国以来又一个最富创造性的黄金时代。调和论之多元主义的思想价值，在于其适应时代东西文化交汇融合的趋势，而揭示了价值多元、思想自由之开放的思想规则。确切地说，多元主义与其说是一种'主义'，毋宁说是一种开放的文化态度和思想原则，这是与激进主义、保守主义之一元独断精神的根本差别。"[②] 这里，笔者非常赞同高先生的"与其说是'主义'，毋宁说是'态度'与'原则'的"高度概括下的高论。不过，我们首先要引出的一个问题是，激进主义与保守主义能一概而论地就轻易说成是"理性开放的多元主义精神"的反面吗？第二点要问的是，调和论作为一种态度，即使是一种多元的态度，就一定能保证其"执

　　① 高力克：《杜亚泉的调和主义思想》，刘军宁等主编：《公共论丛——自由与社群》，生活·读书·新知三联书店1998年版。

　　② 高力克：《杜亚泉的调和主义思想》。

行"多元的价值方案吗？更何况同持开放"调和"态度的李大钊与杜亚泉在具体的设计上还是有很大不同的呢？

如上所述，无论激进、保守，抑或调和，都是西方文化刺激下的产物。他们的代表人物不存在谁不愿开放谁愿意开放的态度问题。他们的焦点应该是谁的文化设计能够与创建多元的文化格局更近一步。激进主义引进西方文明的开放态度与实践是有目共睹的，保守主义的"拿来"也已经被我们所首肯，调和论者的不拒绝西方文明也在上面已有说明。这里我们不妨先将第三个问题，李氏与杜氏的调和分歧提前：李氏调和，但不折中；而杜氏折中而又调和。前者在开放的心态下走向激进以至于执行"一力的独行"，后者在开放的态度下职守一生。如果将激进主义者陈独秀拉出来会更有趣，因为他的态度使人觉得他看似是一个一元主义者，但他在思想价值的实质上还是一位多元主义的"并立而竞进"者。就此而言，正如杜氏所说的那样，以态度（情感）判断并不科学。

至此，我们该回到第二个关于杜亚泉本身的问题上了：如果说"统整"也不失为一种开放的态度，那么这种开放态度下的社会整合会不会走向死胡同呢？综观百年心路，鉴于顽固派的保守国粹、抵御西学如同杜氏所说的那样被击得粉碎，全盘西化也只能是纸上谈兵，因此，民国初年的调和主张层出不穷。而且他们往往是改换了门庭的保守主义。本来，保守主义作为一种认识方式并不可怕，也不失为一种文化资源，可它一旦以一种不偏不倚的态度自命为中立的"第三者"时，就有必要小心提防了。作为一位文化人的杜氏，也许他当初并没有意识到他的"整合"的隐患，就其自我一以贯之的保守态度以及坚持自我认同的"真理"操守来看，他的意义是值得寻求的。但恕吾直言，他的"统整"却是一种本人不敢认同的文化"同化"观念。这种统整方针与 20 世纪后半叶的"取其精华，去其糟粕"，大体上是一个路子的。中西结合看似公允，但是怎么结合将永远是一个遥远而美丽的乌托邦。我们对"统整"发难的第一个理由是，它与独占鳌头后的激进主义或说别的什么"主义"一个德性，在自我标榜的"齐放"、"争鸣"背后掩盖着一个极其隐讳的秘诀：吃掉。它的同化运作方式是：并非明目张胆地一棍子打死，而是冠冕堂皇地将你公允、合理地吞噬。人家把你弄得个慢性自杀的结局，而你还要真心地感激不尽、涕泪涟涟呢！大凡吃掉者，总有一方是吃者（占主流地位），另一方是被吃者（居次要地位）。无论吃者的关于"平等"、"合作"的调子唱得多么动听，都不可信，在很多情况下，那都不过是吃前的哀乐或说是下葬前的"圣歌"。在平稳进行不触动"中心"的情况下，处于"平等"地位的合作者很可能是"帮凶"或说一不留心吃了别人的几块肉（鲁迅先生在《狂人日记》里就说过这类话），但一到关键时候，"帮凶"就会被吃。而这一整合的最大悲剧还在于，按照此种逻辑，现在的吃人者将来又很有可能成为迫不得已的被吃者。几千年的历史更替不就是"统整"意义上的轮回更迭吗？

将外来的东西按照自己的需要加以改造、融会、"贯通"，这就是统整的本质。20世纪的"中体西用"、"中西结合"、"社会整合"、"洋为中用"、"调和"、"融合"等等提法虽然不停地变换花色，但是在不中不西的"人为"撮合下最终都仍将是非驴非马。

笔者不同意"统整"的折中设计，意在建立"并立"、"竞进"的多元格局，哪怕是"割据"。鉴于各种"主义"已经给20世纪留下了不好的印象，所以我的"多元"不再以主义名之，而是以格局做后缀。开放是多元的必要前提，但开放不一定能完全导引出"多元"。以杜氏的开放态度和思想来看，他的开放与引进很难建立起真正的多元。这，并非他的过错，对杜氏而言，他能够坚守自己的阵地而不为某一势力所诱导，或去迎合别人而一边倒就足够了。如此的守成，至少有了多元中的之一，这样演绎下去，有了接踵而至的之一，离多元格局的"之众"还会远吗？

多元并存的要义就是一个"不同流"、"不合污"，对对方牵制而不是苟且是其真正的本性。如此，任何主义下的"自大狂"都会偃旗息鼓。而且沿着这一路径，"统整"的模糊性会因此消失。换言之，人为的"人治"会减少，而"自治"、"法治"的因素会不断增强。

对今天的知识分子来说，激进也好，保守也好，抑或其他态度也好，这都不是问题的关键，百年来的教训不是激进主义与保守主义对峙问题，而是缺乏互相制衡的环境。是不是可以这样说，一旦作为真理自视者的知识分子认定了什么，就不必再游移、摇摆、彷徨、退缩，只要这种坚持真理的勇气、胆识、人格得以补养、滋生，我们的"多元"就不将再是梦。

第三节　吊诡：在"可爱"与"可信"之间

一、孤独的哲人

王国维（1877—1927），字静安、伯隅，号观堂，浙江海宁人。早年曾中清朝秀才。后屡次参加乡试不中。1898 年，在上海《时务报》任校对，也是在这一年，他在"东文学社"学习期间，得到著名学者罗振玉先生的赏识。1901 年，他受罗振玉资助赴日东京物理学校读书。回国后，在罗振玉主办的《农学报》和《教育世界杂志》工作。从此走上了研究哲学的道路。

1903 年起，王国维在"教学相长"的教习生涯中度过了近十年的光阴。其间，他广泛涉猎西学专著，诸如康德、叔本华等德国哲学家的艰深著作。对西方哲学的接触，他最早读的是康德的《纯粹理性批判》，但他读到《先验分析》部分时甚感吃力，于是转读叔本华的《世界的意志与表象》。也许，今生的王国维注定要有这样一个阴差阳错，他的信仰很快从对康德的推崇转向对叔本华唯意志论的接受，而且染上了浓厚的悲观主义色彩。《红楼梦评论》和《叔本华与尼采》的发表标志着他的人生体验进入了一个新的时期。与此同时，对叔本华的接受并没有使他完全放弃对康德的追求。出于对康德的钦佩与敬慕，他写了《康德像赞》，而且，他还是第一位将康德介绍到中国来的学者。1905 年，鉴于对康德的兴趣，他避开难懂的《纯粹理性批判》而去读关于伦理与美学方面的论著，1906 年文学研究专著《人间词甲稿》出版。这几年的时间，他从未停止对康德的研究，此后的《人间词话》以及辛亥后的《宋元戏曲史》的脱稿除却中国古典文化底蕴的成就，在很大程度上应该说也凝聚着他在康德思想精华那里得到启迪。

1911 年，辛亥革命后，王国维因为与老师罗振玉都有保皇的情结，因此逃到日本。在日本的四年时间，他一心从事经史子集以及小学的研究，由此奠定了在中国学术史上的重要地位。1916 年，先生回到上海任《学术杂志》编辑。出于对清室的情有独钟，先生唯以学术为职，于是《毛公鼎考释》、《尔雅草木虫鱼鸟兽释例》、《史籀篇疏证》、《魏石经考》等学术专著使他成为"新史学的开山"，世界公认的国学大师。1922 年，北京大学研究所国学门成立，被聘为通讯导师。当时，辛亥后深居紫禁城的宣统皇帝已经被溥仪所接替，溥仪以王国维的忠念清朝而于 1923 年任命他为"南书房行走"。翌年，冯玉祥将溥仪赶出紫禁城，王国维岁牵摄政王府，仍痴心不改。1925 年，清华研究院聘他为院长，不就，而专任教授，与梁启超、陈寅恪一同供职于此。

　　1927 年，国共北伐打到河南等北方地区，先生不由得想到当年溥仪被逐的场面，他不忍再度眼见皇上受辱，更不忍自己这五品官位的"南书房行走"株连"受辱"。此刻，他的思想矛盾开始剧烈起来，他平日里的"可爱而不可信"与"可信而不可爱"的两难也再度激化，再加上与老师罗振玉的交恶以及丧子之痛，他于中国农历五月初三夜，自溺于昆明湖。

二、王国维："科学"与"人文"紧张的典型个案

　　王国维之死留下的精神之谜迫使后人在持续性地寻找着也许永远都无法完美的答案。他对清室的忠诚以及他对西方文化的热情构成了复杂的历史现象。饶有兴味的是，王氏的保守主义在政治上是一种发自内心的传统情结，而在文化上他的心灵又是极富开放意识的学者。

　　在中国现代哲学意义上说，王氏的哲学带有自身浓厚的功利色彩。因此，我们看到，在他接受西方哲学家思想的过程里，他不是作为一门学问去系统接受了解的，而是带着自己困惑的问题有选择地撷拾，他多次踏入哲学的殿堂，尤其是康德的世界，不是因为要建立体系，而是在里面化解自我的迷茫。这也是他的理解中总是充满自我生命体验的一个重要原因。他曾这样袒露自己钟情哲学的原因说："体素羸弱，性复忧郁，人生之问题，日往复于吾前。自始决从事于哲学。"[①] 这一动因比什么都来得直接，它对王氏对哲学的取舍与评价都起到了至关重要的决定作用。带着自己的问题去与西方哲人进行对话，并加进了自己的生命体验，这又使他对一些

---

　　① 王国维：《王国维文学美学论著集》，北岳文艺出版社 1987 年版，第 242 页。

对哲学抱有功利态度的人大为不满。这本身是不是一个吊诡呢？由于思想上的共鸣，王氏在德国人本主义思辨哲学家康德、叔本华、尼采那里"可爱的"形而上学，他对此的理解是，"只可意会不可言传"。哲学的作用就在于一种情感范畴内的悟性，他说："宇宙，一生活之欲而已。"① 这无疑是对叔本华生命意志思想的一种认同。在他看来，哲学与美术一样，都是对宇宙人生终极关怀的一种解释，所以具体、功利的问答都是一种俗人的行为。其神圣性甚至到了政治、实业等工具性学科无可比拟的程度。先生如是说："夫哲学与美术所志者，真理也。真理者，天下万世之真理，而非一时之真理也。其有发明此真理（哲学家），或以记号表之（美术）者，天下万世只功绩，而非一时之功绩也。唯其为天下一万世之真理，故不能尽一时一国之利益合，且有时不能相容，此即其神圣之所存也。"② 在价值的永恒性上，王氏以为哲学、美术给了人最高的知识与情感满足。

为此，王国维以这种思辨方法去观照中国的传统与现实时，他对历来的学术与哲学大失所望。凡此种种，迫使他去做一个重新理解古代哲学的人。在他的文章里，处处流露出对中国古代哲学家或说知识载体与政治暧昧的不满：纯粹的哲学被政治哲学与道德哲学所代替，他希望自此觉悟并有独立价值体系的形而上学产生。他非常婉转地表达了自己的见解："若夫忘哲学美术之神圣而以为道德政治手段者，正使其著作无价值也。愿今后之哲学家美术家勿忘其天职，而失其独立之位置，则幸矣。"③ 出于对终极价值的爱护以及对功利价值短视的厌恶，先生对与他同时代的严复自然就颇有微词。当时，西方进化论与英国功利主义思想通过严复之手"舶来"，而且在社会上产生了巨大的轰动效应。为此，王国维说："其兴味之所存，不存于纯粹哲学，而存于哲学之各分科。如经济、社会等学，其所最好者也。故严氏之学风，非哲学的，而宁科学的也，此其不能感动吾国之思想者也。"④ 对政治、科学、实业的"急功近利"性情的不满，使他对戊戌以来康有为、谭嗣同等人的学术著作大打折扣。他针对列举的《孔

---

① 《静安文集》，商务印书馆 1940 年版，第 48 页。
② 王国维：《王国维文学美学论著集》，北岳文艺出版社 1987 年版，第 34 页。
③ 王国维：《王国维文学美学论著集》，北岳文艺出版社 1987 年版，第 36 页。
④ 王国维：《王国维文学美学论著集》，北岳文艺出版社 1987 年版，第 107 页。

子改制考》与《仁学》说，它们不过是"政治上之手段"而已。应该说，王氏的分析不是没有一点道理的。正是因为他自己的自视与道理，他才有了如下的结论："然则彼等言政治，则言政治已耳，而必欲渎哲学文学之神圣，此则大不可解者也。"在先生那里，政治与学术不能太暧昧，否则就会造成近亲繁殖的尴尬局面。政治对学术的强暴在历史上屡见不鲜，所以学术万不可沦为政治的工具。

对学术独立性的坚持无可非议。但是科学方法的引进以及运用是否就需要小心提防呢？不管以后怎样，这时的王国维是将政治、科学以及与工具性质有关的东西都做了反动于"人本"的处理：

> 近三四年，法国十八世纪之自然主义，由日本之介绍，而入于中国，一时学海波涛沸渭矣。然附和此说者，非出于知识而出于情意。彼等于自然主义之根本思想，固懵无所知，聊借其枝叶之语以图遂其政治上之目的耳。由学术方面观之，谓之无价值可也。①

对进化论、自然科学、政治理论之功利色彩的贬抑每每流露于他的笔端。这时的他深为叔本华的唯意志论所吸引。

在他注目的康德、叔本华、尼采三个人中，康德的二元论与叔本华的一元论曾有一段交锋，但是中国古代的"心学"立场又为他的意志思想起了穿针引线的作用。而王氏对尼采的"超人"有着怎样的感受呢？在他看来，"超人"与叔本华的意志说"所趋虽同"，但是"性质则一"。他说："叔氏之天才之苦痛，其役夫之昼也。美学上之贵族主义与形而上学之意志同一论，其国君之夜也。尼采则不然：彼有叔本华之天才，而无其形而上学之信仰，昼亦一役夫，夜亦一役夫，醒亦一役夫，梦亦一役夫，于是不得不弛其负担，而图一切价值之颠覆。举叔氏梦中所以自慰者，而欲于昼日实现之，此叔本华之说所以尚不反于普通之道德。而尼采则肆其叛逆而不惮者也！"② 不过，王氏始终未曾"超人"，而是做了叔本华的忠实信徒。中国文化的人文关怀与来自德国人本主义的哲学会通在他的思想里，

---

① 王国维：《王国维文学美学论著集》，北岳文艺出版社1987年版，第107页。
② 王国维：《海宁王静安先生遗书》第14册，台湾商务印书馆1979年版，第74页。

王氏尽情享受着他所信奉的"伟大之形而上学"。

本来，如果先生沿着这条思辨之路走下去会生活得很平静。但是，他毕竟是一位不甘寂寞的智者，更何况在他对科学功利性表示不满的同时，已经在不自觉地运用着西方舶来的科学方法。如上所述，王氏在十九、二十世纪之交就已经接触到西方自然科学知识，而且认识到数学、物理等学科的知识才是"最确实之知识"。这些"知识"与认识成为后来他转向"可信"之实证科学的基础。尽管由于他对"人本"以及自我生命形态的关注使他对德国哲学情真意切，但是"而立"之年的沉思终于令他在理智上做了这样的声明：

> 余疲于哲学有日矣。哲学上之说，大都可爱者不可信，可信者不可爱。余知真理，而余之爱其谬误。伟大之形而上学，高严之伦理学，与纯粹之美学，此吾人之所酷嗜也。然求其可信者，则宁在知识论上之实证论，伦理学上之快乐论，与美学上之经验论。知其可信不能爱，觉其可爱而不能信，此近二三年中最大之烦闷。①

王国维在几年的痛苦中终于有了爆发。值得说明的是，尽管王氏在理智上倾向于科学意义上的实证等具有知识意义的"可信"成分，但他依然对形而上学抱有深厚的恋旧感情。与此同时，尽管他对还未能化解他人生困惑的伟大的形而上学有所怀疑，但他又从未否定其独立存在的意义。

疲于哲学的表白足以让我们相信，王氏的思想已经开始向科学思路转变，而且由此也透露出一个信息，他多年来对哲学的钟情也是极为被动的行为，是一次次受人生困惑命题牵制的结果。而今日的转变则是经过日久思考后的主动行为。从对康德、叔本华"不可动之定论"的推崇到转向思想的实证，这一现实对王国维先生来说真乃太残酷了，尽管感情上无法接受这一事实，但在理智上他又不能不接受这一考验。

王氏的自我交战是从躬行他先前反对的科学功效性开始的。以往的评论者多以为王国维彻底放弃了哲学而皈依于实证式的科学。必须指出的是，王氏的转变并非放弃哲学，而是转向对实证的认同与接受。比如，他

---

① 王国维：《海宁王静安先生遗书》第15册，台湾商务印书馆1979年版，第21页。

对康德哲学中的某一部分就是一种继承与发展。上面我们引述的片段中，王氏对"哲学上之说"的批评也并非全部，而是"大都"；也不是没有意义，而只是"宁愿"。另外，他的"宁愿"里的内涵对他自己来说也是模糊的，究竟在科学与人本之间的界限是什么？"知识上之实证论，伦理学上之快乐论，与美学上之经验论"可以相提并论吗？"诗歌"是"可信"还是"可爱"呢？看来，在王氏原初的意识里，"可爱"与"可信"本身就是一笔糊涂账！从其"可爱"与"可信"的思路辩解里我们不难感受到这一点："近日嗜好所以渐由哲学而移于文学，而欲于其中求直接之慰藉者也。要之，余之性质，欲为哲学家，则感情苦多，而知力苦寡；欲为诗人，则又苦感情寡，而理性多。诗歌乎？哲学乎？他日以何者终吾身所不敢知，抑在二者之间乎？"①"诗歌"与"哲学"的吊诡成了王氏思想困惑的本来面目。

在进入而立之年之前，王氏对康德的四次深入研究已经使他对康德哲学的两重性有了一个基本的认识。一方面，思辨性极浓的形而上学色彩吸引了关怀人文的学者，另一方面，对感性与知识关系的强调则使他拒绝一切超验的思维方式。就此而言，王国维先生推崇康德之伟大的形而上学的同时，也已经不知不觉地接受了与实证主义哲学密切相关的科学思维。他曾这样总结他从德国哲学得来的感受说："真正之知识，唯存于直观。"②这种直接源于康德的思想使他对一直推崇备至的叔本华也不能没有一丝异议："叔氏之说半出于其主观的气质，而无关于客观的知识。"③从主观到客观的位移已经能见出一些端倪。这里的"客观知识"即是一种"可信"的力量。自此开始，这一"可信"的力量时时出没于王氏的著作里，一改先前不为西方科学方法所动的态度。他说："故今日所最亟者，在授世界最进步之学问之大略，使知穷究之方法。"④从"目的热"到"方法急"，王氏在进行着痛苦的转换。这种转换是从形而上到"实际"倾向的转换。在此之前，他曾批评过中国哲学的"实际"功利性："披我中国之哲学史，

① 王国维：《海宁王静安先生遗书》第 15 册，台湾商务印书馆 1979 年版，第 21 页。
② 《静安文集》，商务印书馆 1940 年版，第 37 页。
③ 《静安文集》，商务印书馆 1940 年版，第 1 页。
④ 《静安文集续编》，第 41 页。

凡哲学家无不欲兼为政治家者，斯可异己。"而到了现在则是将中西的思维做了一个切实的比较，而这一比较的目的不是别的，意在"实际"的运用与"科学"的功能做有机的结合。他说："我国人之特质，实际的也，通俗的也；西洋人之特质，思辨的也，科学的也，长于抽象而精于分类。"① 概括之准确自不待言，更重要的是他的开放与互补意识使他的思想紧张达到了一个新的思想境界。

以中国哲学来解释西方的理性命题，以及以西方哲学诠释中国的性、理、命等核心问题，令其当之无愧地成为一位著名的思想大师。他的"学无中西"标志着他思想洞见的日渐成熟。但这种成熟又因其民族性太浓、时代性太淡而失去了其应有的主动。他那相对主义思想的流布也是缺乏主动、困惑恍惚的旁注："中西二学，盛则俱盛，衰则俱衰。风气既开，互相推助。且居今日之世，讲今日之学，未有西学不兴而中学能兴者，亦未有中学不兴而西学能兴者。"② 这一观点吊在悬崖，稍不留心，可能进至尴尬或危险的境地。真理无国界，我们举双手赞成，但是真理不能没有具有历史自觉的捍卫者。如果在所谓的真理面前随波逐流，那又是十分危险的选择。

因此，与其说王国维的中西之论是一种历史自觉的话，毋宁说是一种无奈；与其说他的开放是一种清醒的主动，毋宁说他的选择是一种恍惚的被动。在急遽变化的时代潮流面前，他力不从心，所以选择了以学问的考释来聊以自慰的原始处方。"而立"之前的"疲于哲学"如此，后来从哲学转向文学的选择也不例外。事实上，他的转向不但未能使他的困惑与痛苦得以缓解，反而更加重了他的痛苦与吊诡。

用实证的科学方法解释原本属于人文体系的历史与文学，无疑是对以前寻求意义的深化。也正是这一深化使他在思想的泥淖里愈陷愈深。具体地说，王氏的"转向"落实在了对逻辑知识与思维的运用上，"小心求证"的花与果分别开在了历史学与文学的枝干上。就这样，乾嘉学派的学风与西方实证主义的逻辑方法联袂演绎了王氏的甲骨文、金文的实证研究。我们看到，手段与目的在这里成了并行不悖的一对。饶有趣味的是，

---

① 《静安文集》，商务印书馆 1940 年版，第 97 页。
② 王国维：《海宁王静安先生遗书》第 12 册，台湾商务印书馆 1979 年版，第 8 页。

在王国维先生一再述说由"可爱"转向"可信"的同时，他在内心尤其是感情深处总难以割舍那种基于传统、附着于德国哲人的人本情结。尽管如此，他还是对以前的自视不断作检讨："古今东西之哲学往往以'有'为有一种之实在性。在我中国则谓之曰太极曰玄曰道，在西洋则谓之神，及传衍愈久，遂以为一自证之事实而若无待根究者。此正柏庚（培根）所谓种落之偶像，汗德（康德）所谓先天之幻影，人而不求真理则已，人而唯真理是求，则此等谬误不可不深察而明辨之也。"① 在批评"超验"的同时，王国维实际上是在否定传统思辨哲学的形而上色彩。但是，他的评论显然有多余的成分：试问，难道思辨哲学就没有科学性吗？思辨里就没有真理的构成？如果沿着这一路径走下去，那么先生在"明其因果"的治学道路上所下的功夫又算什么呢？

如我们看到的那样，王氏的学问成就在很大意义上都是思想逻辑的改变，即是以"因果"方法使史学与文学的研究就范。此时，除了康德的因果方法被挖潜、借鉴外，早年涉猎的休谟、洛克的推理方法也派上了用场："休蒙（休谟）谓因果之关系，吾人不能直观之，又不能证明之者也。凡吾人之五官所得直观者，乃时间上之关系，即一事物继他事物而起之事实是也。吾人解此连续之事物为因果关系，此但存于吾人之思想中，而不存于事物。……（康德）视此律为主观的而非客观的，实与休蒙同也。"② 按照逻辑推理的"因果"方法，王氏找到了"可信"的路径。他对史学的研究动机就来自于对"信"的追求。

如果先生的转化是自动的追求、不留牵挂的话，也就一了百了了。问题是王氏毕竟不是一般的等闲之辈，他的深刻无法使他轻松地面对思想与现实。就在他以实证论的指针去探寻意义时，他那潜意识里的形而上关怀总是不停浮出思想的海面。请看他那考证历史的切入点："迂远繁琐之，学者有所不辞焉。事无大小迂远，苟思之得其真，纪之得其实，极其会归，皆有裨于人类之生存福祉。"③ 就在他已经宣布转向后的 1924 年，给溥仪的一封信同样暴露了一位思想者备受灵魂拷打的心迹："夫科学所能

---

① 《静安文集》，商务印书馆 1940 年版，第 20 页。
② 《静安文集》，商务印书馆 1940 年版，第 18—19 页。
③ 《国学丛刊序》。

驭者，空间也，时间也，物质也，人类与动植物之躯体也。然其结构愈复杂，则科学之律令愈不确实。至于人心之灵及人类所构成之社会国家，则有民族之特性，数千年之历史于其周围之一切境遇，万不能以科学之法治之。"① 真情与真理在先生心灵深处厮杀得难分难解。本来，"可信"与"可爱"可以两不相伤地和谐相处，但在一位从传统走向现代的知识者身上却拧成了一个死结。

三、"死"的意义拷问

当生命的最后一抹晚霞蓦然消失在灰暗如黛的天际，于是一位具有世界意义的大学问家的死因也就纷纭起来。是"殉情"，还是"殉道"？在前者，是一种政治上的担当；在后者，则是一种思想上的"置换"与"错位"。也许，用"综合"交叉的原因分析王国维自杀更富有"科学"性，但是我始终以为这种从简单化走向复杂化的方法有走极端的嫌疑。

我一直想用"死的审美观照"来做本节的小标题，因为在我看来，王国维的死里充满着形而上的道德关怀，而且是一种终极意义的性情意识。人是万物之灵，是大千世界里的意识之最。也正是这种来自意识深处的智慧使我们的古人有了"难得糊涂"的智慧悖论。在智者那里，他们有一个基本的共识："我们全部的尊严就在于思想。"是的，帕斯卡尔道出了思想家们所未能道出的同样的感受。更重要的是，他还建立了一个关于生命的命题："人只不过是一根芦苇，是自然界最脆弱的东西；但他是一根能思想的芦苇。用不着整个宇宙都拿起武器来才能消灭他；一口气、一滴水就足以致他死命了。然而，纵使宇宙毁灭了他，人却仍然要比致于死命的东西更高贵得多；因为他知道自己要死亡，以及宇宙对他所具有的优势，而宇宙对此却是一无所知。"② 王国维先生以其生命终结的方式完成了他对艺术美学的追求。正是在这一意义上，我以为他是一位罄尽生命的学者，他的人文关怀是一种充满了真正生命体验的、活的、具有灵性的意义探寻。

谈到王国维，人们对其哲学与学问的尊敬是不约而同的。以往的评论也多在哲学命题里做文章。即使是文学评论家也只是看到了先生对美学理

---

① 王德毅：《王国维年谱》，第 285 页。
② ［法］帕斯卡尔：《思想录》，商务印书馆，第 157—158 页。

论的贡献，而很少有人将他的美学追求与其自杀联系起来。在世纪晚霞的余晖里，笔者愈来愈强烈地感受到：艺术美学在很大程度上是瞬间永恒的精神与生命的体验。王氏的死带有强烈的"殉情"色彩。如果我的预设能够成立，王老先生的人文关怀真正就达到了一个至高的精神境界。

如前所说，王国维先生在而立之年后转向对文学与史学的潜心研究。但是我们还应该看到，他的研究始终未能忘情于他先前信奉的叔本华哲学。1904 年，《红楼梦评论》的出台充分显示了他对叔氏美学的进一步深化："宇宙一生活而已。而此生活之欲之罪过，即以生活之苦痛罚之，此即宇宙之永远的正义也。自犯罪，自加罚，自忏悔，自解脱。美术之务在描写人生之苦痛，与其解脱之道，而使吾侪冯生之徒，于此桎梏之世界中，离此生活之欲之争斗，而得其暂时之平和，此一切美术之目的也。"① 沿着这一思路，王氏发现了《红楼梦》作者的意图：寻求解脱。他在叔本华的美学思想里这部小说的悲剧意义。按照叔氏的悲剧分类法，他这样表达了自己的悲剧观念：

第一种之悲剧由极恶之人极其所有之能力以交构之者。第二种由于盲目的运命者。第三种之悲剧，由于剧中之人物之位置及关系，而不得不然者，非必有蛇蝎之性质与意外之变故也，但由普通之人物，普通之境遇，逼之不得不如是。彼等明知其害，交施之而交受之，各加以力而各不任其咎，此种悲剧其感人贤于前二者远甚。②

悲剧种类的划分以及意义的寻求越来越近乎解除痛苦的处方。

同是这一年，他的"古雅"说也在上海问世，在《古雅之在美学上之位置》一文里将解除生活中的苦痛视为美学上的最高境界。而且抛出了"美"是超越生活之欲的论断。具体到《红楼梦》的价值就是："生活为炉，苦痛为炭，而铸其解脱之鼎。"与一位名为车尔尼雪夫斯基的俄国美学家相比，"古雅"显然与"美是生活"构成了极大的反差。车氏如是说："艺术再现现实，并不是为了消除它的瑕疵，并不是因为现实本身不

① 王国维：《海宁王静安先生遗书》第 14 册，台湾商务印书馆 1979 年版，第 48 页。
② 王国维：《海宁王静安先生遗书》第 14 册，台湾商务印书馆 1979 年版，第 50 页。

够美，而是因为它是美的。"① 固然车氏将生活完全说成"美"的判断并不科学，因为这样就可能走向完全顺化自然的被动、消极。但是他的优势在于：至少他容易去拥抱生活，而不至对生活失望。与此相对，来自唯意志论的美学观念则认为生活是痛苦的。我们不否认他们对生活本来面目揭示的深刻与真实，但是沿着他们摆脱痛苦的路子，又是很容易在寻求解脱、憧憬涅槃的过程中走向厌恶生活、逃避现实，甚至以死了解痛苦之路的。

"古雅"，在王氏眼里，是后天的、经验的，与现实隔离的。于是，求生是一切痛苦的根源，解脱痛苦是一切艺术的内驱力。他在文章里公开表示一切美的标准就是"解脱"二字，只有解脱才是至善、至美，也才达到了最高的境界。"古"与"今"的相对使他走向了面对现实的路子，过分强调"古"的解脱意义也使他走向了令心灵窒息的胡同。对此，我们可以从他最为显赫的"境界说"里得到解释。"意"与"境"是王国维十分器重的两个概念，究竟他眼里的意境是什么样的呢？他在 1912 年研究戏曲历史时找到了感觉："何以谓之有意境？曰：写情则沁人心脾，写景则在人耳目，述事则如其口出是也。"② 这里，我们看到，王氏的境界说虽不是完全脱离自然的，但他的自然之"真"是为了求"神"而来的。诚然，王士禛的"神韵说"以及严羽的"兴趣说"都曾遭到他的批评，但他的意思却是"醉翁之意"，如同鲁迅先生所说的"芝麻打油油更油"。在求"真味"的平台上，王国维就有了"隔"与"不隔"之分。"雾里看花"就是隔的明证，而陶渊明的"采菊东篱下，悠然见南山。山气日夕佳，飞鸟相与还"就是"不隔"。在分析了隔与不隔之后，王氏认为，南宋一些词人为何写不出好词呢？"乡愿"者也。乡愿为何不出好词呢？虚伪也。他说："性情"、"境界"这样高雅的东西岂有"龌龊小人所可拟耶"？这与鲁迅对瞒和骗文艺的批判又何其相似！尤其是他对主观与客观诗人的划分，应该说是一个极其伟大的发现。《人间词话》十七则里说："客观之诗人，不可不多阅世。阅世愈深，则材料愈丰富，愈变化，《水浒传》、《红楼梦》之作者是也。主观之诗人，不必多阅世。阅世愈浅，则性情愈真，

---

① 周扬译：《生活与美学》，人民文学出版社 1958 年版，第 109 页。
② 《宋元戏曲史》，商务印书馆 1930 年版，第 125 页。

李后主是也。"笔者同样以为，这是对文学与美学理论的重大贡献。这里，我们看到了王国维美学境界的意义所在，但是，我们也不能不进一步指出的是，王氏虽然对具有禅宗气息的"妙悟"有批评，但是他换了一种方式的"词话"仍然在不自觉地演绎着带有儒释道合一的形而上情结。他对李煜的词之所以推崇备至，其根本原因就在于"俨有释迦、基督担荷人类罪恶之意"。他说："尼采谓：'一切文学，余爱以血书者。'后主之词，真所谓以血书者。"① 带着解脱意识，尽管他认为解脱之道在于"出世"，而不在于"自杀"，② 但他还是在自我亲手拟造的偶像——科学方法与人文关怀——的厮杀中愈陷愈深，直至精神"涅槃"。

从老庄那里，王氏找到了对死亡超越的通道——齐物我、同生死、天人一的生命体验。也许我们从字面并没有更多地找到王氏精神世界里的禅宗踪迹，毕竟，叔本华的思想给人一种耳目一新的感觉。不过，从王氏的主观意念里，在他的生命体验与纯青意境中，我们时时体味到古代贤哲那种超越时空的膨胀思绪。此正乃："人静帘垂，灯昏香直。窗外芙蓉，残叶飒飒作秋声，与砌虫相和答。据梧冥坐，湛怀息机。每一念起，辄没理想排遣之。乃至万缘俱寂，吾心忽莹然开朗如满月，肤骨清凉，不知斯何世也。"③ 当年，蔡元培先生曾主张以美育代替宗教，目的还在于增进对人性崇高感的认识，如此说来，无论王氏的美学是宗教还是美育，都不失为一种富有价值的意义关怀。因为，从这里我们理解了什么叫做真正的永恒！

"意境高超莹洁而具壮阔幽深的宇宙意识"，美学家宗白华先生曾经推荐给人们的宋人张于湖的《过洞庭湖》是一种怎样的情感体验呢？"忠于清，所以忠于世；惜吾道，不敢惜吾身"的悼词正是对先生两难内涵的精当概括。④

---

① 《人间词话》第 18 则。
② 傅杰编校：《王国维论学集》，中国社会科学出版社 1997 年版，第 356 页。
③ 周颐：《蕙风诗话》。
④ 陈平原等编：《追忆王国维》，中国广播电视出版社 1997 年版，第 143 页。

第四节　守成：中心与边缘的涂改

一、"尴尬"的启示

在保守阵营中选择辜鸿铭、杜亚泉、王国维三位先哲作为我们的勘察的对象既是有意的也是无意的。说有意，是因为这三个人物在中国 20 世纪思想文化历史上的地位以及思想路径极具典型性，值得作为一种独立的文化资源勘定；说无意，是由于在选定他们时我们并没有觉得三人有什么预先设定的观念可以拿来比较。说实在的，我对保守主义的注意一开始并不是对他们价值意义的认定，而是出于一种来自心灵深处的同情。这种同情又先来自于本人自我定位的摇摆。中国有句俗话叫"将心比心"。我有时就好像是那离我早已远去的保守主义者的末梢神经。

1992 年，邓小平的南方谈话将中国带入了新的时代。巧合的是，我在这一年的市场大潮里迈向了"象牙之塔"。带着自我的生命体验我选择了"五四"激进主义者这一群体作为博士论文的论述对象。1994 年，大陆以《读书》杂志为旗帜的"人文精神讨论热"将每一个人文学者的心都搅乱了。其实，这就是一个从中心走向边缘的不平衡心态的反应。在当时的情形下，人文学者还能有什么"价值"，有谁还会对这个职业抱有好感？正乃是："文籍虽满腹，不如一囊钱。"困惑与痛苦也在时时纠缠着我的心，因此我在毕业论文里充满了对先驱者的同情和理解，"五四"精神及其价值在我的文章里还是有了再现。但是，那时我对与五四先驱作对的保守主义者并没有好的印象。不过，好在我没有对保守主义做批判，毕竟我对他们没有深入的了解与研究。当时，自由主义的行情见涨，而那些高扬理想的"主义"却受到了前所未有的批判。自己的尴尬与先驱者票面价值的下跌凝聚成了一种新的思想感悟。不曾想到的是，当我的那本专著出版后不到一年，我对保守主义的认识也开始深化——由同情变成了一种价值认可。事实上，激进主义与保守主义者所处的时代已经够不幸的了，尤其是后者，他们在时代中心位置的丧失使他们的安全感受到了前所未有的冲击。这是一次心灵的挑战，保守主义者地位在逐渐沦落，最后连自己固有的"象牙之塔"都保不住了，被挤压到了"蜗牛庐"里，甚至在无地守成中死亡。无论是文化上守成还是政治上保守，归根结底，他们都是在力求做同样一件事：那就是极力模糊中心与边缘的界限，以求达到一种心灵的平衡。在很多情况下，他们明知道不能够模糊，但是又情不自禁地去模糊。在这种模糊力不能及时，他们就会在时代的中心命题下落得个尴尬甚至悲惨的结局。

从保守主义者的思想经历来看，他们不但未能模糊这一中心与边缘的界限，反而使这一界限愈来愈明显。在走向自己的反面过程中为思想史给出了一个富有意义的"思想档案"。思想史上的这类悖论屡见不鲜，直到现在，我还真说不清楚是我的尴尬反观了历史，还是历史的尴尬辐射到了我的身上。

二、差异：在谐和的同唱里

通过对辜鸿铭、杜亚泉、王国维三位先哲的考察，我们会发现他们所具有的共性——不与趋同者为伍，同样是西化论者标榜的那种"力抗群言"的"先觉哲人"。但是他们的命运却比西化论者糟糕得多。针对保守主义者的百年心路历程，这里笔者所要读解的三个问题依次是：保守主义的共同点、遭遇非难与误解的根本原因、保守者的思想个性的差异。

就共性而言，辜杜王三位是孤独王国里自以为是的反时尚主义者。他们以永远自居于潮流之外而欣慰，而脱俗，而超然。于是，他们往往就成了时代的"落伍者"，以往的论述者也为此多称他们为"被时代潮流远远地抛在了后面"或者说是"跟不上时代步伐"的人。这一现象的产生除了性情使然外，也有上面所说的习惯于"自我中心论者"的惯性。胡适不是就曾说过辜氏的"立异以标高"吗？若果如此，王国维的标新立异也让我们感觉到了"历史"之惊人的相似。当事人的回忆也许颇能说明问题：

> 据他太太对人说起，她给他梳辫子的时候，也曾问过他："都到这个时候了，还留着这东西做什么？"他的回答是："正是

到了这个时候了，我还剪它做什么！"①

在民族主义——无论是文化的还是政治的——占很大程度上的反清的时代，辜氏与王氏都有"既仕于清室，义不二其节操"的箴言。在这一点上，他们又与激进主义志士的"义"之精神何其相似！那辜氏说"到现在还是保皇"之"好人"论调颇有笑料之嫌，而且也确实做了一个世纪的笑谈，但是我们谁都别忘了，辜氏的惊人之语下面包藏着一颗真诚而严肃的心。

相对于辜氏与王氏的"义"，杜氏显然平淡了一些。不过，从《东方》杂志的创意与命题来看，他们的不赶时髦却是显而易见的。在中西文化冲突不断走向深入的情况下而"甘冒文苑之大不韪"，杜氏的个性还是有目共睹的。站在维护传统文化的角度，他欣赏辜鸿铭的"春秋大义"，为此引火烧身，在时代的新潮面前成为众矢之的。这并非他不知道时代的中心与潮流是什么，只是他不愿意这样轻松随意地就附和了自己所远离的文化。当商务印书馆的张元济、高梦旦（他们也不是不同意杜氏的观点）迫于时代压力而不得不顺应潮流后，杜氏仍不改初衷而宁愿"告老还乡"，且到了晚年也是矢志不改，这多少令我们现在的后学有些肃然起敬。"折中调和论"没有能赢得世人的同情的原因就在于，他不可能"折中"，也不可能"调和"，所以他只能孤独。

比较辜杜王的历史，我们还会发现他们中的辜氏与王氏多了一层政治上的保守。可能，这是两位保守武库里最致命的武器了。关键是这样的武器也是最容易引火烧身的弹药。从他们的本意上看，保皇只是一种形式，而"挟天子以令诸侯"才是问题的实质。就王氏与辜氏的情形而言，他们对自我曾经占据的"中心"位置的安全问题是核心的核心。也许，在王氏与辜氏身上还各有其景，比如说王氏的安全感突出，而辜氏的归属感则明显，但不管怎样，他们的中心守成意识却是并行不悖的。于是中国文化的精神以及中国人精神的精深博大就成为他们守成的底蕴。虽然杜氏在表面上对中心位置的丧失或说即将丧失表现得较为平静，但是在其心灵深处，还是"万变不离其宗"。在这个问题上，如果说辜氏与王氏的"保皇"掩

---

①　毕树棠：《忆王静安先生》，转引自《追忆王国维》第 582 页。

盖了他文化上的保守，那么杜氏的伦理纲常之提倡则将他与"妄图复辟"牢牢地套在了一起。毕竟是"妄图"，而缺少身体力行。杜氏既不像王氏那样作过溥仪的"南书房行走"，也没有像辜氏那般将自己的大名落在了张勋"复辟"的花名册上。因此，世人对他的误解与非难在很大程度上还是来自"五四"时期陈独秀等人的"急功近利"。结果，尽管杜氏一再声明自己也是改革派，但最后他还是有理说不清。历史的事实又一次证明，只要远离了时代的中心，无论你的人文关怀有多大的价值，其命运仍不外是——"风流总被雨打风吹去"。友人曾用杨万里的"万山不许一溪奔"来概括杜氏的生命里程，其实这又何尝不是中国 20 世纪整个保守主义者的思想写照呢？

误解也好，非难也好，对当事人来说，对后来人来说，似乎这都不是问题的关键，个人"解释世界"的文化逻辑才是话语的中心。

在辜鸿铭的文化渗透观念里，他的主动迎战与王国维、杜亚泉的被动应付形成了同是保守主义的反差。在他们三位中，辜鸿铭对西方文化的了解应该说是最为精深广博的。但同样是他，对中国文化也是最钟情的。辜氏对中国文明之精神要义的认同恰恰是建立在他对西方文明的了解与理解的基础上的。可以这样说，他眼里的中国文化及其中国人的精神完全是西方文化视野下的产物。在这一意义上，辜鸿铭对中国文明的认同也是一种自觉的、主动的拥抱，而非一种"居危思安"式的委蛇。如果我们简单地将辜氏的自尊理解为一种爱国主义、民族主义的立场，那么我就认为这不但不是肯定了辜鸿铭的文化价值，而恰恰是降低了辜氏的意义与价值。他不但不可作为"西方的月亮也比中国圆"的正面榜样，而且也不能将他的中国文化观念打扮成"小脚老太太"。更何况他的文化心态并不像有人所说的那样——"留给我们的深刻教训"。①

与辜鸿铭进攻式的认同观不一样，王国维的文化观念则有一种极其明显的"固守"成分。在时代的潮流下，他明明知道传统文化已经不可能"固若金汤"，但是他还是不能自愿地抱定青山。为了消解自我的困惑与痛苦，他不断地寻求意义。在寻求意义的过程中，他找到了与中国文化同样

---

① 《中国人的精神·译者前言》。

"可爱的"叔本华。这固然可以是他学术思想开放的标志，但是在笔者眼里，他的开放是一种自我式的心灵开放，是为精神的需要而为，因此又可以说是无奈的开放。后来尽管他从"可爱的"转向"可信的"研究，但是他对前者的意义寻求却一直没有放弃过，而且总是耿耿于怀。即使是他就范于"可信的"之时，他也还是出于一种更好地呵护传统意义的需要。他在人文与科学之间的紧张显示着深刻的内涵：愈是不可信便愈是可爱，愈是可信便愈是不可爱。基于这样一个逻辑怪圈，他无法不为中国文化传统守节。在王国维的思想里，表面的主动却是被动的反映，他对西方哲人哲学观念的接受与追随，其实正是他对传统固守的表现。从"他山之石"里寻求到调剂中国文化传统的足够营养，这就是王国维的内心的真实。

说来话长，但是还是要说上几句。可能知道的人并不一定很多，在西方众多的思想家中，叔本华是一位受东方文化影响较深的一位。据说在他的书桌上只有两尊塑像，一个是康德的，一个是释迦牟尼的。叔本华那句代表他一生思想的名言是这样的："在这个世界上，唯有痛苦才是唯一真实的东西，而幸福不过是痛苦暂时的缺乏，不过是欲望与无聊较为迅速的交替。"悲观的叙述与释迦牟尼自然地嫁接在了一起。也许释迦牟尼与叔氏的"痛苦说"不尽相同，但是他的消除痛苦的方法却不能不引起我们的注意，因为这对诠释王国维太重要了。叔本华解决痛苦的方案是：禁欲、艺术与自杀。也许，我们可以说王国维先生"克己"生活是有的，但究竟禁欲到什么程度却不得而知。然而后两者却已经被严酷地证实了——王氏是叔氏的忠实信徒。他在艺术上、美学上的追求是精益求精的，而且希望能以此使痛苦与困惑得以解脱。当他在艺术上的追求在两难里愈陷愈深而不能自拔时，他只好选择最后的"杀手锏"——一种用来对付自我的杀手锏。

这种被动的方式很可能是不自信的，由于没有着落，他失去了轰动的意义。也许，这比起辜鸿铭的自信少了点什么，但在思想文化意义上，如果说辜鸿铭是博大，那么王国维则将以思想的深沉留世。民国时期的学术界对先生的品行做"峻洁"、"如芳兰贞石"的评价多少道出了文品与人品关系的真实。①

三、相对于"激进"的评价

从个性解放到自我膨胀，激进主义者大都有与佛教紧密相连的暧昧成分。从思想格局上看，他们的佛教理论都是"大乘"意义上的，有一种"普度众生"的浪漫。相反，保守主义者的佛教成分里夹杂的多是"小乘"意义的"度己"。这是我们从他们双方在宗教意义上的表现而言的。

众所周知，在德国两位最为著名的哲学家中，尼采与叔本华的思想在"五四"前后分别成为中国近代知识分子的理论资源。但这并非问题的全部。如果说在激进主义与保守主义的两个阵营里，佛教曾经是支持大多数知识分子的思想平台，那么我们说两个意识范畴的知识者又分别是尼采与叔本华的追随者。也许我们不能截然地划一，但在总的思想倾向上我们又完全可以做这样的判断。笔者非常同意这样一个有关东西文化教义的比喻：尼采像大乘，叔本华像小乘。根据这个并非预设的理论框架，激进主义者多以尼采的信徒自居，而追随叔本华的保守主义者却比比皆是。陈独秀、胡适、鲁迅等人对尼采的"超人说"就极为推崇，虽然在此之前的激进者诸如谭嗣同、章炳麟、孙中山等人对尼采的专论不多，但在思想的倾向上他们已经将大乘与自我膨胀有机地结合了起来。"宇宙即我，我即宇宙"的观念不断在他们的身上体现出来。"小我"很快发展成无所不能的"大我"，而且有意去实现这两个"我"的统一。也恰恰在这里，我们看到激进主义者们的思路往往有"一元"——"物心"合一的倾向，而保守主义者则有"物心"二元的持论。固然，我们不能说叔本华的"唯意志论"没有一元的"心"力走势，但在他设定的"世界是我的表象"与"世界是我的梦"的理论基调里却已经将接近"唯识学"的"无我"给动摇了。至少它里面还有"亦真亦幻难取舍"的一面。看来，同是接受佛教教义的近代知识分子，由于对西方哲人的认同不一，而最后的思想走势也就不一。沿着不同的思想路径，激进主义往往走向了众意化的集体主义，而保守主义者则因相信"小乘"而在向人生深处退缩的自我防御过程中

---

① 罗振玉：《五十日梦痕录》。

——走向纯正的个人主义。在前者，个人能力是无限的；在后者，个人能力是有限的。对有限论者来说，能固守"一方水土"就已经是最大的贡献了；而对无限论者来说，他们就要包办一切。回望 20 世纪知识分子的精神历程，他们往往就是这样走向自己所设计的反面的。

中国知识分子的命运从来就是与国家、民族的命运紧紧联系在一起的。以道德的使者自命，以历史的巨人自视，以人民的救星自居，凡此种种，知识分子的大包大揽形成了一种传统，而且往往是超负荷承诺的传统。责任感与使命感在"任重而道远"的"圣言"下让他们"大公无私"地承担了"道义"。然而，他们的双肩毕竟不是"铁肩"。超负荷的运转已经将他们的个性完全消泯于历史的需要中。历史，尤其是动荡时代的历史就是这样将"代价"廉价地收买了。激进主义知识分子的道路多是以这种激情满怀、热血沸腾的态势展开，而往往又以理想的乌托邦结局结束。历史是无情的，更是阴差阳错的。过去，我们对保守主义的评价多是批评式的。因为保守主义最不能让人容忍的是"中心"守护与个人的固执。再者，他们多对未来的理想与主义表现出低调与冷淡的情绪。因此，对憧憬美好未来的激进主义者来说，真可谓"岂有此理"。原因很简单，那么好的理想设计你不去追求与赞同，而却要守护着原有的"权威"，甚至是专制的权威，岂不是"孰不可忍"？可恰恰是在这里，这些"有限论"者在似无奢望的情况下至少守护住了自己。看来是"大私无公"的磊落却营造了自我的小天地。从这条思想的小道出发，又非常容易走向私利的伪个人主义。"保守的自由主义"的称谓已经解释了保守的文化意义。作为"之一"的存在，保守主义的个性坚持到什么时候都是需要的。

作为激进与保守的双方，它们无疑存在着难以避开的悖论。激进主义的过程之悲壮以及特立独行的风骨需要保守主义这一文化资源的有力牵制，而保守主义的固执与低调又需要激进主义文化资源的刺激。《论语·子路》有言曰："不得中行而与之，必也狂狷乎？狂者进取，狷者有所不为也。"意思是说，两者各有千秋，不可偏执一端。狂者进取而不得，狷者无为而有为都是有可能发生的。对此朱熹曾经释义道："狂者，志极高而行不掩；狷者，知未及而守有余。盖圣人本欲得中道之人而教之，然既不可得……故不若得此狂狷之人，犹可因其志节而激励裁抑之，以进于道。"① 既然狂狷者乃忠贞之人，"有骨肋"，"有节操"，那么我们就有必要给他们以"中道"式的评价。

① 朱熹：《四书章句集注》。

第五章

"新儒学"：世纪末的复出

如果说"改造国民性"潮走俏于 20 世纪初衰落于 19 世纪末，那么"新儒学"的情形则截然不同：悄然形成于 20 世纪初，而在 20 世纪的最后 20 年才有了适宜复出的气候。在广义的角度上说，"新儒学"属于保守主义一脉，但是在学理意义上说，笔者以为"新儒家"的文化道路更"正宗"，且原汁原味地认定"儒学"。

第一节 定位：在文化三路向之间

一、"新儒家"第一人

梁漱溟（1893—1988），字寿铭，原名焕鼎。他祖籍桂林，自曾祖开始入居北京。父亲梁济是一位开明人士，早在戊戌变法时期就提出了兴办新学的主张，因此梁漱溟先生自幼便受到了良好的家庭教育。尤其是梁济从小为他讲述的世界各国的概况，使他对未来的世界充满了渴望与好奇。在一般人的印象中，他是一位地道的传统型人物，但是要知道，梁先生却是一位较早受到西学教育的思想家。6 岁那年，他进入了北京第一所新式学校——"中西小学堂"。在那里，他开始学习中英文。后来在蒙养学堂也曾经受到西方科学文化的影响。

1906 年，先生入北京顺天中学读书，悲天悯人的精神气质使他较早地关心国事民瘼。对梁启超"新民说"的推崇还使他形成了决心以改造人生观与价值观为宗旨的理想。家庭与同辈人的影响渐渐将"天下兴亡匹夫有责"的品格熏染了他，再加上他那孤傲的性格，梁氏寻求救世出路的欲望愈来愈强。在现时救亡无门时，他便在佛学里寻求"出世思想"。20 岁那年，他甚至动了"出世自勉，怀抱为僧"的念头，一时间，研究哲学、考释佛学成为他的最大目标，而且为此还曾倡导过社会主义。

1913 年至 1916 年，他在司法部任秘书期间潜心研佛，医学、儒学、西方哲学也多有涉猎。《究元决疑论》即是他思想的总结性成果。鉴于先生在"唯识学"方面的成就，1917 年，学有所成的梁先生受蔡元培之聘任北京大学哲学系讲师。

自入校的那一天起他就发誓要把释迦牟尼与孔子的思想梳理个清楚。当时，北大的主流被以陈独秀、李大钊、胡适的西化派所把持，这无疑给梁先生的教学与研究带来了一定的压力。不久，他便从出世的印度哲学转向了俗世的孔家义理。1921 年，梁漱溟的《东西方文化及其哲学》的出版奠定了他在中国思想文化史上的地位。尽管他曾一再声言他的本意从来不是想与陈氏与胡适们对着干，而其思想的果实已经将他推到了中西文化论争的前沿。而且，梁氏成为"打倒孔家店"论者的头号对手。由于这本书的影响甚大，"翻成了十二国的文字，把东西两半球的学者，闹个永无宁日。"[1] 于是胡适便站出来毫不客气地说："都是一些笼统话。"同样是这本书，也使他常以复兴儒学的使者自命，他遂放弃出家的夙愿，决心以行动去履行儒家的社会理想。

1924 年，他在山东办学，以实验他的书院式教育模式。尤其是他在以后岁月里于河南、广东、山东等地的乡村实践，更表现出了他投身社会的极大热情。然而日本的入侵使他的设计只能寄存于理想中。抗战爆发后，梁氏很快成为介于国共两党之间的著名民主人士。1939 年，他参与发起了"统一建国同志会"。20 世纪 50 年代后，定居于大陆的他是民主党派里的核心人物，自 1951 年起，他一直是政治协商会议全国委员会的委员。

---

① 李石岑：《评〈东西文化及其哲学〉》，《民铎》3 卷 3 号。

先生的思想为世人注目，与"文如其人"息息相关。1953 年与毛泽东争论时的风骨以及在非常时期的 1974 年为孔子的辩解，使他赢得了"中国的圣雄甘地"的称号。

二、梁漱溟："文化三路向"之说

涉猎梁漱溟的研究，《东西方文化及其哲学》是"言必称"的读本，而这一读本里的思想精华又是人所熟知的"文化三路向"之说。也正是这一"三路向"之说将梁漱溟拉到了与五四新文化运动相对立的位置上。然而，梁氏从来都说自己与陈独秀、胡适们的观点并行不悖。那么，究竟怎样理解梁漱溟的这种文化关怀呢？

不止是梁氏的晚年曾经说过最初的动机不是与"五四"激进派对垒，就是当初在写《东西方文化及其哲学》的时候他也一再说明原委——只是"替释迦与孔子发挥"。就在他着手这项研究的同时，他还专为此命题找到了时任北京大学校长的蔡元培以及任文科学长的陈独秀进行了商榷。

在"我研究问题的经过"里，梁先生披露了自己走上文化之路的心迹。原来，文化问题的提出源自于生活问题。为了寻求生活的答案，梁氏在林林总总的"东西文化"论调里发表了自我的见解。出于对人的生活方式的一种关怀，梁先生以他真诚的态度否定了不东不西、非驴非马、折中调和的生活方式。不言而喻，那种文化哲学上的文化融合观念更是他坚决反对的。在《东西方文化及其哲学》里的开始他就申明大义：

> 大约两三年来，因为所谓文化运动的缘故，我们时常可以在口头上听到、或在笔墨上看到"东西文化"这类名词。但是虽然人人说得很滥，而大家究竟有没有实在的观念呢？据我们看来，大家实在不晓得东西文化为何物，仅仅顺口去说罢了。大约自从杜威来到北京，常说东西文化应当调和；他对于北京大学勉励的话，也是如此。……于是大家都传染了一个意思，觉得东西文化一定会要调和的，而所期望的未来文化就是东西文化调和的产物。①

---

① 刘梦溪主编：《中国现代学术经典·梁漱溟卷》，河北教育出版社 1996 年版，第 12 页。

梁氏的话显然是针对"调和"与"融会"论的。在他看来，所谓的中西调和必将给生活带来种种混杂矛盾的现象。因此先生对李大钊在《矛盾生活与二重负担》里所做的判断非常欣赏："然此种生活状态，只于新旧文明过渡之时期可以安忍于一时，而不能长此以终古。"① 顺着这条思路，我们就不难理解梁漱溟为何与陈氏、李氏并行不悖了。

究其原因，梁漱溟对"随便持调和论者"不以为然。至少在文化之间不能调和了事的观点上，梁氏与陈氏、李氏站在了同一起跑线上。他这样"不可思议"地表述道："近三四年来陈仲甫等几位先生全持此种论调，从前的人虽然想采用西方化，而对于自己的文化没有下彻底的攻击。陈先生他们几位的见解，实在见的很到，我们可以说是对的。"梁氏还特别提到了《吾人最后之觉悟》里陈氏所下的决心——中西文明之间的关系是"不塞不流，不止不行"。对此先生评论道："陈君这段话也可以说是痛快之至，在当时只有他看的如此之清楚！"与此同时，他又对李大钊先生将中西文明分解成"动的文明"与"静的文明"精神大为赞赏。他如是说："李先生是主张将'静的精神'根本扫荡的，而他所以诠释东方文化者即此四字，就是根本不要东方化了！这种主张从根本上不要东方化是很对的。"从这些看似"结论性"的文字上或许容易得出他赞同陈独秀、李大钊、胡适等激进人士的结论，但是如果透视梁氏的思想却会发现，他的骨子里却有着与他们大相径庭的认识。如同我们在本书第三章里所揭示的那样，李大钊在"一力的独行"之前曾是一位地道的"调和论"者，为此在对李氏表示欣赏的同时，梁氏很快就在下文作出了这样的判断："而不能说出所以然，就胡乱主张两文化将来必能融通，实在不对。"② 问题的根本不是别的，而是要找出两种文化的"所以然"来。

本来，梁氏的意思是要讲中国文化的优势，而在《东西方文化及其哲学》里的很多篇章却成了对中国文化的"贬抑"。其实，梁漱溟先生的作文方法是"欲扬先抑"。请看他对胡适之《中国哲学史大纲》的评价："照胡先生所讲的中国古代哲学，在今日哲学界可有什么价值呢？恐怕仅只做古董看着好玩而已！虽然《中国哲学史大纲》的后半部还没有作出

---

① 李大钊：《李大钊文集》上册，人民出版社1984年版，第254页。
② 刘梦溪主编：《中国现代学术经典·梁漱溟卷》，河北教育出版社1996年版，第20页。

来，而胡先生的论调却是略闻一二的。像这种堂皇冠冕的话恐怕还是故相揶揄呢！所以大家一般所说精神方面比较西方有长处的说法，实在是很含混不清、极糊涂、无辨别的观念，没有存在的余地！"① 批评了胡适的"相提并论"，在"西方化问题的答案三"里又对陈独秀"一班人"的拥护德赛两位先生的做法给予了充分的肯定。而且从他的叙述语气来看，完全是《新青年》一班人的口气："西洋能从黑暗到光明世界的，就是这两位先生。我常说中国讲维新讲西学几十年乃至于革命共和其实都是些不中不西的人，说许多不中不西的话，做许多不中不西的事情。他们只有枝枝节节的西方化，零零碎碎的西方东西，并没有把这些东西看通窍，领会到那一贯的精神。只有近年《新青年》一班人才算主张西方化主张到家。现在陈君这个话就是看通了的窍指示给大家了。"② 赞同归赞同，分歧归分歧。梁漱溟最终还是忍不住自己的感情，很快就在对陈李的中西文化辨别之后做了这样的结语："一个更深澈明醒的说法，李君还没能给我们。"③ 一言以蔽之，"调和融通的论调"断然不可取。"既然没有晓得东方文化是什么价值，如何希望两文化调和融通呢？"梁老先生就差一点没跺脚了：

> ……中国化如有可贵，必在其特别之点，必须有特别之点才能见长！他们总觉得旁人对我称赞的，我们与人家相同的，就是可宝贵的；这样的对于中国文化的推尊，适见中国文明的不济，完全是糊涂的、不通的！我们断然不能这样糊糊涂涂的就算了事，非要真下一个比较解决不可！

如果说梁氏下一步的问题已经出现了的话，那么我们禁不住要问：究竟什么"解决"才算解决呢？为了保持本文问题的悬念，这里我们不妨先不公布答案，待我们讲完了梁氏的"解决"后再一并解决他与"五四"同仁的缠绵悱恻。

笔者这里不想再将已经有了研究结论的梁氏"文化三路向"——赘述。也许单刀直入能省却不少无谓的笔墨浪费。

---

① 刘梦溪主编：《中国现代学术经典·梁漱溟卷》，河北教育出版社 1996 年版，第 22 页。
② 刘梦溪主编：《中国现代学术经典·梁漱溟卷》，河北教育出版社 1996 年版，第 31 页。
③ 刘梦溪主编：《中国现代学术经典·梁漱溟卷》，河北教育出版社 1996 年版，第 33 页。

梁氏以与众不同的态度将人类文化划分成三个阶段：科学文化、伦理文化、宗教文化。而与这三个阶段有密切关系的则是文化"三路向"。这也即是著名的中国、西方、印度文化的三种类型。比起东西文化的两分法，梁漱溟独有一片天地。从道德的价值标准出发，梁氏选择了中国文化作为自己定位的思想路向。在中国文化里，他又对儒家文化情有独钟。先生在"我们现在应持的态度"里申明要义说：

> 第一，要排斥印度的态度，丝毫不能容留；
> 第二，对于西方文化是全盘接受，而根本改过，就是对其态度要改一改；
> 第三，批评的把中国原来态度拿出来。

何以如此呢？梁先生的具体解释在《中国文化要义》里非常充分。概括地说，西方人"物化"严重，过于注重感官刺激，信奉功利主义；印度人则反其道而行之，厌世消极，实行彻头彻尾的禁欲主义；只有中国人在"中庸"的尺度下"发乎情，止乎礼义"，既避免了过度贪欲的功利色彩，又不致强制性地压抑人的生命力。有了这样的理由，他在赞成"陈仲甫先生所谓'赛恩斯'与'德谟克拉西'和胡适之先生所谓'批评的精神'的同时，对于由此演绎并引导出来的'人生真义'就不敢苟同了。非但如此，还颇有微词呢？"

这样，梁先生自然就成了陈独秀、胡适之等人的对立人物。但是，就像我们知道的那样，先生却是不愿与"五四"先驱为敌的，为此他曾坦白地诉说过自己的痛苦："照这样说来，然则我是他们的障碍物了！我是阻碍他们思想革新运动的了！……这令我很难过。我不觉得我反对他们的运动！……你们在前努力，我来吆喝助声鼓励你们！"[①] 这是先生在遭到胡适之与陈独秀的批评时所做的反应。及此我们不禁要问，究竟梁氏与陈氏他们有无相同点呢？不同点又在什么地方呢？为何梁氏又会觉得自己冤屈呢？

对第一个问题的回答是，梁氏在思维的方式上与"五四"先驱极其相似，甚至可以说相同。梁氏认为中国目前的困境是中国文化自身的逻辑结

---

① 《学衡》1923 年 11 月 13、14 日。

果，而文化保守主义的无能为力也正是这一结果的反映。他对"五四"文化哲人的欣赏不是对他们观点的完全认同，而是出于对他们那种自我认同心理的认同。譬如，他曾嘲笑以《国故》为阵地的文化保守主义者们之于《新青年》团体思想的无能为力。难道这里的"嘲笑"是一种思想内涵的反对吗？原来，梁氏对"陈旧古董"们"才疏学浅"的遗憾心理占据了主导地位。说是"恨铁不成钢"才算是说到了点子上。固然，他对代表旧派的《国故》分子曾以"死板板烂货"名之，并讥讽其不配与人家新派"对垒"。但是，必须看到，梁氏的意思绝不是不要传统文化，而是以为将传统文化放在他们手里"编排"简直是一种糟蹋。他希望有更多的同人能够通过对传统文化的积累、挖潜、批评，从而建立起真正的第三种文化路向。先生引用陈独秀在《每周评论》上的一段话说："除了君臣父子夫妇之道及其关于一般道德之说明，孔子的精神真相究竟是什么？"在对陈氏"明晰的头脑"、"锐利的笔锋"大加褒扬之时，他对"实在说不上来"的旧派先生的拙嘴笨舌表现出了极大的不满。他对保守主义者们"总像是要德谟克拉西精神科学精神为折半的通融"的叹息也是对保守主义者缺乏"守成"真精神的揶揄！① 没有那样的"金刚钻"，怎能乱揽"瓷器活"？在梁氏的世界，文化的回归儒学绝对不是机械地打捞出一些"陈谷子、烂芝麻"。无疑，耐心地梳理、挖潜并予以系统化的重任非先生莫属了。

关于第二个问题，我们不欲做更多的表述。"五四"激进主义的思想脉络已经非常清晰，而梁漱溟先生的文化选择则是完全意义上的以儒家为中心的传统文化的激活与复兴。于是，在究竟是以西方文化还是中国文化为未来走向上有了一个分野的基线。

至于梁漱溟先生的委屈则是一个需要做具体分析的命题。这也与梁先生的文化内蕴有关。

三、"中国文化要义"

在一般的东方论者眼里，尤其是文化保守主义的视野里，中国文化的要义就是精神上的优越。它相对于西方文化的重物质、讲功利有一种极其

---

① 刘梦溪主编：《中国现代学术经典·梁漱溟卷》，河北教育出版社1996年版，第215—216页。

到位的理论诉求。而这对于梁漱溟来说并不适宜，因为在梁漱溟看来，中国文化的精神生活恰恰是最不值得自豪的，相反倒应该说是失败的。对此，他在《东西方文化及其哲学》里就已经做了极为严厉的批评式解释。在先生对中国人的文化及其生活做了毫不客气地检讨后，他笔锋一转写道："只有孔子的那种精神生活，似宗教非宗教，非艺术亦艺术，与西洋晚近生命派的哲学有些相似，或者是个做到好处的；惜乎除中间有些萌动外，没有能够流行到一般社会上！"①

初看梁氏的思想路径，仿佛极其矛盾。既然承认中国文化是人类文化的唯一方向，那么为什么又要对其进行否定呢？而且，他作为一个曾经极力反对调和融通的人怎么又会转而提倡"意欲自为调和持中"呢？正是在这矛盾的理解中我们找到了梁漱溟先生自觉"委屈"的原因。

梁氏的本意乃在寻求一种至理的意义。他对生命意识的关注成为其文化哲学的核心。而他一贯反对的是将众多学说不分青红皂白乱讲一气的做法。中国文化里成分复杂，而老庄的"柔"并不为梁氏所欣赏，他要从失去的人文关怀里挖掘出孔子的"刚"来。按照梁漱溟的理解，他与陈独秀、胡适、李大钊等人意在寻求一种新的生活的态度并没有什么两样，同样是想将社会生活推向前行。只不过五四同人在没有认识到儒家学说之伟大之前暂且援用了西方的德、赛两位先生而已。在他看来，孔子的学说已经被几千年来的岁月尘封，在现代化的今天必须来个掸尘识珠的义举！他希望通过自己的阐发、发挥让众人充分认识到"儒化"的必要性可靠性，从而使中国现代化走向坦途。于是，他的第一步便是认同"五四"人物那种"从一而终"的思维方式，然后再做计议。他批评说："把孔子、墨子、释迦、耶稣、西洋道理，乱讲一气；结果没有认清哪个是哪个！"人生混乱只能是暂时的手段，其终极目的还是要将成熟的文化冶炼出来。

也许，梁漱溟自己并没有清楚地认识到对中国精神生活的否定就是对中国文化精神的否定。他始终认为儒家文化哲学是成功的，而问题在于怎样理解这种成功与中国文化的关系？众所周知的一个事实是，中国文化的核心还是以儒家文化为主体的，其他都是不占主流的文化。对梁漱溟来

---

① 刘梦溪主编：《中国现代学术经典·梁漱溟卷》，河北教育出版社1996年版，第162—163页。

说，他解释这一悖论的办法只有说是后人对儒学真相的歪曲了。果不其然，他这样做了。于是，在既不伤儒家主流地位的同时又给中国未来的生活定了位。那么梁漱溟先生对儒家最为看重的是哪一点呢？读解梁氏的著作，我们的结论是："自得"。

"自得"本来早在《东西文化及其哲学》里就已经提出，先生在《中国文化要义》作了具体的发挥。与此相关的三个判断也为支持论点而"三足鼎立"——"文化早熟"、"以道德代宗教"、"理性至上主义"。何谓"文化早熟"呢？梁先生在这里所说的"文化早熟"是与"文化早启"是相提并论的。他如是说道："独至于人类，官体反应减低而心思作用扩大，才可说有心。心思作用原有理智理性两面，这里又单指理性为心。所谓从心发出者，正谓从理性发出。因此，'理性早启'，'文化早熟'，可以算同义语。"既然先生对这一"早"字如此器重，道理又何在呢？梁氏曾有这样的评语："西洋文化是从身体出发，慢慢发展到心的，中国却有些径直从心发展出来，而影响了全局。前者是循序而进，后者便是早熟。'文化早熟'之意义在此。"[①] 与他"文化早启"的思想相辅，便是他的"以道德代替宗教"以及"理性至上主义"的出笼。

梁先生并不认为宗教完全是没有意义的东西，他对宗教在"人类文化初期"的作用曾给予了相当充分的肯定。譬如宗教对于"人的情志方面之安慰勖勉"等，但是也正是这一作用带来了负面的影响，那就是它对于"人的知识方面之超外背反"。所以他因此得出结论说，在人类文化发展的高级阶段，必须以道德代替宗教。在中、西、印之间对印度文化的宗教主体性作了"描述"之后，面对社会上日趋高涨的西化潮流，梁氏也不能不对西方文化的"物化"性质做必要的"描述"。于是，有了欧洲文明"局势"的演变：

第一，科学发达，知识取迷信玄想而代之。

第二，征服自然之威力猛进，人类意态转强。

第三，富于理智批评的精神，于信仰之不合理者渐难容忍。

第四，人与人相需相待不可或离之结构，已从经济上建筑起

---

① 梁漱溟：《中国文化要义》，学林出版社1986年版，第267页。

来，而社会秩序则受成于政治。此时作为文化之中心者，已渐在道德、礼俗与法律。

第五，生活竞争激烈，物质文明诱惑亦多，人生疲于对外，一切模糊混过。[①]

西方与印度的文化都不符合人类的要义，那就只有到中国文化里寻找了。阅读梁先生的著作会发现，他的这两个判断的逻辑说明都是在"理性"与"理智"的分野下进行的。在他那里，西方文化是理智型的，中国文化则是理性化的。于行为表现上，一个是"向外用力"，一个是"向内用力"；一个是"从身体出发"，一个是"从心（理性）出发"。鉴于他是一个不赞成理智对人心践害的人，为此他在两者之间看中的是理性。"理性是什么"？或说梁氏眼里的理性究竟是什么呢？他针对中国三四十年书里对理性与理智的混合用法提出疑义并予以辨析："所谓理性者，要义不外吾人平静通达的心理而已。"在对理性"定义"的同时也是他态度的表明："这似乎很浅近，很平常，然而这实在是宇宙间顶可贵的东西！宇宙间所有唯一未曾陷于机械化的是人；而人所有唯一未曾陷于机械化的亦在于此。"为何理智之路不宜再做未来之路呢？先生以为由此发展下去，本能便"浑而不著"，弱而不强，不是人所需要或说追求的生活。两相比较，中国与西方文明各有长短，但是理智的薄弱不是最致命的，如果理性浅薄则是十分危险的滑坡。

认定了中国民族的精神是彻头彻尾的"理性发挥"这条路，梁氏坚信中国文化里的这一伟大之处将在人类文明史上大放光芒。因为他是生活的真谛所在，是人类所以为人的根据所在。先生的结论是发人深省的：

> 盖理智必造乎"无所为"的冷静地步，而后得尽其用；就从这里不期而开出了无所私的感情（impersonal feeling）——这便是理性。理性、理智为心思作用之两面，知的一面曰理智，情的一面曰理性，二者本来密切相连不离。譬如计算数目，计算之心是理智，而求正确之心是理性。数目算错了，不容自昧，就是一极有力的情感，这一感情是无私的，不是为了什么生活问题。分

---

① 《中国文化要义》，第97页。

析、计算、假设、推理……理智之用无穷，而独不作主张，作主张的是理性。理性之取舍不一，而要以无私的感情为中心。此即人类所以异于一般生物只在觅生活者，乃更有向上一念，要求生活之合理也。①

至此，我们已经可以理出这位大师的思想脉络了。这里的问题在于，"以无私的感情为中心"的美好情操是不是就能算作未来合理生活的全部？

从宏观的角度来说，先生是一位中国传统思维模式的认同者，他的"理性至上"说看似与中国传统的文化模式无关，其实它已经深深地打上了传统的烙印。"综合思维"的总体观念充分反映在"心"的发射上，而"向内用力"则更加说明了他的"内圣"道德情结，先生一再强调的"以道德代替宗教"的思想无不是这一思路的反映。道德、情感都可以无限制地泛化，而这种泛化又时刻潜藏着危机。譬如说中医固然没有西医"头痛医头，脚痛医脚"的"求末"之嫌，问题是他的"根本解决"的办法不是没有陷入模糊的可能。

在微观意义上，就以上面我们刚刚引用过的"无私的感情"为例，先生的困惑更是历历可见。事实上，他离"中体西用"的调和融通论调已经不远了。众所周知，他曾是一位力反调和、幻想通过"打通"思想而建立未来文化机制的智者，但是后来他还是身不由己地变了。特别是当他走向从文化上去解决中国政治出路的问题时，一位哲学家的天真就暴露无遗了。先生曾多次声称他"一向喜欢行动而不甘坐谈"，也许这应验了"问题在于改造世界"的视角，而结果他的行动只是一次次宣布理论设计的失败以及由无奈而不能不随流的尴尬。后来他在乡村理论里的论说已经是只有如此的表现。他说："当中国精神与西洋长处二者调和的事实有了时，就是一个新社会的实现，也是人类的一个新生活。"② 显然，梁氏将中国民族精神的优势概括成一句"无所私的感情"未免太武断了。如果真是这样，那中国文化的路向可就要大打折扣了。

既然先生也承认"理性、理智为心思之两面"，也认为"知"与

---

① 梁漱溟：《中国现代学术经典·梁漱溟卷》，河北教育出版社 1996 年版，第 352 页。
② 梁漱溟：《梁漱溟全集》第 2 卷，山东人民出版社 2005 年版，第 278 页。

"情"是"密切相连不离"之一个问题的两个侧面，那么以"情"压"知"总有让人费解之嫌。梁氏在很多文章里都提倡中西文明各有千秋、需要以取长补短态度来完善，而在立论上他总是过多地看到了"理智"可能给人类精神生活带来弊端的一面，而相对看轻了他所谓的"理性"可能带来的连带问题。

"无私的感情"是一种向善的情感，对营造人类未来美好的生活非常需要，但是还要看到一味地强调"无私的感情"又是十分可怕的。因为人类生活里还需要一份属于自己的"私有"的情感，唯其如此，才是一种符合人性的高质量的生活。如果真要检讨工业社会物化弊端的话，它的那种对人类私有感情的强奸才是最需要加以指责的。想来，梁漱溟先生的悖论就根源于此。沿着他的思路，文化之间的调和也只能是"垂直"式的湮没，而非"水平"式的互补。

这又回到了笔者一再述说的"多元"文化设计。无论是三种文化还是两种文化系统，它们之间都应是多元的并立与互补，而非俨然预言学家似的"取代"。五四以来的文化论争屡见不鲜，20世纪末年扬起的一种"三十年河东，三十年河西"的论调就是梁漱溟等人思想的进一步发展。

梁氏文化哲学的最大贡献就是他潜心研究了人类文化生活极其需要的人心与人生问题，而且将中国传统文化里这一价值资源做了深刻的阐述，这种富有创建的激活本身就是极富意义的。尽管如此，我们不能不指出的是，不但21世纪中国文化不可能"放之四海"，就是富有"乌托邦"色彩的未来也难以成立。这，一直是笔者的"感觉"。

第二节 "文化更新"："以人文精神为中心"

一、海外新儒家第一人

这里，我们说的是钱穆。钱穆（1895—1990），字宾四，江苏无锡人。出生于富庶之乡的钱穆自幼却过着极其艰难的生活。他早年丧父，中学毕业后就因家境的贫寒而辍学。可以这样说，他以后的学术成就基本上是其自学的结果。1906 年，12 岁的钱穆偶尔读到了梁启超先生的《中国不忘论》，从此他走上了潜心研究史学的道路。后来他曾这样回忆说："当时，我只希望梁先生的话可信，但还不敢真信梁先生的话。因为要希望能证明梁先生这句'中国不忘'的话，才使我注意到中国的历史。"[①] 进入社会后，先生先后在厦门私立集美师范学校和无锡私立师范学校任教。1924年，因在著名的《东方》杂志发表《墨辨探源》而在学界被人注目。在那篇文章里，他提出了墨家"兼爱"与儒家"仁义"内蕴相通的思想。1928 年，他将自己备受关注的论点整理成《国学概论》出版。一个没有地位的普通教师写出如此深厚的巨著，钱穆的胆识与学识都尽显其中。他书中对数十年来的新学运动提出了激烈的批评。"失其本心"乃是他最大的感喟。

1930 年，先生的《刘向刘歆父子年谱》在《燕京学报》发表，以一位无名小卒的身份向大名鼎鼎的康有为的《新学伪经考》发难。康氏所谓的"古文经学"系刘歆伪作的论点摇摇欲坠，钱穆也因此在学界声名大振。不久，他入燕京大学任教，后又以自己厚深的实力在北京大学讲授中国通史。30 年代，他的《先秦诸子系年》与《中国近三百年学术史》问世。这样，钱穆在中国文化与思想史上的地位就奠定了。抗战爆发后，钱穆和其他学者一样，最终落脚于西南联大。辗转沧桑的经历，多灾多难的心理重负使他"倍增感慨"，于是他以自己的扎实的历史知识与深厚的生命体验写下了《国史大纲》。一部各大学共同使用的历史教科书就这样产生了。1941 年，先生赴四川成都主持"中国文化研究所"。这一时期他最大的成就就是对"新儒家"理论基础的奠定。在《思想与时代》上发表的《中国近代儒学之趋势》标志着由他开拓的新儒学将成为一个独立的园地。同时，他的《中国文化史导论》也是这一时期的思想产物，对中国文化的复兴与更新提出了独到的见解。

1945 年抗战胜利后，先生先后执教于云南大学、无锡江南大学。1949年，他奔赴香港。1950 年，正值 20 世纪中叶，他与唐君毅等人一起创办了香港"新亚书院"。应该说，这是先生一生最值得大书特书的一笔。

---

① 钱穆：《中国历史精神·前言》，东大图书公司 1990 年版。

这是一个意在传承儒家香火的古老办学形式。先生在主持书院期间，一直是以复兴儒学为宗旨的。在此之前，在中国文化的守成者之中，以此种形式"沟通"儒学的大师并不少见。譬如马一浮 1939 年在乐山创办的"复性书院"，1940 年梁漱溟在重庆北碚创办的"勉仁书院"等。诸如张君劢在云南大理创办的"民族文化书院"、程兆熊在江西铅山创办的"鹅湖书院"等无不是传统文化的热情传人。钱先生的书院也是这一思想潮流的继承与发展，只是他的宗旨更鲜明，更突出，更有代表性。其中，"秀才开店"的经历就值得一提。钱穆在经济极其困难的情况下以曾国藩"扎硬寨、打死仗"的气度支撑了下来，以表明他坚决复兴儒学的决心。先生在《新亚书院概况》序里说过这样的话："新亚书院之创始，最初并无丝毫经济的凭借，只由几位创始人，各自捐出少数所得，临时租得几间课室，在夜间上课而开始，其先是教师没有薪给，学生无力交纳学费，学校内部，没有一个事务员和校役，一切由师生共同合作来维持。"海外新儒家的大本营就这样以"新亚精神"树立了起来。1963 年，书院并入香港中文大学。卸任后的钱穆先生曾赴吉隆坡马来亚大学执教。1967 年起定居台湾。

总结钱先生一生之文化成就，除却我们上面提到的论著外，他后期整理出版的《人生十二讲》、《从中国历史来看中国民族性及中国文化》、《中国学术通义》都是难得的学术著作。从深入历史到浅出于文化，钱穆先生思想的核心并不曾改变。这正如同他自己所总结的那样："余自《国史大纲》以来前所为，乃属历史性论文，仅为古人申冤，作不平鸣，如是而已。此后造论著书，多属文化性，提倡复兴中国文化，或作中西文化比较。"①

通读先生之作，在人们普遍认为历史学不需要思辨的世风下，笔者更看重的是他的史实里的思辨。

二、钱穆："人生三路向"

上面我们对梁漱溟的探讨里有一个著名的"文化三路向"说，显然这

① 钱穆：《纪念张晓峰吾友》，《中外杂志》38 卷 12 期。

里的"文化三路向"说与之有一定的联系，也是受梁漱溟先生影响的结果。必须看到，钱穆的"三路向"源自梁氏，但是又有很大不同。这是一种充满历史意识和历史精神的文化与哲学人生观念。

什么是"人生三路向"呢？他针对梁漱溟先生的"文化三路向"在《从中国历史看中国民族性及中国文化》里引出了自己的话题：

> 梁漱溟讲中国哲学及其宗教，他不用内外二字，只说西方人进一步，印度人退一步，中国人则不进不退。这在修辞上有毛病。我想，他的意思或许亦是说，西方向外，印度佛教向内。而照我的想法，中国人则求合内外，乃一持中态度。向内向外，其实都是向前。而中国人的持中态度，乃一可止之境，并不需要漫无止境的向前。我与梁氏意见可能大体相同，可是我的说法或许更恰当些。

这就是钱氏的"三路向"之说。而他的"说法"究竟恰当在什么地方呢？在钱氏看来，西方文化的没有满足感只能给社会带来弊端，它不但不如中国文化的"合内外"的人生路向，而且就连印度的"向内"人生之路也不如。如果说印度文化的"向内"有不易实践的遗憾，但至少它还有不致给人类带来灾难的"洒脱"一面。而西方文化的"向外"则在"物欲"中毁灭了自我，"造成这一种人生一项不可救药的致命伤"。① 鉴于印度文化不能与中国文化相匹敌这一说法没有引起更多的疑义，因此先生把重点放在了另外两个路向的辨析上。说到"向外"的文明为什么有弊时，先生如是解释说：其一，西方文化中的上帝观念不如中国儒教以"人"为中心的文化功能："权力客体化，依然是一种权力，但像是超过了人类自身的权力了。于是主体的力和客体的力相激荡，相冲突，相斗争，轰轰烈烈，何等的热闹，何等的壮观呀！然而由是何等地反复，何等地苦闷呀！"而儒家的思想强调性道合一，它虽不是宗教，但又有了宗教的文化整和功能！其二，"向外"人生观无止境地追求一种个人欲望的满足。这就造成了一种无休止的恶性循环。眼前的满足又成为下一个欲望的基础，于是便有更大的痛苦在等待着人生去咀嚼。钱氏因此说道："满足转

---

① 钱穆：《人生十论》，东大图书出版公司 1987 年版，第 2 页。

瞬成空虚。愉快与欢乐，眨眼变为烦闷与苦痛。逐步向前，成为不断的扑空。强力只是一个黑影，充实只是一个虚幻。"① 如此的人生观自然不能给人生带来愉悦，所以是不可取的。其三，"物欲"必然让人们在崇尚科学这一具有工具意义的知识的同时，逐渐变成"机械的机械"，并由此转化成"机械的奴役"。

这样的感悟使钱穆对新文化运动中当事者的急于事功大为不满，在《国史大纲》、《中国文化史导论》、《人生十论》等著作里，他对抱有强烈工具目的的文化革命论者有着严厉的批评。这些，也都是为他的"人生三路向"设计服务的。与"五四"新文化运动先驱的中西比较不同的是，他的对比多注重两者人生状态或说活动方式，得出的结论也与西化派们大相径庭——田园牧歌式的知足常乐令他怀念不已。

关于他所论述的人类文化的三种形态——游牧、农耕、商业——的来龙去脉，我们在这里就不赘述了。一是因为这不是我们关心的重点，二是因为这些内容在不同的论者书里都有相同的内容，三是因为他关于游牧、商业文化形态为什么"进取"、农业文化为什么"静定、保守"并没有多少新意可言，只是他对于这些民族所下的结论还值得我们注意：

> 草原海滨民族……对自然则为"天""人"对立，对人类则为"敌""我"对立，因此而形成其哲学心理上之必然理论则为"内""外"对立。于是而"尚自由"，"争独立"，此乃与其战胜克服之要求相呼应。故此种文化之特性常见为"征伐的"、"侵略的"。农业生活所依赖，曰气候，曰雨泽，曰土壤，此三者，皆非由人类自力安排，而若冥冥中已有为之布置妥帖而惟待人类之信任与忍耐以为顺应，乃无所用其战胜与克服。故农耕文化之最内感曰"天人相应"、"物我一体"，曰"顺"曰"和"。其自勉则曰"安分"而"守己"。故此种文化特性常见为"和平的"。②

也许，这与其他——无论是激进还是保守——文化论者关于中西文明的"动""静"之分并没有多大的差异，如果有什么不同的话也只是视角

---

① 钱穆：《人生十论》，东大图书出版公司1987年版，第2—3页。
② 钱穆：《中国文化史导论》，商务印书馆1994年版，第2—3页。

上的不同。但关键不是先生的立论深刻清晰的问题，而是结论完全变了。我们看到，同是在《中国文化史导论》的"弁言"里，钱氏对两种势均力敌的文化及其生活作了如下的判定：

> "安、足、静、定"者之大敌，即为"富、强、动、进"。古代农耕民族之大敌，常为游牧民族。近代农耕民族之大敌，则为商业民族。然人类生活终当以农业为主，人类文化亦终必以各自给足的和平为目的。

毋庸讳言，钱氏面对西方工业文明的功利性质及其危害，他更神往静定、保守而充满诗情画意的农业文化。如果作为一种艺术情趣，这显然是到位的，而且是无可非议的，但是在"时代性"意义上，笔者总有拿不准的感觉：我们的未来难道就永远是这样一幅图景吗？

不过，可以理解的是，钱穆先生的文化理论多是在"终极"意义上进入主题的。他谈文化的目的就是为了生活，而且是目下就要有的生活，因此他有充足的理由去将生活打扮得潇洒、理想、浪漫些。生活嘛，干吗要活的那样累？那样的尔虞我诈？和梁漱溟先生的观点一样，与其忙来忙去算计人家、奴役自我、充当工具，何不开开心心、超然平和地面对一切？他们都忽略了一个定律：假如没有进取、流动的意向与实践，人类又怎能更好地享受生活？难怪后来梁漱溟先生也不得不改变自己的初衷，要在乡村做现代化的实验呢！也恰恰是在这里，两位儒学的捍卫者又有各自的想法。梁氏将文化与政治、生活做了一定的区分，而钱氏则在文化与生活间做了富有创建的嫁接。他不止一次地解释说："文化是什么？文化就是人生，而且是多方面的人生。"[①] 民国三十年冬，先生在重庆中央训练团的演讲中一开始就郑重其事地告诉众人："普通我们说文化，是指人类的生活；人类各方面各种各样的生活总括汇合起来，就叫它做文化。但此所谓各方面各种样的生活，并不专指一时性的平铺面而言，必将长时间的绵延性加进去。譬如一人的生活，加进长时间的绵延，那就是生命。一国家一民族各方面各种样的生活，加进绵延不断的时间演进，历史演进，便成所谓'文化'。因此文化也就是此国家民族的'生命'。如果一个国家民族没有

---

① 钱穆：《历史与文化论丛》，东大图书公司 1979 年版，第 2 页。

了文化，那就等于没有了生命。因此凡所谓文化，必定有一段时间上的绵延精神。换言之，凡文化，必有它的传统的历史意义。故我们说文化，并不是平面，而是立体的。在这平面的、大的空间，各方面各种样的生活，再经历时间的绵延性，那就是民族的整个生命，也就是哪个民族的文化。"① 既然是人生，是生活，是生命的存在方式，那么我们就要无条件地保证生活的合理性。生命的价值总是占据第一位的，任何理由的条件在它面前都要让步。这是钱穆先生理论的根基与本质。也正是这个原因，他对本民族的文化惜爱如宝，并以"病人"的身体为例来说明对待传统文化的态度。在他那里，即使中国传统文化有了病情也不应因此"绝其生命以为医者"。更何况他是在不绝西方文化生命的前提下的自我疗救与康复呢！

将文化看做生活甚至生命的钱穆为何不遗余力地"推荐"中国传统文化呢？或者说为什么他要将其作为唯一合乎人性的生活方式呢？他的解释与其他思想家相比有什么独特之处呢？

三、"历史"视野下的"特殊精神"

钱穆"人生三路向"的提出是在文化三个层次的划分上进行的。其实，他的文化三层次之概念早已经烂熟于心，只是他在后来的"需要"中加以总结的。他在《历史与文化论丛》中说："人生必须面对三个世界，第一阶层里的人生面对着物世界，第二阶层里的人生面对着人世界，须到第三阶层里的人生，才开始面对心世界。面对物世界的，我们称之为物质人生。面对人世界的，我们称之为社会人生。面对心世界的，我们称之为精神人生。我们把人类全部生活划分为三大类，而又恰恰配合上人文演进的三段落三时期，因之我们说文化有上述之三阶层。"在这三个阶段与阶层的理论基础上，他对中国文化的"精神人生"一片热情，对五四人物那种反传统的做法不屑一顾，认为他们那是无谓的挖祖坟，"邯郸学步，非驴非马"。面对世界三大文化系统，他与新文化运动领导者一心一意走西方化的道路不同，他则一心一意要走中国化的路线："新中国之新文化则仍当从旧中国旧文化中翻新，此始得谓之是复兴。若必待彻底消灭了旧中

---

① 钱穆：《中国文化史导论》，商务印书馆1994年版，第232页。

国旧文化，赤地新建，此又乌得谓之中国与中国文化之复兴。故欲复兴国家，复兴文化，首当复兴学术。而新学术则仍当从旧学术中翻新复兴。此始为中国学术文化将来光明一坦途。"① 钱穆的民族文化情结是显而易见的。那么，究竟中国传统文化里何以有如此魅力呢？先生在"特殊精神"里发现了传统文化所具有的生命力，并将其浓缩为以下四点："以人文精神为中心"、"注重融合合一精神"、"注重历史精神"、"注重教育精神"。事实上，钱穆先生一生的学术探讨都是围绕这一思想的论述展开的。在这四点里，放在首位的是"人文精神"，在本质意义，后三点也是为第一点服务的。在"人文精神"的讨论中，钱氏又把儒家的精神要义摆在了核心位置。儒家精神要义又有何高明之处呢？回答说："天人合一。"他从"合一"性质上大做文章，并从中西文化"和合性"与"分别性"的差别上来阐发传统文化的优势。他甚至把中国文化所特有的同化功能视为可以引以自豪的功能："犹太人全世界跑，世界各国都有犹太人。苏维埃有犹太人，德国有犹太人，其他国家有犹太人。犹太人在唐代已来到中国，但中国没有犹太人。"在中国文化强大的同化能力面前，犹太人变成了难以寻觅的"中国人"。为此，钱氏的评判是："中国人喜欢和合，所以就能同化。西方人喜欢分，所以就永远分。"其实，这也是他对中西方思维方式不同的一个判断。

对综合思维的偏爱与对分析对待思维的警惕使他又换了一个角度——"历史精神"。本来，他是想把中国人文精神的"和合性"说得更充分些，但是我们所看到的并非如此。他不过是对前者的重复，所谓的"历史精神"也无非是"性道合一"、"安贫乐道"、"人文内倾"等已经在其他论题里讨论到的问题。先生在《中国历史精神》一书里所要贯彻的思想就是这个"一统"的精神。与此同时，他在该书里将教育的精神与历史的精神结合了起来。这种传统的教育也即是"历史"精神的教育。他说："中国人受其几千年的历史熏陶，爱讲传统，西方人则根本不知有所谓传统。无论就时间讲，或空间讲，他们都是头绪纷繁，谁也不肯承认接受了谁的传统。"② 那"传统"的历史精神内蕴在哪里呢？钱穆回答说："世界上任何

---

① 钱穆：《中国学术通义·序》，学生书局 1975 年版。
② 钱穆：《中国历史精神》，东大图书公司 1990 年版，第 22 页。

一个民族，没有把教育看得比中国重要。……孔子和儒家，是最看重道德教育、人格教育和人文教育的。他们创造了中国社会里'士君子'的教育。士指教育者而言，君子则指教育陶冶中所完成的理想的道德人格而言。"① 这里先生所说的教育精神是重在人生意义的精神，与他强调的人文、和合、传统是一脉相承。"历史"即是"传统"，"传统"即是"教育"，"教育"即是一统"和合"的传统。如此钟情于中国文化传统，钱穆连自家文化中的一些弱点也当成了优点。在"性"与"命"关系上的辩证就活脱脱地暴露了他思想的滑坡与潜在危险："西方人常看世界是两体对立的。在中国人观念里，则世界只有一个。中国人不看重并亦不信有另外的一个天国，因此中国人要求永生，也只想永生在这个世界上。中国人要求不朽，也只想不朽在这个世界上。中国古代所传诵的立德、立功、立言三不朽，便从这种观念下产生。中国人只想把他的德行、事业、教训永远留存在这个世界这个社会上。中国人不想超世界超社会之外，还有一个天国。因此在西方发展为宗教的，在中国发展为'伦理'。中国人对世界对人生的'义务'观念，反更重于'自由'观念。在西方常以义务与权利相对立，在中国则常以义务与权利相融合。义务与自由之融合，在中国便是'性'（自由）与'命'（义务）之合一，也便是'天人合一'。"② 关于"对立"与"融合"的问题，钱先生没有看到义务与权利的融合会有"先君子后小人"（陈独秀语）的尴尬与狼狈，反而责难西方文化的义务与权利的分别对立。

钱先生的"好心"的确符合中国伦理道德，但是好心并不一定总有好报。恐怕连先生自己都有些控制不住了，他在一切围绕传统文化转的过程中执著地走向了为中国封建专制社会辩护的道路——这，都是他在中国人文精神指导下发生的一切。在钱先生眼里，中国古代的一切都富有诗意，都妙不可言。为了说明这一观点的正确性，他潜心"研制"了两个关键性的概念——"英雄性"与"集团性"。他解释说，西方文化是"英雄性"占据主导地位，而中国文化则是"集团性"占据主导地位。在中国文化里，"英雄性"总是败于"集团性"。他曾以刘邦、项羽之争为例来说明

---

① 钱穆：《中国历史精神》，东大图书公司 1990 年版，第 86 页。
② 钱穆：《中国文化史导论》，商务印书馆 1994 年版，第 18—19 页。

这个道理。在他看来，刘邦的胜利就是萧何、张良、韩信等英雄团体作战的结果，而项羽的失败是必须从中汲取教训的。通过历史的视角，钱穆的思想获得了思辨性与可读性，因此他的读者也就比其他新儒家要多。

是的，一个国家的文化如同一条奔流不息的河流，"抽刀断水水更流"。但这并不等于说历史长河里永远都是优美的浪花。钱穆还曾用中国的象棋来说明"集团性"在中国的优势："中国的象棋，车、马、炮、士、兵，都各有各用。而车、马、炮又见有英雄性。但一最高统帅，独无用，让一切有用的来保护它这无用的。岂不即是一项游戏，亦十足表现着中国的传统观念吗？"① 这是先生《从中国历史看中国民族性及中国文化》里的一段话。不难发现，他的"民族性"事业是够强的，但是他又唯独忽视了文化的"时代性"。这样得出中国历史没有专制，只有理想的民主政治以及"君主立宪"的结论自然就是必然的了。我们姑且承认在中国历史里是有这么一种情况：当家的是"臣"，"君"乃形同虚设。但是这种情形就值得"推广"吗？那种直到现在还在盛行的"山高皇帝远"的口头禅不是对这一情形的有力反证吗？这不但说明了唯民主义的不足取，而且也警告后人中国文化里的早已潜存的"民粹"倾向必须提防。"集团性"最大的弊端就在于它在关系伦理中暧昧勾搭、狼狈为奸。民粹主义在"五四"前后之所以盛行的原因还不是由于它与中国的关系伦理具有亲和性？沿着"集团性"的逻辑演绎下去，不外两种情形：如果说是亲密无间式的"同志"、"战友"，那么结果就多是官官相护、利益均沾。广西第一贪官的例子就十分有说服力："你看我，我看你，你做我也做，你贪我也贪，在这种普遍性的腐败之下，'监督'，'管理'必然处于真空状态。"② 如果说是钩心斗角、争权夺利，他们的内耗就更可怕，又哪里会有民主政治的半点影子？钱先生也许不会忘记，麻将牌也是中国传统文化的产物，我们要说的是，在不否认每一张牌都可以"平等"地充当顶天立地的角色的时候，那种看住上家、卡住下家的做法是不是一种"平等"格局里产生的恶呢？由此说来，中国文化里的"集团性"优势是否可换一个角度呢？

这里，笔者绝对没有全盘否认钱穆先生之文化选择的意思，只是想借

---

① 钱穆：《从中国历史看中国民族性及中国文化》，联经出版事业公司 1979 年版，第 53 页。
② 《南方周末》1999 年 1 月 15 日第 5 版。

这个话题说明一个命题：在批评文化革命者走极端的时候，我们也要小心从事。在文化的民族性与时代性的十字坐标上审视自己或他人的文化才更有穿透力。①

第三节 "三统"并建之路向

一、孤傲的后来者

牟宗三，字离中，生于 1909 年，山东栖霞人。作为新儒家的传人，牟宗三被称为第三代，但他却是一位目中无人的"后生"。

1927 年，先生考入北京大学预科，在读《朱子语类》的过程中产生了"悟解"——"想象式的直觉的悟解"。在此之前，他已经对中国传统文化有了深入的了解，只是此时有了一个质的飞跃。在预科这段时间，他不但阅读了大量的古典哲学名著，而且也涉猎了很多西方哲学著作，诸如柏格森、杜威、达尔文等的思想。1929 年，他考入北京大学哲学系，并受到熊十力新唯识论的影响。

1933 年，大学毕业后的牟宗三开始独立思考逻辑问题，同时还参与了《再生》杂志的创办。这一时期，他先后在华西大学、中央大学、金陵大学、浙江大学任教。抗战爆发后，先生曾经辗转于复性书院、民族文化书院、勉仁书院。在熊十力先生思想的影响下，他完成了《认识心之批判》。也就是在这一时期，他结识了唐君毅、徐复观等朋友。在时局动荡不安、人心不古的时代，本来"情亦悲"、"感益切"的他从友情中获得了智慧，并以自己的特有的生命激情出资创办了《历史与文化》杂志。

1949 年，他与众多的文化人士一样，去了台湾。1950 年起，先生在台湾师范学院任教。"内圣外王"的主题成了他不变的思想情怀。在他那里，向传统寻求中国文化的智慧与生命力是他一贯的宗旨。1956 年，他离开升格为师范大学的师院，到东海大学中文系任教。为了使自己的学术追

① 参见拙著《从文化维度看"五四"人物的价值取向》，《江汉论坛》1994 年第 4 期。

求一脉相传，他再度发起了类似于师院时期的人文友会这样的组织。看似不涉大局的聚会却有着重要的思想意义。据著名思想大师韦政通先生回忆说："东大的聚会与人文友会不同，友会讲习的主要目的，依牟宗三自己的说明，是'在疏导时代学风时风病痛之所在，以及造成苦难症结之所在。如此疏导，点出主要脉络，使人由此悟入，接近积极健全之义理，重开价值之门，重建立人文世界，此或可有助人心醒转'。东大的聚会，有一次牟先生说：'我们在这里讲学问，既不受时间的限制，复无任何实用目的，是纯粹本于理智的好奇。我可以告诉你们，真理的发现和观念的建立，都是出于无实用的态度，太讲究实学，开不出文化理想。'"① 牟先生纯正的中国文化情怀跃然纸上。

20 世纪 50 年代是牟宗三先生精力最为旺盛，激情最为激越的时期，他的人文思想也在此得到了极其浪漫与充分的发挥。1958 年他与张君劢、唐君毅、徐复观等人联合发布的《为中国文化敬告世界人士宣言》，标志着他思想的毕露与尽职。他自己曾对这十年作了总结："深入于孔孟之成德之教，始于畅通吾人之文化意识。有正面正大之文化意识，始能发理想以对治邪僻，立大信以贞定浮动，而不落于愤世嫉俗，或玩世不恭，或激情反动，或淡薄的理智主义。此种蕴蓄至三十八年抵台乃全部发出，直发十年之久。"② 先生奠定他地位的思想也是在此时形成的。"外王"一说可以说是他一生关键的一笔。

1960 年，先生被香港大学聘为哲学教授。1968 年赴任香港中文大学哲学系主任。晚年他回到台湾，并在台湾大学、东海大学任教。1983 年，先生获得行政院大奖。1982 年，他在夏威夷举行的国际"朱子会议"上受到关注，1984 年，其哲学思想再次成为与会者的热门话题。于是，先生的著作《道德的理想主义》、《历史哲学》、《政道与治道》、《才性与玄理》、《心性与体性》、《中国哲学的特质》、《中国文化的省察》被列在了学者们的书案上。先生也为此开始履行起"文人相轻"的"责任"来。1990 年，年过八旬的牟先生在台北举行的"当代新儒学国际研讨会"上应邀发表主题演讲。这位以传统文化为骄傲的新儒家却忘却了传统里的

---

① 韦政通：《理想的火焰》，《儒家与现代中国》，东大图书有限公司 1984 年版，第 293 页。
② 《道德的理想主义·序》，学生书局 1985 年版。

"谦虚"美德，而完全以一副冷峻、傲慢的姿态出现在大家面前——胡适、冯友兰、梁漱溟、马一浮等哲学大师都被他骂得一钱不值。也许，这也是思想家风流性情的另一种表现形式吧！

请不要因为大师外在性情的表露而怀疑他思想的真实与力度。作为第三代新儒家，牟先生是百年中国思想文化与历史社会的见证人。

二、牟宗三："离教"与"圆教"

牟宗三是一位"德性之知"的传人，而且还是"德行优先于知识"命题的倡导者。[①] 这些无不表现出他对传统文化的认同与继承。这种认同是从哪里开始的呢？

我们知道，先生是一位对康德哲学素有研究的学者，但是我们发现，他对康德哲学的研究是一种批判性的研究，目的还是为了将中国传统文化里的"道德形上学"阐发得更为淋漓。通过对康德《纯粹理性批判》与《实践理性批判》的解读，他发现了传统意义上的"心性"之学与康德哲学的"接头"之处。别以为这是他对康德哲学的肯定，其实这不过是为自己的立论铺垫了一个思想的平台。原来他极不能容忍康德所谓的唯有上帝才有"智的直觉"的立论。他说："依康德的直觉只属上帝，吾人不能有之。我以为这影响太大。我反观中国的哲学，若以康德的词语衡之，我乃见出无论儒释或道，似乎都已肯定了吾人可有智的直觉，否则成圣立佛，乃至成真人，俱不可。因此智的直觉不能单划给上帝；人虽有限而可无限。有限是有限，无限是无限，这是西方人的传统。在此传统下，人不可能有智的直觉。但中国的传统不如此。"[②] 事实上，这里已经包括了对西方文化之"分析思维"的批评，对中国文化"综合思维"的认同。康德认为，人在认识彼岸世界之"物自身"的能力上是有限的；而在牟宗三先生看来，"有限"与"无限"完全是可以融合为一体的，中国传统文化里就有着这一美的历程。

顺着牟氏的思路，以基督教为源头以及以儒学为渊源的中西文明形成了根本的差异。这个差异的具体表现即是在承认不承认道德的优先以及人

---

① 牟宗三：《现象与物自身》，学生书局1984年版，第21—22页。
② 牟宗三：《道德的理想主义》，学生书局1985年版，第40页。

的有无"智的直觉"上。"离教"与"圆教"即是在这一意义上提出的："耶稣的实践是离的，他的教训是离……因为是离教，所以世俗与天国是对立的，而不是圆融的和综合的。"① 确立"圆教"的意义何在呢？牟先生信心十足地说："吾以此智慧为准……圆教确立，用于圆善，则圆善之圆满而真实的解决可得矣，此则不同于康德之解答而有进于康德者。"② 牟氏已将中西文化做了富有主见的评判。

牟先生在"离教"与"圆教"上的分歧实质还是西方科学主义精神与中国传统人文主义精神的分野。与梁漱溟先生的"有对"与"无对"（理智与理性），与钱穆先生的"向外"与"向内"（"分别性"与"和合性"）都有着共通之处。牟氏这样说过：

> 时风中的理智主义是只承认"经验事实"为学问的唯一对象。而研究这经验事实的机能就是"理智的分析"。理智主义者在主题方面，只承认"理智的分析"。因此，他们只成了理智一元论，科学一层论。在主体方面，理智活动以上的情意心灵乃至理智本身的内在根源，他们不视为学问的对象，也不认为这里有大学问。因此，人生全部活动的总根源，成了人类心思所不及的荒地。③

牟氏对这一问题的认识来源于新康德主义对自然科学与人文科学的划分。不过及此先生的批判意识已经是非常分明了。如果说这一区别与划分属于司空见惯的文化论述，那么笔者以为先生对中国历史未能发展出真正意义上的科学原因的分析还是值得探讨的，而且为对中国文化的辩护也是值得一提的。

牟氏认为，西方的科学是"理性之架构表现"、"分解的尽理之精神"。中国文化则是"综合的尽理之精神"。这两种文化精神的根本差别根源于耶稣的宗教精神与儒家以来的天人合一传统。上帝的独一无二与"人人皆可为尧舜"大相径庭。上帝与人之间有一个致命的"拦挡"，所以它

---

① 《现象与物自身·序》。
② 《当代新儒家八大家集之七·牟宗三集》，群言出版社 1993 年版，第 135 页。
③ 牟宗三：《道德的理想主义》，学生书局 1985 年版，第 151 页。

是一种"隔离"、"分解"、"偏执"的传统，而中国文化传统则将天子一样的神人与普通的芸芸众生拉近了距离。鉴于"隔离"状态必须有一个"中介"将两者联系起来，因此人与自然的"对列之局"、人与人的"对待"关系就出现了一个"理性的架构"。逻辑、定理、公式等"格致"意义上的内容都是这一关系的必然。这，即是科学。而中国文化里讲求的"内外贯通"、"上下通彻"、"天人合一"力求一种"圆盈的形态"。用牟先生的话即是："或者将对象收进自己的主体里来，或者将自己投到对象里去，成为彻上彻下的绝对。"如此一来的和谐境界就不需要科学的"介入"了。

值得说明的是，儒家精神与西方科学精神的对立不但没有使牟先生对中国文化产生怀疑，反而使他开出了"内圣"乃是科学产生之必要条件的结论。在牟氏那里，儒家的精华无他，就在于"内圣外王"的思想机制。通过自己完美人格的树立来以道德服人，这事实上已经包括了科学的因子。为什么呢？他从中国古代哲学的"本心"、"习性"、"德性之知"、"见闻之知"里耙梳出实践形态的"德性主体"与理解形态中的"知性主体"。在科学是"知性主体"的前提下，先生设定了由道德之形而上的"内圣"开出"外王"的过程。然而，同时先生也不能不面对这么一个事实：中国以儒家为主体的传统文化并未能开出科学之路。何故？先生为了维护儒家思想的尊严与价值，轻而易举地将"未能"的原因推到了中国社会的现实动荡与不规则上。他将秦汉时期的儒家学术视为正宗，认为那是"内圣"与"外王"并重的时期。而后来唐代佛教的冲击，尤其是五代十国时期的动荡不安，使"儒学"变了味道——重内圣、轻外王。为拯救人心的道德沦丧，"泛道德主义"登峰造极，严重阻碍了开出"外王"这一具有科学意义的道路。

牟氏用心的良苦是有目共睹的。当然，这样的"推导"显然还不足以说明问题。于是，为了"圆"这个"教"，牟氏又提出了"新外王"的主题，并认为这是他们第三期新儒家的使命："儒家学术第三期的发展，所应负的责任即是要开这个时代所需要的外王，亦即开新的外王。"① 何谓

① 方克立主编：《道德理想主义的重建——牟宗三新儒学论著辑要》中国广播电视出版社1992年版，第10页。

"新外王"呢？在对中国古代"外王"思想的来龙去脉做了深入的历史考察之后他说："儒家的理性主义既不能赞成英雄，故其理性主义在政治上亦无法表现。儒家的理性主义在今天这个时代，要求新的外王，才能充分地表现。今天这个时代所要求的新外王，即是科学与民主政治。"① 牟氏将"事功"与"新的外王"挂起钩来。具体到科学与民主政治在"新外王"中间所占的位置，牟先生认为科学是其"材质条件"（材料、内容），而民主政治乃是"新外王"的"形式意义、形式条件"（"第一义"）。为了说明这一问题，他又引出了"道德良知的自我坎陷"的新命题。所谓的"道德良知的自我坎陷"，意指这样一个过程：如果说传统的外王方式是经由内圣直接通往，那么"新外王"则是要经过一个间接的转折——"转一个弯"，使传统儒学"向上透所呈露之仁智合一之心"，"再向下曲折一下"，于是外王过程实现。在牟先生看来，传统的内圣没有开出知性主体（科学）是由于"超过的不能，而非不及的不能"。传统文化向上透至最高之道德理性，从而缺少了一个一个重要的环节——那就是转出知性主体的环节。显然，牟氏关于"坎陷"一词的运用，已经说明他要表达的"科学不能没有内圣"的命题。

先生的结论也是非常明确的：传统儒学中的人文精神与西方的科学精神不一致，但绝对不是冲突的。因此也没有必要奢谈从西方引进科学精神的话题。这一切，都是为了使他的"圆教"更"圆"。应该看到，他不惜牺牲一切代价去捍卫儒家精神的道义感也是十分强烈的。他指责那些宣扬中国文化精神与西方科学不相融的人士比"西洋人还坏"。他说："西洋人先用武力打败我们的政府，然后打败我们的民族，再想打败我们的文化。"② 先生情绪化地捶胸顿足道："什么叫做糟蹋文化生命？在这里所表现的即是人的无廉耻。"③ 对儒家精神的肯定可以说到了无以复加的地步。

牟先生的思想理路产生于向西方学习的大背景下，当人文精神与科学

---

① 方克立主编：《道德理想主义的重建——牟宗三新儒学论著辑要》中国广播电视出版社 1992 年版，第 13 页。

② 方克立主编：《道德理想主义的重建——牟宗三新儒学论著辑要》中国广播电视出版社 1992 年版，第 75 页。

③ 方克立主编：《道德理想主义的重建——牟宗三新儒学论著辑要》中国广播电视出版社 1992 年版，第 7 页。

精神的紧张在今天再度升温之际，重识牟氏的文化选择无疑具有强烈的时代意义。但是我们也不能不指出的是，从内圣开出新外王的命题里也包含着这样一个让笔者不敢恭维的因素：道德高于科学。如果说"德性主体高于知性主体"的判断还稍显含蓄的话，那么"道德良知的自我坎陷"则将科学依附于道德的命题给翻了个底朝天。若是真的如先生理解的"若某不识一字，仍须还我堂堂做个人"，世界上的"人"可就难以大写了。先生的"圆教"也可就难以自圆其说了。

　　鉴于这里我们只是论述了牟氏的"圆教"，因此对他的评价将在下面结合"三统"的具体文化内核进行。

三、"三统"：道德理想的深层言说

　　"三统"即是"道统"、"学统"与"政统"的统称。在"关于文化与中国文化"的专论里，先生针对今日文化问题所应有的反省态度对"整个人文世界"做了包括"三套"内容的设计：

　　　　一、科学：此代表知识，并不能成为一个生活轨道。

　　　　二、民主政治：此是政治生活的轨道，而不是一切生活的轨道。

　　　　三、道德宗教：此可以产生日常生活的轨道，亦为文化创造之动力。

　　基于这样一种文化设计，先生抛出了道统、学统、政统"三端"。他说："道统必须继续。此为立国之本，日常生活所由出，亦为文化创造之原。此相应上列三套'道德宗教'一套而言。中国以往四千余年的历史中，惟是彰著此一套，一切圣贤用心惟是直接扣紧此方面而立言。"牟氏将道统列为三统之先，并说是"道之统绪"、"中国文化之主流与基干"。①很明显，这就是一心一意地维护孔孟所开辟的人生宇宙之本源，全心全意肯定道德宗教之价值。理解了这一点，也就不难理解先生在学统与政统上所下工夫的意义。

---

　　①　方克立主编：《道德理想主义的重建——牟宗三新儒学论著辑要》，中国广播电视出版社1992年版，第85—86页。

牟先生将学统与他所陈列的"一套"所对应,将其定义为"'知识之学'之统绪",并将这一传统与古希腊的"学之为学"传统做了比附。当然,先生也知道我们的学统与古希腊的不能相比。不过,他对中西文化"知性"精神的比较十分见功力,令人耳目一新:"在内圣之学中,'智'始终停在'直觉形态'中,而未转出'知性形态'。直觉形态是圆而神的'神智',知性形态则是方以智的'方智'。遵守逻辑数学而使用概念,故方。此义必须由内圣之学的发展中开出,而中国的内圣之学亦决无与此不相容之处,而且亦决可以相融洽而见内圣之学之广大与充实。"① 在牟氏看来,内圣之神圣不但足以开出"知性主体",而且足以容纳希腊的传统。不难发现,他的学统立意显然是为道统位置与地位的更为贴切而为的。传统文化的学统如此优秀,"政统"也不在其下。用牟氏的原典即是:"政治形态之统绪。"了解中国文化之"政统"的意义在于牟先生悬挂起来的一系列问号:"在君主专制形态中,君、士、民的地位及特性如何?民主政治如何是更高级的政治形态?中国以往何以一治一乱?学人用心何以只注意治道而不措意于政道,直至今日而不变?民主政治中诸主要概念,如自由、权利、义务等,是何意义?"② 取消了这些悬挂着的疑问就可以笃行其理了。本来是对中国文化的反省,可这里的反省却早已经成为自觉不自觉的颂扬。尽管牟氏曾说过政统是"由认识政体之发展而肯定民主政治为必然",但是他对中国传统的情感令其言不由衷。

关于这一点,我们还可以从其对中国儒学发展的三个阶段的划分以及"复古更化"的意义言说上予以阐释。对儒学发展的三期说的言说,在牟氏之前的哲学家熊十力、方东美都曾有过相应的论述,但只有在牟氏那里线索与构架才清晰起来。在牟氏那里,"由先秦儒家开始,发展到东汉末年"是第一期,这一阶段被说成是积极的、丰富的、综合的孔孟人格之建构时期;"宋明理学"则是儒家学术发展的第二个时期。这一时期"绝对主体"占据了上风,属于消极的、分解的、歧出的、空灵的时期。而到了

---

① 方克立主编:《道德理想主义的重建——牟宗三新儒学论著辑要》,中国广播电视出版社 1992 年版,第 86 页。

② 方克立主编:《道德理想主义的重建——牟宗三新儒学论著辑要》,中国广播电视出版社 1992 年版,第 17 页。

现在就应该是"柳暗花明又一村"的正本清源时期——第三期。第三期的"起承转合"之要义在于："第三期之发扬，必须再予以特殊之决定。此特殊之决定，大端可指目者，有二义。一、以往之儒学，乃纯以道德形式而表现，今则复须其转进以国家形式而表现。二、以往之道德形式与天下观念相应和，今则复需一形式以与国家观念相应和。"先生不但阐释了第三期的内容，而且对第三期的意义也非常自信：

> 唯有此特殊之认识与决定，乃能尽创制建国之责任。政制既创，国家既建，然后政治现代化可期，而后社会经济方面可充实而生动，而风俗文物亦可与其根本之文化相应和而为本末一贯之表现。①

在传统文化的丰富资源里寻找走向现代的智慧是他们不变的情怀，即使是被冠之以"复古"的骂名也不退缩。

针对人们谈虎色变的"复古"二字，牟宗三先生向来不以为然。他为了说明"复古"的好处，以董仲舒"复古更化"的举措为例反问道："恢复夏商周三代这个智慧传统之'古'，以去掉秦始皇、法家这个残暴的、非理性的'今'。这样看来，复古有什么不好呢?"由"中"到"外"，先生振振有词："英国有两党，保守党和工党，可是谁也没说保守党的保守就是顽固。英国许多大事情都是保守党完成的。"② 基于这般认识，牟氏用大量的历史事实说明：反对复古的君主都是专制的君主。他以秦始皇的"焚书坑儒"为例来证明这一论断的合理性。也许，我们不能否认牟氏这一推论的特殊意义，但我们也不能完全同意其具有普适性，因为有些提倡复古的人也是专制政权的执行者。近现代历史上的袁世凯、蒋介石即是如此。

至此，牟氏已经将他的"第三期"要义发挥到了学理的尽头。我们对先生"第三期"的儒学精神的阐述也就有了一个大致的眉目。

---

① 黄克剑等：《当代新儒学八大家集之七·牟宗三集》，群言出版社 1993 年版，第 141 页。
② 牟宗三：《中国文化的省察》，联合报社 1983 年版，第 18 页。

第四节　"新儒家"：化解紧张之后的紧张

如果说保守主义是笼统意义上的文化守成，那么我们所说的新儒家则是具体明确的儒学之"继往开来"者。20世纪80年代的"文化热"以及90年代的"国学热"都一度各领其风骚，然而谁也无法将自己的体系修整得无懈可击。固然，他们一直在缓解着文化冲突带来的传统与现代、历史与价值的紧张，可是在他们化解的同时，又招致了新的紧张。不必说新儒家家族的全部，单从我们选择的三位哲人的紧张里就可窥见一斑。

一、"返本"：一个基本信念的确立

若将新儒家的紧张予以公开的话，那么当从它与五四崛起的反传统的外部紧张开始算起。当五四先驱将文化革命的大旗揭橥，传统被彻底踩在脚下的时候，一群为传统文化鸣不平的先觉有一种按捺不住的忧患与焦虑，梁漱溟就是其中最早的一位。随之而来的钱穆、牟宗三等一大批儒学家无不具有这样一种情怀。

传统文化在他们心目中是神圣的，是辉煌的。"内在超越"的情怀构成了历史性的情结，也是他们咏唱的主旋律。必须指出，在这个历史主旋律里，道德的价值判断超越了一切，中国人文精神里的伦理、仁道在"知识"面前挺拔冷峻，神圣而不可侵犯。说得直接些，他们在知识与道德的天平上做了前者小于后者的判断。在梁漱溟那里，知识不过是一种"外事"的工具、手段，虽然它在整个人类文化中占据绝大部分，但是"这些极占分量，却只居从属地位。居中心而为之主的，是其一种人生态度，是其所有之价值判断。"[①] 在理智与理性的相对论之后，梁氏还是忍不住对两者做了优劣之论。在他看来，西方人重理智，因此科学发达，物质昌兴。可是结果却将人挤压得无以立足。这是对人性最大的摧残，所以不可作为人类未来的文化走向。与此同时，他对本国文化的欣赏还在于它有着与西

---

① 梁漱溟：《中国文化要义》，上海人民出版社2005年版，第95页。

方宗教文化性质截然不同的设计。儒家的祖师提倡的精神生活"似宗教非宗教，非艺术亦艺术"。或者说"以道德代宗教"。道德、"理性"都是西方文化所不能比拟的。"物理"与"情理"将人类的两种关怀说得十分透彻。精神的胜利使梁漱溟先生一心主张"认取自家精神，寻取自家的路走"。到了钱穆那里，他继承与阐发的人文理想主义精神处处闪耀着深沉的道德忧患意识。在钱氏看来，忧患意识正是道德意识的生命体验。在人类的文化长河里，这种发自忧患的道德意识才是真正的知识，真正的学问。正是出于这样一种道德关怀，钱氏才能在"忧与困"的岁月里"打开一出路"。他自述说，这并非为了赶时髦、追潮流，也不是为"稻粱谋"而不得不为之。以自己的生命感受、体验去承担文化复出的责任，在钱穆身上表现得淋漓尽致。按照钱先生的理解，中国历史文化精神与儒学义理的精髓即是道德精神。他将人文精神与道德精神相提并论，"要言之，只是一种人文主义的道德精神。"他还曾直截了当地表示："道德两字是中国文化特点即其特殊精神之所在。"① 钱氏一直是把这样一种道德境界作为理想人格去追求的。

在道德"返本"这一点上，后来者牟宗三也毫不逊色。他那"价值世界"的言说渗透着极为诚恳的道德见解。他的"德性之知"甚至将道德说成了宇宙生化的根源。为了论说道德实体的"圆教"性质，他拉出了"良知"，并这样解释道："良知不但是道德实践的根据，而且亦是一切存在之存有论的根据，由此，良知亦有其形上学的实体之意义。"牟氏把道德泛化乃至膨胀为"实体"的良知论显然已经无法自控，所以他才又有了下面的"圆通"文化论调："良知明觉是吾实践德行之根据，就物言，良知明觉即天地万物之存有论的根据，故主观地说，是由仁心之感通而为一体，而客观地说，则此一体之仁心顿时即是天地万物化生之源。"② 道德的包容性可以说是一种全能的变种，尽管牟氏没有这样说，但是他的"良知"原理已经有了明确的表示，后来他对道德实践与良知本体的二而为一的圆融就充分证明了这一点。

其实，又何止是牟氏，钱氏与梁氏的圆融固然不必赘言，就是其他新

---

① 《民族与文化》，香港邓镜波学校 1962 年印制，第 106 页。
② 牟宗三：《从陆象山到刘蕺山》，学生书局 1979 年版，第 241 页。

儒家们哪一个又不是如此？无论是新理学还是新心学，无论是境界说还是人文宗教说……他们都在不同视角上为道德的塑造孜孜碳碳地释放精神能量。

二、"开新"：体系内部的紧张

我们知道，新儒家的意义就在于价值体系对中西文化不相容的解构。它的直接意义是对民族文化的一种自尊与认同，其间接意义则是为多元的思想格局提供"一元"终端。与全盘反传统的西化派不同，他们坚信儒学的真精神与现代化意蕴是并行不悖的，而且认为西方的科学与民主精神在儒家的内圣传统里完全可以"开出"。这个开出就是创造出"新外王"的事业。

传统文化与现代化的紧张在五四及其追随者的心里繁衍，却在新儒家的思维逻辑里得以轻松地化解。然而令新儒家们不曾想到的是，他们在从外部紧张（与主张传统与现代不相容者）达到圆融后，很快又陷入了内在的紧张，尽管这种紧张可能并不为他们意识到，但是作为一个理论事实的存在又是十分客观的。撇开种种的理论歧义，单就道德至上、超越知识的命题就极为玄乎。按照中国传统文化的说法，道德无疑属于"内圣"的部分，而知识则是属于"外王"的成分。用牟宗三先生的概括即是"价值世界与事实世界"的关系。固然，传统里的内圣与外王并不冲突，是一种互动的关系，而这一关系到了现代则有一个人文价值与科学价值的紧张。尤其是在中西文化冲突进入关键时刻，它们更是紧张得令价值世界的守护者撕心裂肺。回到我们的传统，中国现代之路如此漫长的原因即是缺少这种"内圣"与"外王"、"人文"与"科学"、"道德"与"理性"的实在紧张。千年的传统具有同化的功能，这是新儒家们公认的事实，而现在的儒家又在极力发挥这种同化功能。相信从儒家传统可以创造性地转化出走向现代之路的科学与民主等手段并不可怕，问题在于以道德为主题的人文精神究竟能"开新"、"转化"出怎样的"自由"呢？如果不是这样，我们是不是应该老老实实地承认在我们的意义强项之外确确实实存在着一个我们所不具备的"知识"世界呢？

化解紧张是一回事，能不能化解又是一回事。在新儒家那里，化解紧张的圆融、整合或说同化过程恰恰是一种制造紧张的过程。我们老祖宗那里有的东西可以被说成是"以不变应万变"的宝典，但事实的残酷仍改变不了我们的困境。单单依靠道德理想的世界来拯救人类，必然会陷入"三十年河东，三十年河西"的设计中。

"以道德代替宗教"的圆善理论固然可以说是一种富有主见的观点，但是当立论者围绕道德精神搜肠刮肚地寻求依据时总有"于心不忍"的感觉。以牟宗三先生为例，文化复古作为一种路向固然不是不可以，但是若是真以为越复古越好，于是全盘复古，并由此得出谁反对复古谁就是专制者的结论，那无疑又是非常"越位"的判断。"理智的分析"之一元走向固然值得提防，可是提防的结果也并不是将"情感心灵"提升到僭越"理智"的地步以求包办。钱穆先生为了论证中国古代文化的幽雅美妙，竟不分层次地将古代的专制制度说成了理想的民主政治。而且，为了论证文化与政治的双重意义，他以"集团性"的概念来对付西方的"英雄性"。不知先生是否想到过，在他以中国古代历史中英雄性总败于集团性的例子来说明中西文化的优劣时，集团性本身就蕴藏着不可思议的"错码"。集团性也许不乏集体主义的道德情结，但这绝不是中国古代不讲"人权"的理由。如果将"只讲人性、人情、人道、人品，不讲人权"视为美德，中国人走向现代就成了乌托邦。应该清醒的是，在很多情况下，最讲道德的集团性就最易于流于不道德。梁漱溟先生出于道德关怀的乡村理论后来在实践中变成了乌托邦模式，就充分说明了历史"情理"的设计尴尬与无地自容。看来，道德的关怀只能是一种富有价值资源的关怀，外在世界的"用事"才具有了一份实际承诺的意义。

三、文化及其承诺

分析现代新儒家的思想，他们自我体系内部的紧张究其原因还是民族命运关怀的紧张，只是他们的动机与路径将赌注全部压在了儒学传统人文精神的骰子上。于是就有了文化载体们的超负荷运转。

捷克思想家昆德拉已经使我们明白了"生命不能承受如此之轻"的道理。而古代贤人的"士不可不谓任重而道远"的熏陶也绝不比那位老外来得逊色。从儒学而来的精神传统时时反照着新儒家的镜子。在他们的心灵深处，责任大于一切，而且在情感上他们对传统有一种特殊的依恋。为此，他们以"士"这一文化载体的身份承诺或说包揽了历史的使命与重任。对新儒家们来说，那种激进主义的革命思维方式历来是要反对的对象。"文化革命"、"社会革命"空耗了元气与精力。"砍头不要紧，只要主义真"让"主义"包揽了全部，"生命诚可贵，爱情价更高。若为自由故，二者皆可抛"则让"生命"让渡于"自由"。革命的路径在这里包办了一切，什么改良、文化、启蒙、科学、民主，统统都容括在革命的怀抱里。恰恰在这里，新儒家陷入了他们所反对的包容模式上，从革命转嫁到文化的承诺，中国知识分子有一种解不开的传统情结。而这种情结则来自于传统中国之文化与政治关系的暧昧。道德伦理型的文化表现在政治上也就是"铁肩担道义"。对"妙手著文章"的知识者来说，"不才明主弃"是他们最不情愿的。只要能得到道德上的"信任"，即使是当牛做马、"死而后已"也心甘情愿。于是就有了"妆罢低声问夫婿，画眉深浅入时无"的妩媚。即使是在现代的诗人那里这一情结也是不绝如缕："老是把自己当珍珠，就时时有被埋没的痛苦；把自己当泥土吧，让众人把你踩成一条大路。"① 道德的意义首先是自己不把自己当人看，然后才有不把别人当人看的结果。带着"常怀千岁忧"的早熟，载着"心事浩茫连广宇"的深沉忧患，知识者"风声，雨声，读书声，声声入耳；家事，国事，天下事，事事关心。"谁不这样做，谁就是不道德。而社会——大众组成的社会——可以对个人以一种肆意的态度与行为进行不道德的表演。这种现象确如赫尔岑所说："将社会、国家、民主、人民等社会责任感怀抱于胸，何罪之有？"② 以大众的口气，站在大家的角度发表议论，是最保险的一件事。至少有道义上的理直气壮！而且，这种道义感的心理又很容易以"指点江山"的口吻出现——自视为民族的救星，自视为大众的恩人。他们的这种方法"放之四海而皆准"，而且完全是在以自己的意志为别人设计未来。中国文化里，这种大包大揽的传统太悠久了！

如果说革命派的激进是以暴力的形式一揽子解决问题，那么新儒家的守成即是以文化的形式——儒家为中心的传统文化——把中国现代化的问

---

① 鲁藜：《泥土》。
② 赫尔岑：《彼岸书》。

题办妥。不但要办妥，而且是要在"自力更生"的方针指导下办妥。"自力"也是"自立"，即是不依靠外来资源，充分相信能够在自我传统的基础上完成民主与科学等一系列现代性问题；"更生"即是转化，而且是"创造性的转化"。近年来，海外新儒家对这一问题做了比较系统的阐释。

文化及其承诺太残酷了，无论是对已经成型的中国传统，还是对发展中的新儒家。在我们对新儒家的文化品格以及人格做充分肯定的时候，我们对其"转化"之中有可能出现的或被人利用的"猫腻"必须给予关注与提防。毕竟，我们的"承受之重"太宽泛了。如同整合、融合、融会之倡导者一样，其间的空间毕竟太大了。也许，在文化学家的天真里我们不会损失什么，可在政治家的武库里一旦收藏了这一资源，天真的我们可就要被炉火纯青的政治家们温柔地对待了。不过我们还是要远离这种近乎血腥的温柔，因为：我们赔不起！

结 语

在憧憬中感念苦旅

　　20 世纪是一个不平凡的世纪，坎坷伴随一个民族走完了百年历程。当我们匆匆忙忙地在回眸中"经历"了其中重要的精神事件后，心灵感悟与生命体验的震颤与升华自然是不言而喻的。毕竟，我们的先驱是在血与火的考验中思考，是在生与死之间挣扎，是在争与斗中求生，是在残酷与无耻的面相中体验意义。

　　热烈、辉煌、壮烈无法掩盖自身的空虚与苍白。思想的魅力总是要在冷静中塑造。在 21 世纪的今天，回眸 20 世纪走过的艰辛历程，习惯反省先觉哲人的人文知识分子的使命与命题都应有一个根本的转变。历史不会简单地重演，问题也并不在于历史是什么样以及我们曾经怎样的走过，批评的目的还在于为反省提供必要的阳光、空气与水分，而回眸的根本要义还在于反省自我的思想命题、检验自己的文化理路。当我们一味检讨历史的得失时，我们能否就把自我推到一边而冷眼"旁观"。传统的评论模式总不越文化先驱的思想价值与理论误区。这样的批评模式在很大程度上，请恕吾直言：你批评的就是你自己！于是，后人点评前人的历史哲学陷入了一个新的误区。这种情况恰如鲁迅先生所表述的那样："当我沉默的时候我感到充实，当我开口的时候我感到空虚。"也许有人会说，这并不足以作为我们"失语"的证据。事实上，我也不否认这一点！正因为如此，我无论是对本书内容的论述还是对体例的安排，都力求显示出一种"多元"的层次概念。这也是笔者一贯的主张与趋向。

在告别"主义"的 20 世纪 90 年代，三民主义、激进主义、保守主义、无政府主义、自由主义、科学主义、社会主义等等一系列的"主义"在人们心中已经形成了"同化"或说包容其他的"杀手"。因此这里我尽管欣赏自由主义的价值取向，但是我还是要小心翼翼地将多元自由的格局作为一个经验的"蓝图"。也许正像诸位将要感觉到的那样，我的命题将在"主义"以及与此有关的"问题"、"理想"中结束。

首先是"主义"的命题。"主义"是一个方向，是一种信仰，也是一种情怀。正是在这一意义上说，我对自由主义、社会主义、无政府主义的学理还是颇为敬重的。至少这些理论的创始人及其传承者有着系统的逻辑演绎。不过，我这里仍要声明的是，我不但不是什么过去具有大事业情结的这个那个之类的"高尚"主义者，也不是今天在学界如日中天、大有"一边倒"倾向的自由主义者。一是有避嫌的心理，我担心自由主义也会由于使用频率不断上升的原因而"和平"演变成为自由主义；二是大凡自称自己为什么"主义"者，难免有"名"与"实"的"差之毫厘"；三是如上所述，"主义"已经有些让人"谈虎色变"的味道了。因为"主义"论者无一例外地"认为自己有权将他们所持的价值观念强加给他人"。① 不必讳言，我的"多元格局"思想是从自由主义的价值体系演绎而来，但是似乎总有一种剪不断、理还乱的隐忧在。为了清楚地表达我的意思，特意借用畏友刘军宁先生的一段意趣盎然的到位表述："在这个世界上，所有人都不过是受局限的存在，因此任何由人创造的'主义'都必然带有永远不可能彻底克服的种种缺陷，自由主义与一切其他主义都不例外。我们选择的不应是文辞上完美无缺的主义，而是在人所能认识的范围内缺陷相对较少的主义。依我看，对反自由主义者来说，骂倒自由主义并不是真正的胜利；对自由主义者来说，在实践中找到比其他任何主义更能造福于人类的道路才是真正的胜利。取得后一种胜利的根本途径就是保持自由与多元之间的平衡，在向不同见解开放的同时，积极地从哪怕是恶意的批评中汲取有助于自由主义自身建设的意见。"② 是的，我们有一个共同的认识：虽然自由主义理论在言辞和论证并不是尽善尽美，但它却是人类社会发展到

---

① ［英］哈耶克：《自由秩序原理》下册，生活·读书·新知三联书店 1997 年版，第 192 页。
② 刘军宁：《自由与多元之间》，《二十一世纪》1996 年 12 月号。

今天为人类提供尽可能大的福祉的思想文化资源之一。必须说明的是，我这里还有三点"窃以为"。一是还可以来个角度的位移：对自由主义者来说，骂倒自己以外的主义并不是自己的胜利；对反自由主义者来说，在实践中帮助对方找到比其更能使人类享用福祉的走向才是真正的胜利。二是多元与自由之间的平衡问题不能看得过重，在目前的思想状态里，尽管自由主义的价值观念是多元的思想渊源，但是从学理上说，我们还应当将其看成是多元中的一元，或说"之一"。惟其如此，我们才有可能去真正承认我们也是"受局限的存在"。否则当自由主义发展成"自大狂"，无论它的"主义"调子哼得多么好听，都只能是"主义"的乌托邦了。鉴于这点认识，在我们永远不能将某一主义"放之四海"之前，抛弃其"主义"的外壳，拾取其思想的价值资源应是当务之急。三是自由与多元之间有共性也有差异。前者是说它们的开放性，后者是说"自由"要想方设法说服其他理论，是一种非强制式的强制，而多元倡导则无意于此。

就我们论述的五个章节来看，其中的每一个人物都可以冠之以某某"主义"。撇开"改造国民性"与"新儒家"，先来谈谈激进主义、保守主义、自由主义的关系。记得前几年在《二十一世纪》杂志上曾发起过一场由海内外学人共同参与的关于激进、保守以及连带式的"自由"的讨论。应该说，这是一次研究中国思想文化领域人士的高层次对话。但是，对那次对话的结果以及深入的程度我并不满意。究竟激进主义、保守主义能否与自由主义相提并论呢？我的疑点主要是因为，依我之见，激进与保守相对，自由夹在它们两者中间又算什么呢？自由主义，属于"自生自发"的理论，它不但严密、富有自己独立的体系，而且有一系列理论家。就保守主义、激进主义而言，它们则是一种行事的态度，是后人根据历史先驱对社会变革采取的不同态度与途径而得出的概括性结论。其实，剥开他们的激进后保守的外壳，思想的内蕴还是有其另一层"主义"的。尽管这种"主义"可能还没定型或者正在发展变化中。相对自由主义的"一步到位"，对激进与保守还需一审慎的态度与历史的精神做进一步的梳理和剥离。在很多情况下，激进主义与保守主义的外延下，自由主义就涵盖于其中。激进主义与保守主义缺乏系统的理论、完整的思想，在他们身上有时候会漏洞百出。正因为如此，所以激进主义与保守主义人物的设定往往是可塑性很强的。在某种意义上，我们很难将某一个人物定位在激进或保守的坐标上。在学人眼里，不同的视角就会有不同的结论，在学术观点上也可以说是"仁者见仁，智者见智"。也许，及此读者会向我发问：既然这样，那你为什么还要用这几个"主义"做类型划分呢？这就问到问题的中心与关键了。上面我已经说过，形式是为内容服务的。为了比较共同精神类型下人物思想的精彩纷呈，这样的"三足鼎立"反而更有利于问题的说明：一是对我们选择的自由主义者来说，他们的思想定性较早，容易判别；二是在激进与保守"两岸青山相对出"之际，就为它们之间的包容性与交叉性做了非常到位的反证。一言以蔽之，形式上的划分并不是目的，更不意味就是真理。

　　下面就该论及我们所说的"问题"了。回眸百年历程，我们走向现代的雄心一直没有衰减过。但我们的世纪蓝图为什么总是在动荡飘摇中"像云像雾又像风"呢？百年风流的历史文化人物给了我们深刻的启示：错位。这是我习惯用的一个词。思想文化人物的动机设定没有一个不是为中国寻求尊严、神圣、独立等现代走向而自强不息。然而，历史的无情却造成了一个又一个的遗憾。他们在提出自己有价值意义的理论的时候也往往意味他们即将走向自己的反面。"改造国民性"可以有脱亚入欧的坚决，可以有个人主义的置换，但是最后都在传统意义下的群体观念里落笔。"新儒家"们对传统中以儒家为中心的文化执著是他们从现实出发的冷静面相。但是就在这个冷静的面相里，他们将"传统"无限膨胀的心理，以及用其包容、同化异类的"设计"透露出与"多元"相反的信息：在为自己设计的同时，一心一意要为别人设计。只承认自己是有知者，对别人以一种不信任的感觉出现，而且要去帮助别人去显示自己的目标，于是哈耶克先生所说的情形出现了："陶醉于知识增长的人往往会变成自由的敌人。"① 独断的结论在很大程度上妨碍了多元格局的形成。在"激进"与"保守"人物身上，这类问题表现得更为突出，激进主义主张开放、民主、自由、平等，完全是一种多元的思维模式，但在他们甘冒天下之大不韪的朝气与勇气里，精神世界里完全走了形，如同"我"还是"我"，而置于

---

① ［英］哈耶克：《自由秩序原理》上册，生活·读书·新知三联书店1997年版，第25页。

阴暗角落而不为自己所知的哈哈镜里的"我"已经面目全非了。保守主义者在执著意义上包办他人的程度似乎没有激进主义强烈与冲动，但是我们也不能忽视他们以文化功能代替一切功能的底气。在这一点上，他们与新儒家一样，将文化的承诺压得喘不过气来，甚至奄奄一息，同样结不出现代化的正果来。问题归问题，令我们欣喜的是，在这些各执一端、各视其是的文化资源里，惟其有了它们的共存，才为我们的文化多元以及政治的多元提供了"1+1"以上的文化资源。

最后要说的是"理想"。既然我们所说的文化人物都未能给对方提供必要的宽容，那么我们今天所要塑造或说树立的就是这种宽厚与包容的格局。这也是一代又一代先驱共同的理想与追求，无论是强调自由者还是秩序者。对"秩序"者来说，他们对秩序的强调同样是为了自由的理想能够落定。然而，近几年来，对理想追求的批评总有不尽如人意的地方。学界将"理想"与激进、乌托邦以及其他冒进无限制地联想在一起，从而大加挞伐，仿佛今天的一切过失都是理想主义、乌托邦主义、激进主义本身造成的。这未免有失公允。如同在灾难深重的"文革"谈"资"色变一样，一谈理想就有不理智、非理性之嫌。如此这般，多元的格局又从何谈起？理想什么时候都需要，只是我们的价值资源的约束要跟上。假如我们已经有了多元并立的格局存在，还会担心高唱理想的"主义"吗？到那个时候，说得通俗些，即使"主义"的牛皮吹得再大甚至"破"了，也没有危险。著名学者韦政通先生在为我们《回眸〈新青年〉》编选本所作的序中说："中国目前已回到市场经济的路子上来。……大家的生活只顾今天，不顾明天；只重现实，不重理想。就当前迫切要求的社会改革、文化更新这两大目标而言，知识分子丧失理想，实是严重的危机。理由很简单，不论是了解问题或是解决问题，都需要具有智慧和创新能力的人才，这种人才必定富有理想主义精神。自古至今，有无数的例子可以证明：要求社会进步和文化创新，理想主义的精神以及由它激发出来的奉献热忱，永远是最大的资源和动力。"① 是的，先生指点就是我们拒绝平庸的理由。

我们有理由在先驱者的精神苦旅中找到答案：在苦旅中憧憬，在憧憬

---

① 张宝明、王中江主编：《回眸〈新青年〉》（序二），河南文艺出版社 1998 年版。

中苦旅！这也是一代又一代知识分子的宿命。

　　在收尾的时候还想再补充一句：如同我的"互补"意在"并立"一样，"多元"的走向则是"水平"式的竞进。虽然笔者不同意"三十年河东，三十年河西"的预言，但坚信中国的文化在 21 世纪会静静地流向远方……

责任编辑:王世勇

图书在版编目(CIP)数据

中国知识精英的文化苦旅/张宝明 著. -北京:人民出版社,2010.12
ISBN 978 - 7 - 01 - 009503 - 5

Ⅰ.①中…　Ⅱ.①张…　Ⅲ.①文化-名人-人物研究-中国-近代②文化-
名人-人物研究-中国-现代　Ⅳ.①K825.4

中国版本图书馆 CIP 数据核字(2010)第 239176 号

中国知识精英的文化苦旅
ZHONGGUO ZHISHI JINGYING DE WENHUA KULÜ

张宝明　著

人 民 出 版 社　出版发行
(100706　北京朝阳门内大街166号)

北京市文林印务有限公司印刷　新华书店经销

2010 年 12 月第 1 版　2010 年 12 月北京第 1 次印刷
开本:710 毫米×1000 毫米 1/16　印张:16.75
字数:246 千字　印数:0,001-6,000 册

ISBN 978 - 7 - 01 - 009503 - 5　定价:38.00 元

邮购地址 100706　北京朝阳门内大街 166 号
人民东方图书销售中心　电话 (010)65250042　65289539